# LES LÉGIONS DE BYZANCE

Du même auteur,
*aux Éditions Jean-Claude Lattès*

*Le Cousin de Porthos* (prix Alexandre-Dumas 1982)
*Le Pic et la poudre*
*Les Dames de Byzance*
*L'Impératrice de Byzance*

Jean-Luc DÉJEAN

# LES LÉGIONS DE BYZANCE

*Roman*

TREVISE

*Bélisaire quitta le port de Byzance, accompagné de sa femme Antonine. Avec eux se trouvait aussi Procope, qui a écrit cette histoire. Au commencement, il avait très peur de ce voyage, craignant les dangers comme chacun. Mais un songe lui vint, qui lui donna envie d'en être.*

PROCOPE DE CÉSARÉE
*La Guerre contre les Vandales. Livre I.*

# PREMIÈRE PARTIE

## I

# OÙ L'ON DISCUTE DE LA GUERRE

Le mois d'octobre 532 fut à Byzance, par sa somptueuse clémence, un véritable cadeau du ciel. Certains d'entre vous ont peut-être entendu leurs anciens s'en souvenir avec mélancolie. Les torridités estivales s'estompaient en vapeurs caressantes. De capiteux parfums s'épandaient sur de molles brises. Certes, la tenace odeur de sardine qui imprégnait les ports du Bosphore ne cédait jamais tout à fait. Elle se trouvait pourtant combattue par de lascives fragances : monceaux de fruits et tonneaux d'épices sur les quais, profusion de fleurs tardives, caresse poivrée d'une exhalaison marine.

Les habitants de Byzance ressentaient avec ferveur les délices de l'arrière-saison. Ces dons du ciel poussaient le peuple à raffiner sur ses vertus ordinaires : la paresse, l'ivrognerie et la luxure.

Les indolents se délectaient d'entendre rouler le charroi de chantiers innombrables. On rebâtissait la ville et sa basilique, incendiées l'hiver précédent. Des esclaves s'affairaient à ces tâches ingrates. « Plaignons-les, rêvassaient les fainéants. Commendons-les à Jésus Pantocrator, à sa mère la Théotokos, aux saints du paradis. » Ces pensées charitables rendaient plus profondes les siestes.

Voilà pour la paresse. Le vin? Il coule en cet après-midi délectable aussi dru des cruches d'argile que des vases d'or : la qualité varie, non la quantité ni l'effet produit.

La luxure? Pas un mot là-dessus. Il est des vierges qui nous lisent. Sachez seulement que la réputation du stupre byzantin se trouve méritée, qu'elle se fonde sur des témoignages solides,

des exploits réels. Ce jour d'octobre, le menu peuple en ses taudis, les puissants en leur palais s'étaient couchés, selon l'usage, après le déjeuner. C'est dire qu'entre deux sommes de guillerets partenaires enchevêtraient leurs corps amoureux. Ce qu'ils faisaient, avec qui, de quel sexe, en quel nombre, en de quelles postures et combien de fois, voilà ce que nous refusons de conter en détail, quel que soit notre souci d'exactitude et votre soif d'information.

Venons-en plutôt au centurion Iskas, de la garde maritime, qui par devoir assure ce jour-là une ronde de routine sur le port neuf du Néorion. Ses goûts, tout militaires, le protègent contre les vertiges détestables de la poésie. Il chevauche son cheval noir sur le quai encombré, mais ne peut empêcher les douces odeurs de la brise d'amollir sa raideur de chef. Autour de lui, les débardeurs avars ou gépides portent leurs charges vers les entrepôts, pullulent et fourmillent avec une frénésie toute barbare. Les gardes, par groupes de six, prennent l'air affairé quand leur centurion les regarde. Ils ont tort. Le centurion ne les voit pas. Il songe aux seins de Mélitta, sa nouvelle conquête. « C'est drôle, se dit-il, que je les aime toujours rousses ! » Sa pensée se perd dans des souvenirs et des projets tout à fait étrangers au règlement de la garde.

Soudain, une mouche d'automne pique le cou d'Iskas. Il sursaute, se sent coupable, et par automatisme militaire s'en prend à ses inférieurs.

— Chefs de section, à moi! hurle-t-il d'une voix sonore, raidissant le buste.

Les bas-officiers convergent dans sa direction, d'une allure un peu plus vive que le pas.

— Alors, clame le centurion, vous vous croyez où? A la procession? Bande de bras cassés! Ce tas de ballots là-bas, vous l'avez inspecté?

Lalos et son confrère Gildas échangent un regard écœuré.

— C'est de la marchandise au transitaire Alopex! explique le premier. D'après vos ordres, faut pas y toucher.

— D'ailleurs, complète Gildas en rajustant son casque, regardez, chef : l'excellent Alopex nous arrive lui-même en sa personne.

— Rompez! crie Iskas. Remuez-vous, vos fainéants!

En fait les mots « excellent Alopex » ont écorché les oreilles du centurion. Il n'a pas droit à ce titre, le transitaire! Que l'empereur, maître du monde, daigne honorer de sa confiance ce contrebandier, cet ancien chef de voleurs, voilà qui a de quoi agacer un officier respectable, sorti péniblement du rang : « Je t'en foutrai, moi, de l'excellent! Alopex-le-Renard, sa manufacture à privilège impérial, sa flotte aux voiles bleues qui sillonne les trois mers, sa fortune insolente, et quoi encore? »

Iskas lève le bras pour signaler sa présence. Alopex le voit, s'approche avec l'assurance d'un homme riche et respecté. « Disons plutôt avec le culot d'un voyou, qui a appris à trouver son chemin la nuit sur les toits! » conclut le chef des gardes.

Cette remarque perfide lui rendit le sourire qui convenait pour accueillir le transitaire : un homme qui portait bien ses trente-cinq ans, paré de bijoux discrets et coûteux. Parfaitement habillé. Mince, vif, gardant en la démarche quelque chose de son inquiétant passé. Il souriait lui-même, à grandes dents blanches.

— Dieu te forte, Alopex! déclara Iskas. Viens-tu rançonner quelque voyageur?

— Et la mère de Dieu, Iskas! Il n'y a plus de rançon à espérer, quand la garde a déjà pillé.

Ces aménités échangées, les deux anciens ennemis rapprochés par leur élévation sociale éclatèrent de rire.

— Je vois des marchandises qui m'appartiennent, dit Alopex. On n'a pas touché à leurs sceaux, j'espère?

— Le sceau du Renard ne peut être brisé que par ordre exprès du Secret, concéda le centurion. On n'irait pas contre ça. Qu'est-ce qu'il y a là-dedans? Des danseuses nues?

— Des centurions jaunes à plumet rouge, mais qui savent tenir leur langue.

Iskas effleura du doigt son plumet.

— Méfie-toi quand même, déclara-t-il gravement. L'éparque [1] Eudémon t'aime pas du tout.

— C'est que seul dans Byzance, repartit Alopex, je n'ai pas couché avec sa femme.

Cette fois, le centurion rit de bon cœur. Les écarts de la belle Sabine, épouse d'Eudémon, faisaient la joie des quatorze cantons.

Alopex cependant, depuis le début de ce badinage, ne

1. A la fois maire et préfet de police.

quittait pas des yeux l'eau du port. Intrigué, Iskas suivit son regard. Il vit, évoluant au milieu des gros boutres marchands, une élégante embarcation, pareille à celles qui mettaient à terre les voyageurs des nefs au long cours.

— Tu t'intéresses à ce bateau, Renard?

— On me l'a signalé. Je suis venu l'attendre. Il porte un ami très cher, absent depuis de longs mois.

— Un ami de jour ou de nuit? plaisanta Iskas.

— De nuit comme de jour, répondit doucement Alopex, César Justinien m'honore de sa confiance.

L'officier sentit le reproche. « Rien de plus susceptible, pensa-t-il, qu'un voleur devenu marchand. »

— Je blaguais, quoi! expliqua-t-il.

— Descends de ce cheval, fit le Renard. Viens donc accueillir cet ami que j'attends. Il est aussi des tiens. Tu seras content de le revoir.

Le centurion mit pied à terre. Il y perdit en majesté, étant de taille médiocre et son cheval fort grand. La barque abordait devant un escalier d'accès. Les matelots assuraient une planche pour la sortie des passagers.

Ceux-ci quittaient la cabine pour gagner la terre ferme : une femme et un homme. Iskas reconnut ce dernier. D'une extravagante maigreur, il portait un sévère sarrau de toile brune, sans bijoux ni insignes. Son crâne chauve luisait au soleil. Dans son visage étroit, un nez en bec de vautour pointait entre deux petits yeux démunis de cils et de sourcils.

— Par sainte Bibule! s'exclama le centurion. Oulès! L'investigateur Oulès [1]!

— Le sous-secrétaire Oulès! corrigea Alopex. Devant lui, sa jeune épouse, si j'en juge d'après la lettre qu'il m'a envoyée. Garde-toi de rire, petit homme, si tu tiens à ton avancement!

Iskas, médusé, regardait la femme :

— Peut-on *rire!* chuchota-t-il.

On le pouvait certes, mais la gaieté cédait vite à la stupéfaction. La créature que l'investigateur Oulès aidait à prendre terre avec mille égards ne ressemblait en rien aux personnes ordinaires. On trouvait en elle démesure absolue. Son énorme tête trop blonde reposait sur un cou plus épais

---

1. Voir *Les Dames de Byzance* et *L'Impératrice de Byzance*, du même auteur.

qu'un chêne de vingt ans. Sa taille était gigantesque, sa corpulence formidable. Semblable à quelque tour de veille, son corps se trouvait orné par-devant de mamelles montueuses, et par-derrière de fesses prodigieusement bombées. Belle, certes, mais exagérément pourvue. Ses charmes effarants, l'épouse présumée d'Oulès les mettait en valeur par une vêture ahurissante. Cette montagne de féminité était soulignée par une riche tunique ajustée selon la mode venue d'Alexandrie à Byzance. Or, les yeux pouvaient à peine soutenir l'éclat de ce vêtement. Toutes les couleurs de l'arc-en-ciel — et d'autres nuances que le ciel lui-même n'eût osé imaginer — s'y mêlaient, s'y heurtaient, s'y contrariaient dans un délire de courbes et de droites à rendre aveugle un peintre et fou un géomètre.

— Saint Pétulidas nous protège! murmura le centurion, tandis que l'énorme apparition, le féminin Léviathan gravissait les marches du quai avec une effrayante aisance.

« Jusqu'à présent, songeait Alopex, Oulès nous avait accoutumés à l'extravagance de ses défroques. Désormais, son rang lui interdit les fantaisies vestimentaires. Mais il vient de se marier, et peut dès lors conseiller sa femme en matière de vêtements. Pourvu qu'elle ne fasse pas école à Byzance! »

Oulès surgissait sur le quai, inconscient du trouble causé par l'apparition de sa déesse : les porteurs, d'étonnement, laissaient choir leurs fardeaux. L'un d'eux béa si fort qu'il se décrocha la mâchoire. Un débardeur mourut de rire. Il est vrai qu'étant Wisigoth et de religion arienne sa mort fut modérément ressentie.

— Alopex, mon ami, mon frère! s'écria Oulès de sa voix grinçante. Ta vue m'emplit de joie! Cœur de mon cœur, voici Alopex le Renard, manufacturier de l'empire, dont je t'ai bien souvent parlé.

Il se trouvait que l'organe vocal de la géante était à proportion de ses poids et mesures :

— Dieu vous forte, Alopex! dit-elle d'une voix qui fit se cabrer les chevaux.

— Et n'est-ce pas ce bon Iskas? continuait Oulès. L'ancien brigadier devenu centurion par la grâce de Dieu et de Bélisaire?

— Dieu vous forte, Iskas! réitéra la montagne humaine, si fort que s'égaillèrent les troupeaux.

Cependant, l'investigateur Oulès, que ses mérites avaient

placé à la tête du réseau d'espions du Secret extérieur, sacrifiait à son péché mignon : deviner, d'après les détails d'une physionomie ou d'un comportement, les ornements ou les taches d'un habit, la personnalité de ceux qu'il rencontrait.

— Je vois, Alopex, que ton commerce s'étend désormais jusqu'à l'Inde. Ce diamant et les ciselures de ton collier m'en assurent. Iskas, encore épris d'une fille rousse? Ces cheveux sur ta tunique m'en persuadent. Mais laissons là ces bagatelles. Amis, voici Zoé, que j'épousai dans l'île de Sardaigne. Au milieu des hérétiques, cette tendre colombe y gardait en son petit cœur la véritable foi.

— Voilà qui est d'un grand mérite! répondit Alopex en s'inclinant avec civilité.

Iskas tentait d'imaginer le cœur de Zoé sous tant de mamelles et de chair. Oulès, qui voyait tout, sourit d'orgueil en suivant le regard admiratif du centurion.

— Tu as reçu mon message? demanda-t-il à Alopex.

— Sans doute, puisque je suis là. Le *Faucon* a gagné deux jours sur ton navire!

Le *Faucon* constituait l'un des éléments de la flotte personnelle du transitaire. Cinq lévriers des mers, pourvus de voiles bleues, aussi rapides que le vent perse.

— Alors? reprit Oulès. As-tu fait tenir mon message à César Justinien?

— Non. Ne te fâche pas. J'y aurais perdu un crédit durement gagné.

— Vraiment?

— Sans aucun doute. Il fallait dire, selon toi : *Oulès revient, et assure que la guerre est gagnée d'avance.* N'était-ce pas un peu aventuré, alors qu'aucune guerre n'est encore déclarée?

— Hum! répondit Oulès, désignant Iskas qui tendait l'oreille. Les secrets d'État ne se débattent point sur un quai de port. D'ailleurs, ma libellule doit être lasse.

— Il est vrai, minauda Zoé en baissant le ton au simple rugissement, que la mer était incommode. Nous autres faibles femmes n'avons pas votre endurance.

— Iskas! prononça Oulès avec majesté.

— Oui, excellent! répondit le petit centurion en rectifiant sa position.

— Envoie un messager à Bélisaire. Sais-tu où le trouver présentement?

— Oui, excellent. A son palais, dans le dixième. Que faut-il lui dire, excellent?

Oulès sourit à tant de zèle.

— Vas-y toi-même, vaillant Iskas. Il y a honneur et profit à porter de bonnes nouvelles. Trouve le général. Demande-lui quand il peut me donner audience.

Iskas opinait du plumet.

— Faut-y lui répéter ce que je viens d'entendre, excellent, que la guerre est gagnée d'avance?

— Quelle guerre? Avons-nous une guerre, Alopex? demanda Oulès d'un air stupéfait.

— Pas que je sache, excellent.

— César Justinien, que Jésus Pantocrator le bénisse, vient de signer avec les Perses la paix perpétuelle. Ne le sais-tu pas, Iskas?

— La guerre contre les Ostrogoths, peut-être? demanda le transitaire en entrant dans le jeu de l'investigateur.

— Voyons, gronda Oulès, leur reine Amalasonthe est trop vieille. De quelle guerre parles-tu, animal?

— J'avais cru entendre, excellent.

— Tu ne dois entendre que ce que l'on te dit. Cours chez Bélisaire. Viens me rapporter ce qu'il te répondra, dans le palais d'Alopex, où nous nous rendons. C'est tout. Si tu parles de guerre à qui que ce soit, je tranche tes oreilles malentendantes.

Pendant ce dialogue, la suivante de Zoé, maigre et falote personne entre deux âges, avait fait monter sa maîtresse dans une litière que des serviteurs d'Alopex amenaient. Beau véhicule à deux chevaux, tendu de drap d'or.

Le centurion remonta en selle et s'en fut d'un air pressé, hélant deux gardes pour l'accompagner, par révérence. La litière s'ébranla vers le palais du transitaire, situé à l'autre bout du quai. Oulès et Alopex la suivirent à pied.

— Iskas parlera, dit le Renard. Avant ce soir toute la garde, maritime et urbaine, sera au courant. Ai-je bien obéi à tes ordres, en feignant l'indiscrétion?

— A merveille. Faire croire que le message était pour l'empereur, et le répandre dans Byzance. Je suppose que tes hommes...

— Le diront partout. Mes matelots, mes chargeurs, mes commis...

— Les voleurs de nuit?

Alopex prit un air vertueux.

— Il est certain que plusieurs de mes employés fréquentent ces gens de peu. Ils leur donneront le mot. Si bien...

— Si bien que dès demain matin tout Byzance, du palais aux ruelles, répétera le message en question.

— *Oulès revient et assure que la guerre est gagnée d'avance.* Mais dis-moi. L'empereur n'en sera informé qu'après les autres! Y as-tu pensé, Oulès?

— C'est là qu'interviennent *mes* gens, répondit l'investigateur avec un sourire béat. Débarqué avec moi, *mon* émissaire a couru au palais sacré avertir Narsès, le grand chambellan. Celui-ci donnera le message à Justinien. Peut-être l'a-t-il déjà fait. Ainsi serai-je mandé bientôt par lui, qui peut tout, l'égal des apôtres!

Alopex sourit en retour. Cet esprit retors appréciait la tortuosité.

— Donc, fit-il, tu as gagné d'avance la guerre que nous ne faisons pas encore aux Vandales. Il est temps de chasser ces hérétiques de l'Afrique romaine, n'est-ce pas?

— Qui a parlé de Vandales? feignit de s'étonner Oulès.

— Tout le monde à Byzance, sauf peut-être les muets. Me diras-tu tes plans?

— Bientôt. Bélisaire d'abord. L'empereur ensuite. Mes amis enfin.

— Y serai-je mêlé, au moins? Une bonne invasion sait aider le commerce.

— Tu en seras. Toi, ta flotte bleue, tes coupe-jarrets, tes comptoirs discrets sur la Mer Intérieure [1]. J'ai usage de tout cela.

— Tu parles comme un général en chef.

— Et toi comme un sot. La flotte portera l'armée. Celle-ci gagnera la guerre. Mais qui dirigera l'une et l'autre de ces forces?

— Le stratège naval, et le chef de l'expédition. Sans doute Calonyme et Bélisaire.

— Mais qui mènera ces deux-là?

— L'empereur Justinien. Non, attends!... L'intrigue, veux-tu dire?

---

1. La Méditerranée.

— Justement, ronronna Oulès. Je te retrouve bien là! L'intrigue, cette reine de ma vie... A propos, ami très cher, comment trouves-tu ma jeune épouse?

— Comment je la trouve?

— En ami, te dis-je, non en flatteur.

Alopex renifla prudemment.

— Très belle. Imposante. Très... enfin, très imposante.

— Que veux-tu, se rengorgea Oulès, puisqu'un homme selon la loi divine n'a droit qu'à une femme, autant la choisir belle comme quatre.

***

Ce même jour, troisième avant les ides d'octobre de l'an du Seigneur 532, le général Bélisaire se promenait tout nu dans sa chambre, mécontent pour deux raisons, alors qu'il en avait trois d'être satisfait.

Satisfait parce qu'il était bel homme, en bonne santé, et qu'il venait de faire l'amour à sa femme Antonine. Mais après la sieste, Antonine était repartie au palais prendre son service de première dame d'honneur auprès de l'impératrice Théodora. Bélisaire se laissait donc aller au mécontentement : d'abord parce que l'inaction lui pesait depuis des mois. Ensuite parce que le « Bœuf Couronné », le préfet du prétoire Jean de Cappadoce, avait encore parlé contre la guerre au Conseil impérial.

Quoi de plus démuni qu'un général sans emploi, même si la générosité de César [1] et de fructueuses campagnes ont empli ses coffres? Lui, le vainqueur des Perses à Dara, l'idole de l'armée, se trouvait en réserve de l'empire depuis son étroite défaite de Kallinicos. Lui, stratège habile, fougueux chef de guerre, était réduit depuis des mois à n'assaillir que sa femme! Cet athlète dans la force de l'âge, hors les jeux de l'amour, se consumait d'ennui. Il se drapa dans un vêtement vague. Les deux soldats de garde à sa porte firent sonner sur le dallage le talon de leur pique, annonçant le visiteur attendu. Bélisaire soupira. Peut-être ce hâbleur apportait-il vraiment de bonnes nouvelles.

1. Justinien déjà, déclaré *Augustus* à son couronnement comme ses prédécesseurs et ses successeurs, refusait le titre de *César*, trop païen à son gré. Les militaires le lui donnaient pourtant, par nostalgie de la grande Rome. L'empereur d'Orient fut plus tard officiellement appelé *basileus* (roi), et son épouse *basilissa* (reine).

— L'excellent Oulès, sous-secrétaire aux Affaires extérieures! annonça le chef de poste.

L'investigateur parut. Il s'agenouilla, sachant Bélisaire un peu vaniteux. Cet hommage d'un homme qui avait gagné la pourpre et le pas sur les sénateurs ne fut pas sans effet sur le général. Il sourit.

— Lève-toi, vieil oiseau déplumé, dit-il. Tu n'as pas de perruque, aujourd'hui? Prends garde. L'hiver approche. Les corbeaux se remplument, ou meurent!

Oulès se leva, sans sourire de cette médiocre plaisanterie.

— La Théotokos vous garde, grand Bélisaire, dit-il. Me voici à vos ordres, à peine descendu à terre.

— Quel est cet extravagant message que tu m'as envoyé? La guerre gagnée d'avance? Si tu oses te moquer de moi...

— Je ne l'oserais ni ne le voudrais, car je vous aime trop.

Bélisaire sourit derechef. Cet homme singulier lui avait montré à maintes reprises non seulement son intelligence supérieure, mais aussi son attachement.

— Tu as quitté Byzance il y a six mois, dit-il. A cette époque, Justinien mangeait un tigre à tous ses repas. Il venait de mater la révolte du peuple. Il disait — il me disait — que ses armées partiraient conquérir le monde volé à Rome, et Rome, volée à Byzance. Je sais qu'il te chargea secrètement de préparer la guerre contre les Vandales.

— Dès lors que Gélimer l'usurpateur eut chassé du trône vandalique Hildéric, son cousin et notre allié. Cela est exact.

Le général se campa sur de larges pieds.

— Six mois, dit-il. Depuis, les choses ont changé. Justinien hésite. Il ne s'occupe plus que de bâtir sa nouvelle église. Il écoute ce foutre de préfet Jean de Cappadoce, qui tonne contre la guerre. Il ne cesse d'écrire à Gélimer et d'en recevoir des ambassadeurs. Nous avons gagné d'avance, dit le brillant Oulès. Mais il n'y aura pas de guerre! Sais-tu ce que le Bœuf Couronné a déclaré au Conseil, voici un mois? Comment le saurais-tu, d'ailleurs?

Oulès, plissant les yeux et abaissant les coins de sa bouche, fit une de ces grimaces qui savaient transformer sa physionomie.

— Général, dit-il, vous avez repris depuis peu vos exercices à la palestre. La course notamment, et la lutte dite grecque. Contre toutes vos habitudes, vous permettez que l'on serve du vin dans votre chambre. Il est vrai qu'un époux ne peut pas refuser un peu de vin de Samos à la femme qu'il chérit.

— Par Belbézub! Dis-moi. Comment sais-tu cela?

— Élémentaire, mon cher général. Les muscles de vos mollets ont grossi et durci, ce qui montre que vous courez beaucoup, mais depuis peu. Je vois sur vos épaules les marques rouges et durables qu'imprime la « prise de l'ours » de la lutte grecque. Je connais le parfum de votre divine épouse, celui du vin épicé de Samos. Rien de sorcier dans tout cela. Il reste que vous avez blessé mon amour-propre.

Cette fois, Bélisaire éclata de rire. Il avait oublié à quel point la compagnie de cet étrange divinateur pouvait être divertissante.

— Je t'ai blessé, moi?

— Humilié, général. Sous-estimé. Est-ce pour rien que l'empereur m'a mis à la tête de ses informateurs du dedans et du dehors? Moi, ignorer ce que le préfet du prétoire a déclaré au Conseil, non pas « voici un mois » mais il y a vingt-deux jours?

— Ah bah!

— Il a dit — je cite de mémoire, pardonnez-moi — « Le pays des Vandales est éloigné d'ici, par la marche, de cent quarante journées. Et de combien par mer? Si nous y portons la guerre navale, à peine aurons-nous tous les ans des nouvelles de l'armée. De plus, même si le roi des Ostrogoths est mort, les troupe de sa veuve tiennent l'Italie entière et l'île de Sicile. La guerre contre Gélimer est inutile et dangereuse. Il a chassé son cousin et saisi le trône. Que nous importe, s'il accepte de vivre avec nous en bon voisin? »

Tandis qu'Oulès parlait, la mâchoire de Bélisaire se mettant à pendre de saisissement.

— Par sainte Bibule, dit-il, tu es donc le diable en personne? Où étais-tu, voici vingt-deux jours?

— En mer, au large du Péloponnèse. Mais sans cesse en liaison avec Byzance par les bateaux aux voiles bleues et aux larges rames d'Alopex.

Tout agité, Bélisaire se promena dans la chambre, prit un vase d'or et versa de l'eau dans une coupe. Il en offrit à Oulès, qui refusa passionnément ce liquide malsain.

— C'est bon, dit-il. Accepte mes excuses. Tu es un grand intrigant, et rien ne t'échappe. Mais que veut dire cette folie « nous avons gagné d'avance ». Sais-tu que les Vandales ont une armée puissante? Une flotte considérable? As-tu oublié qu'un de nos empereurs eut tous ses bateaux coulés devant Carthage qu'il tentait d'investir? Il y a cent ans de cela, mais tout Byzance — Jean de Cappadoce le premier — ne l'a jamais oublié!

— Il n'y a pas cent ans, mais soixante-quatre ans, que l'empereur Léon vit sa flotte détruite par les Vandales. Cela est exact. Il est exact aussi que sur mer l'ennemi est puissant : cent quarante-deux vaisseaux de combat. L'armée vandale compte huit mille cavaliers et sept mille fantassins. Le double en temps de guerre.

Bélisaire mit les bras au ciel.

— Et moi, j'ai mes vieux *Stratiotes,* mes vieux soldats usés par la guerre perse, épuisés, amollis, aigris. J'ai contre moi la pacifique ardeur du sénat, qui écoute les perfides discours du préfet Jean. Contre moi, l'indécision de Justinien. Contre moi, le manque d'enthousiasme d'une population trop bien nourrie!

Oulès se préparait à répondre, quand un grand tumulte se produisit à la porte. On entendit un bruit de lutte, des coups sourds, le vacarme d'un casque rebondissant sur les dalles. Bélisaire saisit son glaive. Oulès mit la main à son poignard. La tenture fut brutalement écartée. Parut un homme très grand et très fort, aux cheveux frisés et grisonnants. Il élevait en l'air un petit être vêtu d'une robe retroussée, dont les jambes, revêtues de chausses phrygiennes, remuaient convulsivement.

— Corcodis! s'exclama Oulès en reconnaissant le colosse.

— Procope! s'étonna Bélisaire en découvrant dans le personnage soulevé de terre son *parèdre,* conseiller et secrétaire juridique de grand savoir.

Puis, tandis que l'hercule déposait son fardeau et se jetait à genoux dans une posture de suppliant :

— Que signifie cette intrusion? s'écria le général. Où sont mes gardes? Entre-t-on chez Bélisaire comme au bain public?

Procope se relevait, rajustait sa robe. Sous des cheveux bruns coupés court, son visage anfractueux était écarlate. Son maigre corps tremblait de rage :

— Ce... Ce barbare a assommé les six gardes, dit-il. Il a porté la main sur moi, qui lui interdisais votre seuil. Il a...

— Mais je le connais! dit Bélisaire en reposant son glaive.

N'est-ce pas l'épicier qui fit merveille à nos côtés, au jour le plus noir de Nika [1]? Tu es Crocodilus!

— Corcodis, Seigneur. Corcodis, pour vous servir. Vous m'aviez promis, le jour dont vous parlez, que votre porte me serait toujours ouverte. J'ai usé de la permission, malgré quelques réserves que l'on m'a faites.

— Mes six gardes, mon portier? Tu les as assommés?

— Quelque peu, général. J'avais telle hâte de vous parler... J'ai aussi empoigné ce moine, à qui je demande pardon. Mais il braillait.

— Je ne suis pas un moine, et je ne braille pas! s'écria Procope avec fureur. Général, dois-je appeler la garde urbaine?

Bélisaire éclata de rire.

— Il la décimerait. Sais-tu, bon Procope, que j'ai vu cet épicier arracher les grilles d'un mur, enfoncer du poing une porte de chêne? Remercie-le plutôt de t'avoir gardé la vie.

Tandis que le général parlait, Corcodis restait à genoux, se tordant les mains, le visage empreint d'angoisse.

— Allons, parle, Corcolion, dit Bélisaire. Pourquoi cette fureur guerrière?

— Les Vandales, Seigneur! s'écria l'épicier.

Le général et Oulès échangèrent un regard vif.

— Les Vandales! répéta Corcodis. Le bateau courrier d'Antioche est entré au port. J'ai reçu un message. Ma femme, ma douce et tendre Eusébine, faisait voile vers la Pentapole d'Afrique où nous avons des affaires. Devant un bateau d'Alexandrie bien armé, mais qui n'a su que faire, les corsaires vandales ont saisi le boutre où se trouvait ma femme!

Même Procope, tout indisposé qu'il fût contre Corcodis, sembla trouver le procédé discourtois.

— Ma pauvre agnelle, gémissait Corcodis. Général, allez-vous laisser saisir les citoyennes de Byzance? Allez-vous laisser la mer aux hérétiques? Il y a dans la rue une foule qui me suit, qui crie, qui vous supplie. Guerre aux Vandales, général Bélisaire!

— Venez, dit tout bas Oulès. Suivons-le, général. Descendez dans la rue. Profitons de ce mouvement. *Guerre aux*

1. Voir *L'Impératrice de Byzance*.

*Vandales!* Voilà ce qu'il faut faire crier au peuple de Byzance, pour ébranler Justinien

Bélisaire prit le temps de s'habiller et de s'armer. Pendant ce temps, Corcodis, négociait le pardon de Procope. Une bourse changea de main. La colère quitta le visage austère du *parèdre.*

— Je comprends votre douleur, mon ami, dit-il. Mais contenez cette force que Dieu vous a donnée.

Bélisaire, Oulès, Corcodis et Procope quittèrent ensemble le palais du général. Deux ou trois cents personnes en effet attendaient dans la rue, et firent une ovation.

— Vive Bélisaire, guerre aux Vandales! cria Corcodis d'une voix de bronze.

— Marchons! dit le général à Oulès. Allons au palais impérial avec cette escorte. Antonine nous obtiendra l'audience d'Augusta. L'empereur entendra les cris. Bonne affaire. Tu ne m'as toujours pas dit comment tu avais gagné ma guerre?

— Le dirai-je au milieu de tout ce populaire?

— Soit. Plus tard. Tu es sûr de ton fait? Bon. Je n'ai rien dit. Connais-tu au moins l'agnelle de notre épicier? Une chétive chèvre, sans doute?

— Une ogresse, répondit Oulès. Une de ces rares géantes qui allient la force et la beauté. Ainsi fait mon épouse en toute sa splendeur. Eusébine est plus fluette qu'elle.

— Tu as épousé une ogresse, Oulès?

— Une forte femme, général. Mais la mienne est blonde. L'Eusébine de Corcodis, brune.

Ce dialogue à forte voix dut cesser, tant le tumulte devenait grand. De la demeure de Bélisaire au Palais Sacré, du dixième au premier canton, la foule ne cessa de grossir. Ils étaient mille quand Bélisaire et ses amis parvinrent à la chalcè, l'entrée de la demeure impériale. Les rumeurs les plus insensées se propageaient : les Vandales avaient enlevé un couvent de vierges, assailli et rasé une ville, passé un avant-poste au fil de l'épée, coulé trente bateaux marchands. L'Augustéon grouillait d'une foule furieuse :

— *Mort aux Vandales! Guerre aux Vandales!* hurlaient mille voix.

— Si je n'étais chrétien, murmura Oulès *in petto,* je remercierais les corsaires de Gélimer d'avoir enlevé Eusébine. Le feu est allumé. La guerre va bien!

*
* *

L'impératrice Théodora sourit. L'empereur Justinien en fut tout remué. Ce monarque d'exception, cet esprit supérieur, ce caractère sombre se trouvait troublé jusqu'au fond de l'âme quand son épouse souriait. A vrai dire, si lui-même, depuis dix ans de mariage, était devenu un peu gros, un peu chauve, un peu tassé, on eût dit que les années glissaient sur Théodora sans altérer en rien sa légendaire beauté. A dix-huit ans, tandis qu'elle rachetait par l'étude et la piété une adolescence galante, Byzance l'appelait « la merveille des trois mers ». Dans la trente-deuxième année de son âge, l'impératrice du monde chrétien restait la plus belle femme dont on pût rêver. En janvier de cette année 532, elle avait montré à son époux et à toute la capitale que cette beauté cachait une âme fortement trempée. Saisi à l'improviste par le soulèvement de *Nika,* Justinien s'affolait, s'apprêtait à quitter Byzance, à laisser l'Hippodrome et la ville aux mains des émeutiers. La fermeté de Théodora l'en avait empêché. Grâce à elle, Bélisaire et le *spathaire* Calopodios noyèrent la révolte dans le sang.

— Cher époux, dit Théodora en souriant, votre habileté me confondra toujours. Ainsi, le peuple réclame la guerre contre les Vandales? Cette guerre que vous souhaitiez, dont vous m'avez dit qu'elle marquerait le début de la reconquête? Cette guerre que vous feignez de repousser depuis des mois?

Justinien sourit à son tour. Plusieurs faits et paroles attestées nous persuadent que ce sévère monarque n'était pas dépourvu de malice. En fait, il savait rire des autres et mener les gens par le nez. Théodora, fille de la rue, élevée dans les venelles du troisième canton par son père le montreur d'ours, déclarait à Antonine, sa meilleure amie :

— C'est un roublard, mon cygne!

Antonine, ancienne danseuse, répondait sur le même ton :

— Mon Bélisaire, c'est un lourd, en dehors de la guerre et du lit!

Justinien sourit derechef. Il venait de recevoir le mari d'Antonine. Il avait entendu la clameur populaire monter de l'Augustéon. Certes, les armées et la flotte n'obéissaient qu'à lui. L'empereur n'avait pas à justifier ses décisions devant le peuple, le Sénat, les Puissants. *Isapostolos*, égal des apôtres, tel était le titre qu'il acceptait sans modestie, ayant même le pas sur le patriarche, chef de la puissante Église. Mais avoir l'air de céder à la supplication de ses sujets rendrait ces derniers plus attachés à sa personne.

Sa décision, en fait, était prise depuis longtemps. Il ferait taire les bavards timorés du Conseil impérial, ce Bœuf Couronné dont les débauches et la superbe irritaient Byzance. Se laisser forcer la main, voilà qui plaisait au « roublard » Justinien. Les soldats de métier, à peine revenus de Perse, épuisés par mainte campagne, n'avaient plus envie de se battre. Si la ferveur populaire pourtant réclamait la guerre à grands cris, que pouvait faire un souverain aimant son peuple, sinon « céder »?

— M'amour, dit l'empereur, j'ai convoqué dans mon cabinet privé votre tout dévoué préfet du prétoire.

— Ce chien galeux! Vous ne le maintenez en place que pour me faire enrager!

— Et le sous-secrétaire Oulès. N'est-il pas de vos amis, celui-là?

— Si fait. Et des vôtres, mon roi. Il l'a prouvé plus d'une fois.

— Je sais que vous êtes une impertinente, et que vous aimez vous divertir. Voulez-vous assister à cet entretien en vous dissimulant?

Le cabinet privé de Justinien, bien différent des salles d'audience et de réception du Palais Sacré, était une pièce sobre et nue, perdue dans le dédale des innombrables corridors. Seuls y avaient accès en permanence son épouse, par une entrée discrète que masquait une tenture, et le grand chambellan Narsès. Celui-ci introduisait parfois dans ce réduit les personnages les plus divers, que l'empereur désirait voir en particulier. Puissants ou misérables, ces visiteurs touchaient par quelque point aux affaires secrètes de l'empire. Plus d'un sortit de là riche et revêtu de la confiance impériale. D'autres, repassant le seuil, tombaient aux mains de la garde des scholes palatines, qui les conduisaient en prison.

Ce dernier détail était connu. Les puissants de l'empire, les ambassadeurs étrangers cherchaient à être reçus en audience officielle par le souverain, immobile sur son trône, splendide comme une idole d'or. Bien peu, en revanche, accueillaient sans frémir l'annonce que l'auguste empereur les recevrait entre la troisième et la sixième heure, dans son particulier.

Cette salutaire terreur se lisait sur le gros visage du préfet Jean de Cappadoce, tandis qu'un chef des Excubites le remettait aux mains de Narsès. Ce dernier, l'un des hommes les plus remarquables de ce temps, élégant malgré sa taille médiocre, les yeux brillants d'intelligence, précéda le gros homme dans le labyrinthe des couloirs. Le préfet suait. « Narsès le fanfaron, pensait-il. Sale eunuque! Ordure d'Arménien muet! »

— Mon bon Narsès, dit-il, ne sais-tu pas ce que me veut César?

— Je sais ce qu'il veut, ami.

— Vraiment? Dis-moi.

— Il désire qu'on ne l'appelle pas César, mon bon. Il s'est mis à haïr ce mot païen.

Le grognement de rage qui échappa au préfet enchanta le grand chambellan. Le Bœuf Couronné lui faisait horreur. Il le planta au milieu des gardes et entra dans le cabinet pour annoncer le visiteur. Comme il paraissait, la tenture masquant l'entrée particulière de l'impératrice bougea.

« Bon, se dit Narsès. Notre merveille écoute aux portes! »

Justinien souriait. Agenouillé devant lui, le sous-secrétaire Oulès donnait à son visage mobile les apparences de l'humilité.

« Bien, pensa encore le chambellan. Notre investigateur a de bonnes nouvelles. »

Il annonça le préfet, qui entra et s'agenouilla à son tour, puis salua et s'apprêta à sortir.

— Reste, Narsès! dit l'empereur. Tu dois connaître de ce que je vais dire. Mets-toi derrière moi, je te prie.

Une faveur aussi marquée frappa Jean de Cappadoce. On ne l'avait pas prié de se relever. Il s'établit sur ses gros genoux.

Justinien releva la tête. Ni beau ni frappant par ses traits, l'empereur des chrétiens avait sur le visage un air majestueux qui s'estompait rarement. Il adopta, pour parler, le « ton de cour », nasillard et monocorde.

— Il a été porté à notre connaissance, dit l'empereur, que le peuple de Byzance s'agite à nouveau. Nous avons convoqué notre bon serviteur Jean de Cappadoce pour qu'il nous rende compte de ces troubles pernicieux et déplorables.

— César, s'écria le Bœuf Couronné... je veux dire « Auguste souverain », des pirates vandales ont enlevé la femme d'un épicier, et toute la ville devient folle. Le peuple réclame la guerre.

— Une guerre que tu juges aventurée, n'est-ce pas?

— Oui, maître du monde. Les Vandales de l'usurpateur Gélimer ont deux cents vaisseaux devant Carthage, leur ville capitale. Une armée innombrable. Les attaquer serait imprudent. Je ne cesse de le répéter.

— Parle, Oulès! dit Justinien.

L'investigateur, en comédien-né, savait ménager ses effets. Il prit un air plein de componction.

— L'excellent préfet a été abusé, fit-il benoîtement.

— Moi?

— Vous. Les Vandales n'ont pas deux cents vaisseaux. *Ils les avaient!*

— Que dit-il?

— Les armées vandales vont fondre comme neige au soleil. Pendant plus d'un an, la route de Carthage restera ouverte.

— Explique à cet incrédule, dit l'empereur, le travail dont je t'avais chargé, toi et les tiens.

A peine Oulès avait-il commencé son récit que Jean de Cappadoce fut bouleversé. Tandis qu'on le laissait se déchaîner contre la guerre, parler de la puissance des Vandales pour la grande satisfaction de leurs espions, l'empereur et l'armée secrète de ses provocateurs, Oulès à leur tête, tramaient!

L'empire des Vandales était grand, c'est-à-dire fragile. Le dessein conçu par Justinien fut de le diviser avant de l'attaquer. Deux importantes possessions stratégiques de Gélimer l'assuraient au nord et à l'est : l'île de Sardaigne, la Libye. En Libye, les agents d'Oulès flattèrent le nationalisme des Africains naturels, les groupèrent autour d'un chef déterminé, nommé Pudence. Ils se trouvaient prêts à se révolter contre les Vandales.

En Sardaigne, Oulès découvrit sa majestueuse épouse, mais il gagna aussi l'oreille du proconsul de Gélimer, nommé Godas. Moyennant une aide financière et militaire, Godas soulèverait son île.

— Comprends-tu, Jean? dit l'empereur. Pour reprendre la Sardaigne, Gélimer devra envoyer cent bateaux et cinq mille hommes. Quand j'aurai assuré Pudence de mon soutien, une autre fraction de la flotte et de l'armée vandales partira pour la Libye. Cela ne prendra que quelques mois. Dès lors, ma flotte cinglera vers Carthage et la réduira.

Jean de Cappadoce courba le front. Il ne lui restait plus qu'à oublier ses objections. Justinien était allé trop loin. Il ne reculerait plus.

— Que dois-je faire, maître du monde? demanda-t-il avec soumission.

— Ne pas te rallier trop vite à la cause de la guerre. Proteste toujours. Proteste moins quand les ambassadeurs de Pudence viendront demander officiellement mon appui. Dès lors, change d'avis, convaincu par l'évidence : la guerre est nécessaire, puisque nous la gagnerons!

Le préfet se courba jusqu'à terre et sortit.

— Reste, Narsès, dit l'empereur. Toi aussi, Oulès. Parais, merveille de mon cœur.

La tenture se souleva. Théodora parut.

— Le bœuf est assommé! dit-elle en riant. Soulever la Sardaigne! Révolter la Libye! Obliger Gélimer à diviser ses forces! Par-dessus tout, cacher cela si longtemps au puissant préfet du prétoire!

— Oulès a du génie, dit Justinien.

— Le mot est un peu faible, déclara distraitement le sous-secrétaire.

Théodora remarqua non pas la superbe de cette remarque, mais l'air soucieux qui l'accompagnait.

— Mon cher époux, dit-elle, Oulès n'a pas l'air satisfait.

— Seigneur...

— Parle, Oulès. Que vois-tu encore?

L'ancien investigateur devenu chef des forces occultes du royaume secoua sa longue tête chauve :

— La guerre est décidée, dit-il. Soit! Mille badauds de Byzance crient « Sus aux Vandales ». Bon! Pourtant, il en reste près d'un million à convaincre.

— Que veux-tu dire?

— Je veux dire qu'il nous faut engager la ville tout entière. Que personne ne doit douter de la nécessité de cette expédition. Que chacun doit vous supplier de faire campagne.

— Et que faudrait-il pour cela?

— Vous connaissez votre peuple, maître du monde. Religieux, mais superstitieux. Croyant, mais crédule. Il faudrait...

— Eh bien?

— Un prodige, déclara Oulès. Un prodige en bonne et due forme.

— Seul Dieu tient la clé des prodiges, dit Narsès vertueusement.

— Il arrive, murmura le sous-secrétaire, que l'on trouve une fausse clé.

***

Dès le début du mois de novembre, des ambassadeurs de Libye sollicitèrent en secret l'audience impériale. Du fait de ce secret, la nouvelle tarda plus de deux jours à se répandre, mais enfin elle fut connue. Les agents d'Oulès et ceux d'Alopex firent savoir ce que voulaient ces hommes basanés : l'aide de l'empire contre Gélimer. Si les espions de ce dernier ignorèrent la chose, c'est qu'ils n'étaient pas faits pour leur métier d'oreillards patentés.

Pour la Sardaigne, il fallait plus de discrétion. Ce fut Justinien qui dépêcha des émissaires à Godas, sous la conduite du sénateur Euloge. Ce dernier devait promettre un renfort de quatre cents hommes dès le premier signe de révolte et une forte somme en or. Le peuple de Byzance [1] vit partir Euloge. On fit savoir qu'il allait s'assurer des alliances militaires.

Jour après jour, les militants des partis adverses de l'Hippodrome, les Bleus et les Verts, impartialement endoctrinés par les provocateurs d'Oulès, parcouraient la ville, appelant la guerre à grands cris. Le parti des pacifistes allait se rétrécissant. Pour mettre le feu à la paille, il ne manquait que le prodige souhaité par le sous-secrétaire aux Affaires d'espionnage. Ce dernier, apparemment, filait le parfait amour avec la copieuse Zoé dans le palais d'Alopex. Pourtant, un jour, il fit porter un message à Théodora, sa protectrice de toujours : *Au prochain jour du Seigneur, après l'office aux saints-apôtres, notre empereur bien-aimé devrait, s'il lui plaît, honorer de sa visite les chantiers de Sainte-Sophie-Nouvelle. Il pourrait s'y voir du « prodigieux ».*

1. Si nous les appelons « Byzantins » par commodité, ce sera contre leurs coutumes, Ils se désignaient eux-mêmes sous le nom de « Romains ». En 532, cela n'allait pas sans outrecuidance, les Ostrogoths restant campés dans Rome.

— Bon, dit l'impératrice. Il semble que le Ciel va parler!

Le second jour après les ides de novembre, Justinien et Théodora entendirent donc l'office divin — qui ne s'appelait pas encore la messe — en l'église des Saints-Apôtres, dans le onzième canton. Ensuite, comme les hérauts impériaux l'avaient fait savoir, son trône d'or et celui de l'impératrice seraient portés jusqu'à la nouvelle basilique en construction.

Tous les habitants de la ville faisaient la haie le long du chemin suivi par les souverains. Deux cohortes resplendissantes de gardes du palais ouvraient et fermaient la marche. Byzance criait : *Vive Justinien! Longue vie à Théodora!* mais surtout *Mort aux Vandales!* et *Vive la guerre!* Il faut dire que depuis la révolte de *Nika*, onze mois plus tôt, les citadins payaient cher le sacrilège commis contre la personne sacrée de l'empereur. Toutes les fêtes profanes supprimées, tous les théâtres interdits : il en restait bien deux ou trois, mais où l'on jouait des tragédies édifiantes. Va-t-on au théâtre pour voir autre chose que des tableaux vivants et des filles nues? Byzance boudait. Chose impensable, l'Hippodrome lui-même resta fermé cette année-là. Plus de courses de chars, de chorales, d'affrontements entre Bleus et Verts. La ville avait eu quelque espoir de spectacle quand le patriarche monophysite Sévère était venu se faire réprimander. La bonté de Théodora envers les hérétiques permit qu'il fût quitte avec un sermon.

Byzance somnolait depuis des mois. Plus de déguisement, de fornication collective, de beuveries populaires. C'était à périr d'ennui. Vive la guerre, qui animerait cette morosité!

Immobile sur son trône d'or, Justinien écoutait les clameurs, y sentait un besoin de passions nouvelles. Il eût souri, si l'étiquette ne s'y fût opposée. Une importante délégation du clergé, conduite par le patriarche Épiphane en personne, marchait entre lui et les gardes dorés.

— *Vive la guerre!* criait Byzance.

La guerre, cela voudrait dire un grand arroi dans les ports, un va-et-vient de troupes, des esclaves à vendre et à acheter, de beaux récits. Quant à se battre eux-mêmes, les Byzantins n'y songeaient pas : il y a des professionnels pour ces fortes besognes.

Immobiles, hiératiques, Justinien et Théodora avançaient au pas lent de leurs porteurs, vers la nouvelle église Sainte-Sophie. Déjà fondée, elle promettait de devenir le plus bel édifice de la chrétienté. Plus de dix mille ouvriers y travaillaient sous les ordres de cent *mecanicoï* [1]. Des dizaines de bateaux apportaient des pierres à bâtir depuis les lointaines carrières de Phrygie, d'Eubée, de Carie. D'énormes quantités d'or se trouvaient englouties dans ces travaux herculéens. Sainte-Sophie, hymne de pierre à la divine sagesse, serait la huitième merveille du monde, plus durable que les sept autres.

L'état-major des architectes et leur génial patron, Anthémios de Tralles, s'agenouilla tandis que paraissait le cortège. Les porteurs s'immobilisèrent. L'empereur bénit trois fois les bâtisseurs : devant lui d'abord, à droite ensuite, puis à gauche.

— Au nom de Jésus Pantocrator! cria une voix dans la foule.

Un homme s'avançait, aussitôt entouré par les gardes de la schole de service. Un évêque, d'après son habit. Il se prosterna devant l'empereur. Celui-ci, d'un geste du doigt, ordonna qu'on le laissât faire.

— Augustes souverains! cria l'évêque d'une voix qu'on dut entendre jusqu'à l'Acropole. Bienheureux Épiphane, peuple de Byzance, écoutez-moi! Je suis l'indigne évêque de Syrtis, rentrant d'un voyage en Orient. Or, Dieu m'a parlé dans un songe. Écoutez ce que m'a dit Jésus, entouré de ses anges, m'arrachant au sommeil pour m'appeler à lui. Une vision céleste m'a ravi à ce monde!

L'énorme voix avait fait taire tous les murmures. Un songe, un signe, un prodige, voilà ce dont Byzance était friande. Le patriarche lui-même n'osait intervenir. L'évêque continuait :

— Siméon, m'a dit Jésus, parlant à mon humble personne, va trouver l'empereur des chrétiens, mon second sur la terre, l'égal des apôtres. Dis-lui ma volonté. Qu'il aille sauver les véritables chrétiens tenus en esclavage par les barbares ariens. Qu'il porte le fer et le feu contre les Vandales. Je l'assisterai dans cette juste guerre. J'ajouterai l'Afrique à son empire. Ainsi, maître du monde, ainsi, mes frères, Jésus m'a-t-il parlé cette nuit face à face!

Après un instant de stupeur, la foule entière, sauf les gardes par discipline et le clergé sceptique en ces matières, éclata en hurlements de joie. Cette fois, les cris de *Vive Justinien*

---

1. Entrepreneurs de travaux.

et *Vive la guerre!* roulaient comme le tonnerre. Ils accompagnèrent l'empereur et l'impératrice jusqu'au palais sacré.

De retour en ses appartements, déshabillé selon les usages, Justinien se présenta dans les appartements de sa femme. Ils se regardèrent, puis se mirent à rire.

— Un prodige! dit Justinien.

— Une vision! appuya Théodora.

— Le visionnaire, il faut l'avouer, possède une voix étendue.

— C'est, répondit Théodora, que la parole divine doit être entendue par tous.

Justinien fronça les sourcils.

— Cet évêque tombait à point. Mais s'il s'agit d'une mystification sacrilège, Oulès en répondra.

— Oulès, repartit Théodora, a réponse à tout, cher seigneur.

Le personnage ainsi incriminé se trouvait assis auprès de sa gigantesque Zoé, et prenait du vin avec Alopex.

— Ce Siméon de Syrtis, dit Alopex, quelle trouvaille! Où l'as-tu déniché, Oulès?

— Moi? Mais puisqu'une vision céleste...

— Pas entre nous, vieux camarade.

— Il s'appelle vraiment Siméon, confia Oulès à mi-voix. Il est de mes obligés. Naguère, on l'employait comme crieur à l'hippodrome d'Antioche.

Procope, le chroniqueur, ne sut rien de cet *a-parte*. Il confirme que l'éclat de l'évêque « venu des provinces d'Orient » pesa d'un poids important dans la décision impériale. Peu après, le peuple byzantin sut officiellement que la guerre contre les Vandales se trouvait décidée, et que l'aigle et la croix marcheraient devant les légions.

## II

# OÙ L'ON PRÉPARE LA GUERRE

Ce serait offenser la vérité que de déclarer, au début de ce véridique récit : *L'empire chrétien déclara la guerre aux Vandales à cause du rapt perpétré contre la personne d'une épicière.* Certes, de grandes batailles ont opposé pour moins que cela de puissantes nations. Pourtant, il faut classer l'enlèvement de la belle Eusébine non parmi les causes du conflit, mais au nombre des moyens mis en œuvre pour rendre populaire une expédition décidée d'avance par l'empereur. La « vision » de Siméon fit pencher la balance vers le conflit armé.

A en croire Procope, l'historiographe de ce temps, qui vient de faire dans notre récit une entrée peu glorieuse, la guerre fut décidée à la suite de cette « vision », de signes célestes, d'un échange de lettres pompeuses entre Justinien et le Vandale Gélimer. La réalité montre moins de poésie et d'emphase. Tandis que Bélisaire, investi du commandement suprême, rassemble ses légions, tandis que les amiraux arment leurs escadres, interrogeons-nous sur cette volonté de conquête qui animait l'empereur de Byzance.

Pour bien la comprendre, nous devons oublier le faible monarque qui sous-estimait, moins d'un an plus tôt, les émeutiers de *Nika* et ne devait de conserver son trône qu'à l'intrépidité de l'impératrice Théodora. Semblable manque de lucidité politique est tout à fait exceptionnel chez Justinien. Ce légiste de génie fut aussi bon administrateur et réformateur que gouvernant adroit. Il caressait un grand rêve : remembrer l'empire chrétien, dont toute la partie occidentale échappait à Byzance. Or, ce rêve, Justinien se montra assez élevé dans ses desseins, assez adroit dans ses manœuvres, assez sage dans le choix de ses généraux pour le réaliser. A son avènement, la mère patrie, je veux dire l'Italie, demeurait aux mains des Ostrogoths. Déchue de sa splendeur et de son rang même de capitale, la vieille Rome végétait. L'ancienne *Provincia* des Césars païens, le sud de la Gaule, appartenait aux Wisigoths, ainsi que la majeure partie de l'Espagne. L'Afrique du Nord tout entière, enfin, avait été conquise par les Vandales, dont les cousins Suèves tenaient le Portugal.

Pour que le rêve de Justinien prît corps, il fallait faire tomber l'une après l'autre de formidables citadelles. Les Wisigoths, nation puissante, semblaient trop forts. Les Ostrogoths, en 526, avaient perdu un très grand roi en la personne de Théodoric. On pouvait espérer se mesurer à eux. Pourtant, le maillon faible de la chaîne d'ennemis qui entourait la Mer Intérieure, c'était le royaume vandale. Ce peuple au passé terrifiant glissait dans la décadence, et prêtait par là le flanc aux prédateurs.

Au début de l'ère chrétienne, plusieurs tribus de Germains s'unirent, au nord de l'Europe. A la fin du IVe siècle, les Hasdings, les Silings et les Alains, accompagnés des Suèves, remontent le Danube. Les Sarmates les chassent vers l'ouest. Ces peuples alliés, sinon amis, forment le groupe connu sous le nom vague de Vandales. En 406, ils passent le Rhin. Précédant de quelques années les petits hommes bruns d'Attila, ces grands barbares blonds pillent la Gaule de l'est au sud. En 412, on les admet en Espagne en qualité de *fédérés :* les loups dans la bergerie! Ils s'installent. L'Andalousie — corruption du mot « vandalousie » — témoigne de leur implantation. Le faible empire romain confie aux Wisigoths la tâche de les combattre. Ces derniers les chassent vers le sud, mais ne font que resserrer les liens entre tribus autour de Gundéric « roi des Vandales et des Alains ».

En 429, leur nouveau roi Géiséric fait franchir le détroit de Gibraltar à quatre-vingt mille hommes. Cette formidable cohorte gagne la Numidie, défait le proconsul Boniface, s'empare d'Hippone. Désormais redouté par l'empereur Théodose II, Géiséric est associé à l'empire d'Orient en qualité, une fois de plus, de *fédéré.* Cela n'arrête pas les brigandages. En 439, les Vandales prennent Carthage, en font leur capitale. En 442, ils s'installent à loisir dans les riches plaines de la Byzacène et de la Proconsulaire. Désireux de fonder un « empire du blé », ils saisissent les îles : Baléares, Corse, Sardaigne, et même la Sicile que les Ostrogoths leur reprendront. En 455, le pillage de Rome met le comble à leur fortune. Depuis, sous des rois pacifiques ou turbulents, ils prospèrent. Byzance envoie contre eux une importante flotte, qui est détruite sous Carthage en 468. L'empereur d'Orient doit s'incliner devant ce fait accompli : les Vandales sont riches, puissants. Ils tiennent solidement l'Afrique et les îles au large de l'Italie.

Les années passent. Que reste-t-il de la sauvagerie primitive des tribus germaines d'antan? Le mot *vandale*, perdant sa majuscule, traversera les siècles, synonyme de pillard, évoquant le feu, le sang, les villes en morceaux, les cadavres par monceaux, les filles violées, les sanctuaires profanés... Légende! La richesse, en quelques dizaines d'années, amollit ces terribles guerriers. La sédentarité engraisse ces nomades. Tandis qu'à Byzance, de l'automne à l'hiver, les *tubicines* sonnent les trompes de la guerre, considérons le portrait des « néo-Vandales », tel que Procope l'établit après la première campagne. *De visu*, car nous l'y verrons!

*Depuis qu'ils s'étaient rendus maîtres de l'Afrique, les Vandales avaient pris l'habitude de se baigner tous les jours. D'avoir leurs tables très bien servies, et couvertes de toutes les nourritures que pouvaient produire la terre et la mer. Ils portaient des habits splendides à la mode des Perses, c'est-à-dire en soie, et beaucoup se vêtaient de drap d'or. Leurs occupations ordinaires étaient la chasse et les spectacles, théâtres ou hippodromes. Ils cherchaient sans cesse des plaisirs différents. Tantôt ils regardaient des danseurs, tantôt des comédiens ou des bouffons. Bref, ils vivaient parmi les délices que la musique peut donner aux oreilles et que les yeux peuvent goûter par la vue des plus belles choses. La plupart habitaient des résidences ornées d'arbres fruitiers, embellies de canaux et de jets d'eau. Ils se donnaient très souvent des festins les uns aux autres, et prenaient un soin particulier à raffiner sur les plaisirs de Vénus.* [1].

A lire ces lignes vertueusement réprobatrices, ne dirait-on pas que la mollesse, le luxe et le stupre vandales aient été un sujet d'horreur pour les honnêtes envahisseurs? Un hippodrome, des théâtres, des festins, l'amour sous toutes ses formes!

---

1. *Procope, La Guerre contre les Vandales*, livre II, *op. cit.*

Voilà qui avait de quoi choquer un citoyen de Byzance, à condition qu'il possédât la foncière mauvaise foi, la totale hypocrisie de notre chroniqueur. En fait, les soldats de Bélisaire, ceux du moins qui étaient « romains », s'étonnèrent de trouver les hérétiques barbares qu'ils venaient civiliser aussi fainéants, bâfreurs, ivrognes, badauds et concupiscents qu'un Byzantin bien élevé. Reste le problème des bains. On se lavait beaucoup à Byzance en 532. Ceux qui ne jouissaient pas de bains privés avaient à leur disposition nombre d'établissements publics destinés à l'hygiène du corps. L'acerbe remarque de Procope sur la propreté des Vandales ne met en cause que lui-même : il n'aimait pas l'eau, voilà tout ! Pour le reste, hippodrome et festins, comédiens et prostituées, les deux camps se trouvaient à égalité dans la dissolution des mœurs. L'enjeu de la guerre, pourtant, ne tenait pas à des plats ni des vases d'or, mais au fil des glaives. Pour gagner, Byzance possédait un atout maître. L'homme qui avait vaincu les Perses à Dara. Le meneur d'armées, le chef militaire aimé de ses soldats. Byzance avait Bélisaire.

***

— Sainte Bibule, décolère-moi ! hurla Bélisaire. Saint Pétulidas, sainte Monochrême, retenez-moi ! Ô Théotokos, mère de Dieu, empêchez-moi de faire un malheur !

La douce Antonine, épouse du général, leva les yeux vers tant de fureur. Elle s'arrêta de choisir, dans un tas de somptueux vêtements, ceux qu'elle ferait suivre à la guerre. Car son époux l'emmènerait, la chose ne souffrait aucune discussion. Trop longue avait été la séparation durant les campagnes perses.

— Ne t'emporte pas, mon ami, dit-elle. Tu échauffes l'air de tes veines. Bois un peu, cesse de crier.

Tout agité, le général en chef saisit une coupe et but à longs traits. De l'eau. Il partageait en effet avec l'empereur son maître deux excentricités connues : ne jamais prendre de vin, n'user d'autre femme que la sienne. Ces fantaisies contre nature, admises en raison de la quasi-divinité de l'empereur, de l'élévation du général, suscitaient peu d'émules. Il fallait à Byzance être bien plat courtisan pour mépriser le vin de Chio et les filles du troisième canton. D'ailleurs à quoi bon ? Ni l'empereur ni son chef de guerre n'essayaient d'imposer leurs goûts. Sobres et fidèles, ils ne se montraient pourtant ni l'un ni l'autre moralistes : la chose est assez rare pour qu'on la remarque.

Avec un soupir, Antonine rejeta ses tuniques. Fallait-il emporter la grège brodée d'or ou la dorée frangée de soie grège? Les hommes vous dérangent toujours au milieu des occupations les plus sérieuses. Ayant bu, Bélisaire rota.

— Qu'y a-t-il encore, mon amour? demanda l'épouse. Une autre bassesse du Bœuf Couronné? C'est ça qui te met en colère?

Le général redressa sa haute taille. C'était un homme paisible de cœur, mais prompt à de soudains emportements :

— Au diable le préfet! dit-il. Ce sont mes *stratiotes* [1]. Cette bande de dégonflés! Un an de repos et les voilà le ventre plein, les bourses vides, gras comme des eunuques. Aucun d'eux ne veut rengager pour la campagne! Si j'en trouve cinq cents, ce sera déjà beau. Tu te rends compte, Antonine, mes petits gars de Dara qui n'aiment plus la bagarre?

— Ils se seront mariés, mon ami.

— Je le suis bien, moi!

— Mais eux ne pourront pas emmener leur épouse en Afrique!

Bélisaire haussa de puissantes épaules :

— Est-ce que la guerre n'est pas faite pour saisir des femmes? Je leur en trouverai, moi, des Vandalesses. Par paquets de quinze! Des blondes, des brunes, des rousses!

— A une condition, Bélisaire.

— Laquelle, cher petit cœur?

— Que tu n'en cherches pas pour toi. Sinon je te brûle les yeux, je te tranche le nez, je te coupe...

— Tu sais bien que je n'aime que toi!

— Tout de même! proféra la belle Antonine d'un air menaçant. Les Vandalesses! Si seulement tu les regardes...

Le général repoussa d'un geste cette absurde éventualité.

— Mes *stratiotes* qui ont pris goût à la paix! J'aurai l'air de quoi, Antonine, si je débarque chez les barbares avec une armée de barbares? Des *fédérés* qui parlent pas grec! Des *summaques*

1. *Stratiotaï*, les soldats citoyens de l'empire. Auprès d'eux les troupes issues de provinces associées à l'empire, les *fédérés (Ek phoïderatôn)*. Enfin, de plus en plus nombreux, les *xummachoï*, les *summaques*, mercenaires barbares appointés.

baptisés de la veille! Et cette racaille que la flotte m'amène d'Alexandrie et d'Antioche? Un meneur de pouilleux, voilà ce que je serai... Qu'est-ce que c'est, bordel?

Le garde de service osait à peine lever les yeux sur le visage convulsé du général en chef.

— Votre *parèdre*, général, est à la porte avec un centurion de la milice urbaine. Je ne sais si ce dernier... Si vous voulez admettre...

— Qu'ils entrent, animal! Entre, Procope! Toi aussi, l'ami. Eh bien?

Procope montrait un air de franchise absolue. Antonine en déduisit qu'il méditait un tour particulièrement tordu. Elle sourit et se remit à trier ses parures.

— Général, dit Procope, je me permets de vous présenter le centurion Iskas, de la garde maritime. Il désire savoir si tout ou partie des forces urbaines de Byzance peut s'engager pour la campagne.

Sur le visage de Bélisaire, la colère fit place à l'attendrissement.

— Avance, Iskas! Je te connais, brave soldat des quais?

— Je tenais un avant-poste le dernier jour de *Nika*, général. C'est là que vous m'avez fait centurion.

— Bon petit gars! Et tu veux quitter la maritime? Venir à la guerre avec moi?

— Avec vous jusqu'en enfer, général. Y a aussi des autres qui veulent s'engager. Gildas, qui est chef de section, et au moins vingt gardes. Le moine qui est là...

— Je ne suis pas moine! intervint Procope sévèrement. J'ai vanté devant ces braves les avantages de la guerre lointaine. Servir l'empereur avec honneur et profit, être utile à la patrie.

— On n'a pas peur des coups, assura Iskas. On est Romains, quoi! La maritime, c'est déjà mieux que l'urbaine, mais la guerre, ça! D'après ce qu'il dit...

— Tu es un brave! déclara Bélisaire. Trouve cent hommes dans les milices. J'autoriserai leur départ. Tu en auras le commandement. Va!

— Vive Bélisaire, vive la guerre! cria le petit centurion avant de saluer et de se hâter vers la sortie sur ses pieds plats de canard.

Quand il fut parti, Antonine éclata de rire :

— Gloire à toi, mon époux, dit-elle. Si tous les vrais citoyens que tu engages sont pareils à celui-ci, malheur aux Vandales!

Bélisaire montrait un air préoccupé. Qu'une partie de la police de la ville et du port voulût s'engager dans l'armée, il le ferait admettre à l'éparque. Un demi-soldat vaut mieux qu'une recrue. Mais la garde maritime était connue pour sa rapacité, pour sa main preste à écorner les chargements de valeur, pour son trafic sur les entrées de port et les connaissements de navires. Pourquoi un centurion lâcherait-il ce métier lucratif pour les hasards d'une guerre lointaine? A moins...

— Procope, demanda Bélisaire, qu'as-tu raconté à ce malheureux?

— Il lui a parlé de fortune de guerre, bien entendu, intervint Antonine. De pillages fabuleux. De filles forcées, d'esclaves qui ne coûtent rien.

— C'est vrai, ça? s'enquit le général repris par la colère. Tu l'as trompé ainsi? Tu as laissé croire que mes soldats pillaient?

Iskas, qui se hâtait par les rues, aurait pu affirmer à Bélisaire que ces estimations se trouvaient en dessous de la vérité. Procope avait déclaré que la part de pillage d'un centurion durant cette campagne ne serait pas inférieure à cent *nomismes* d'or et cinq ou six esclaves. Deux faits excusaient ces mensonges : il n'était pas d'Église, et le général cherchait des soldats-citoyens. Voyant s'assombrir le front de son maître, le *parèdre* n'eut pas envie d'avouer la vérité :

— Je lui ai dit, affirma-t-il, que cette campagne serait glorieuse. Que tout l'honneur du chef rejaillirait sur ses soldats. Qu'il n'y aurait pas assez de louanges dans Byzance pour celui qui, parlant plus tard de la campagne contre les Vandales, pourrait dire : « J'y étais! »

Beau parleur autant que bon styliste, Procope débita son mensonge avec feu. Il y croyait presque. Bélisaire hocha la tête.

— C'est bien d'avoir dit ça, Procope.

— N'est-ce pas, général?

— Oui, bien. Ça me décide. *Tu nous accompagnes*, Procope!

— Où cela, général?

— A la guerre, bien entendu.

Les jambes du secrétaire devinrent molles. Un vertige le prit dans la région de l'estomac.

— Moi, moi, moi? balbutia-t-il.

— Toi et par ma volonté! Tu écris l'histoire de ce règne, non? Tu as raconté Dara et Kallinicos sans avoir vu la queue d'un Perse. Tu viendras regarder les Vandales sous les moustaches... Discute pas, c'est dit! Pense au centurion Iskas, que tu as persuadé de mourir pour l'honneur.

— Général, je...

— Va, laisse-nous. Et merci. Merci de m'avoir proposé tes services, à la guerre comme à la ville.

Anéanti, Procope s'en fut. Antonine éclata de rire.

— Tu es cruel, Bélisaire, dit-elle. Vois-tu cet homme d'étude au milieu des flèches et des piques, ou sur un navire au combat?

— Mal. Mais, s'il en revient, son livre me couvrira de gloire, puisque l'auteur en voudra sa part. Et tu sais quoi, lionne?

— Quoi, lion?

— Nous lui trouverons une Vandalesse. Je crois qu'il manque, de ce côté-là.

***

Le général Paul d'Antioche et son compagnon mirent pied à terre devant la Chalcè, et jetèrent leurs brides à la garde d'honneur du palais sacré. Avertie de leur arrivée, une foule enthousiaste les avait acclamés le long de la grande avenue, la Mésè, et refluait à leur suite sur la grand-place de l'Augustéon. Rien de plus prompt à s'agglutiner que les Byzantins. Puisque désormais et jusqu'à nouvel ordre leur étaient interdites les grandes cohues de l'Hippodrome et les fêtes païennes des quatre saisons, les masses affluaient dans les églises et les cérémonies religieuses, les processions, acclamaient l'empereur et l'impératrice dès qu'on les menait hors du palais en grande pompe, escortaient en criant les visiteurs de marque.

Or, peu de gens plus célèbres à Byzance que le général Paul. N'avait-il pas en son jeune âge remporté le *Cratère d'Or* comme conducteur de chars pour les Bleus? Ne s'était-il pas couvert de gloire contre les Perses auprès de Bélisaire? Sans doute sortait-il de sa retraite au premier bruit de guerre, ce héros chéri du peuple, aimé de ses souverains! Chacun se souvenait soudain qu'on l'avait peu vu lors des derniers mois. Qu'eût-il fait dans une ville punie pour lèse-majesté? Mais les *tubicines* soufflent la guerre dans leurs longues trompes, et voici reparaître le beau, le grand, le blond Paul d'Antioche, le meilleur conducteur à huit guides que l'Hippodrome ait jamais acclamé. *Vivat!* criait la rue. *Eugué!*

Les plus rapprochés des deux survenants s'aperçurent que Paul descendait à gauche de son cheval et paraissait embarrassé de sa jambe droite. Son compagnon, au contraire, bondit à terre avec toute la fougue d'un jeune homme parfaitement en condition. L'officier de la schole de service remarqua que le général Paul, sans boitiller vraiment, s'avançait sous la voûte de la Chalcè d'une démarche un peu lourde. Il détailla le second homme : grand, brun, bien membré, noir de cheveux et brun de teint, avec dans ses beaux yeux sombres un feu qui faisait baisser les regards. Inconnu au palais, selon le coup d'œil infaillible du capitaine des hicanates.

— Un Alexandrin, pensa ce dernier. Un *fédéré*, peut-être. Un chef en tout cas : le général Paul a l'air de le traiter en égal, ce qui n'est pas peu!

Indifférents à la curiosité comme ils l'avaient été à l'enthousiasme, le général et le jeune homme au teint bronzé se dirigeaient vers les appartements de l'impératrice. Une autre escouade de gardes les prit en charge et les conduisit à l'antichambre principale. Le chef de ceux-là nota que personne d'autre, ce jour, n'attendait le bon plaisir de la souveraine. « Audience privée! » se dit-il. Sans avoir reçu d'ordres particuliers, il doubla les sentinelles et ordonna la vigilance. C'est ainsi que se gagne l'avancement militaire dans les corridors impériaux.

A peine les deux hommes avaient-ils franchi la lourde portière de l'antichambre qu'une personne d'une beauté remarquable parut. Ses habits d'une richesse inconcevable, la chaîne d'or qu'elle portait autour du front, le détail enfin de ce visage tant chanté par les poètes précipitèrent à genoux le compagnon de Paul d'Antioche. L'impératrice Théodora! La merveille de Byzance! La perle des trois mers! Le front de l'homme brun toucha le parquet de marbre.

Un éclat de rire le fit se redresser, stupéfait. La divine,

l'incomparable apparition s'était jetée au cou de Paul et riait de son adorateur.

— Relève-toi, ami! dit vivement l'aide de camp de Bélisaire. Celle-ci n'est pas la première dans l'empire, seulement dans mon cœur. Anastasie aimée, voici Jean l'Arménien, dont je t'ai tant parlé. Jeune par l'âge, égal par le courage et l'intelligence aux chefs de notre armée. Jean, cher frère de cœur, voici Anastasie, sœur de l'auguste Théodora, ma fiancée et mon amour.

Embarrassé devant la passion avec laquelle Paul et la belle créature se regardaient, Jean se releva et sourit un peu gauchement.

— Parlez, lui dit Anastasie. Mon fiancé avait-il tracé de moi un portrait exact, tandis que vous reveniez d'Antioche ensemble?

Son assurance retrouvée, Jean l'Arménien donna de la chaleur à son sourire. Tout éprise qu'elle fût de son Paul, Anastasie ne put s'empêcher de penser qu'elle voyait l'homme le plus beau, le mieux fait, le plus séduisant qu'elle eût rencontré de sa vie. Même amoureuses, les femmes restent lucides sur ces chapitres-là. Elle donna à son visage l'air le mieux ensorcelant qu'il pût produire.

— Mon Paul, dit-elle, ne tarit pas d'éloges à votre sujet, cher Jean. A l'en croire, vous êtes meilleur cavalier, plus habile aux armes que lui-même. Doit-on le croire?

— Certes non, répondit Jean d'une voix basse et agréable. L'amitié seule qui nous lie le fait parler ainsi.

— Il m'a sauvé la vie à Kallinicos, m'emportant blessé sur son dos. Il a rallié les chars, assuré la retraite, empêché la déroute.

— Mais non la défaite! s'écria amèrement Jean. Ah! l'affreuse journée! Je me suis juré ce soir-là de mourir plutôt que de montrer une fois de plus le dos à un ennemi.

La belle Anastasie approuva ces mâles paroles.

— Tenez ma main, Jean, dit-elle. Celui qui a sauvé Paul est pour toujours mon frère. Peut-on faire quelque chose pour lui auprès de Justinien? Quel est son grade dans l'armée?

— Il est sous-chef de légion de cavalerie, dit Paul.

Puis, avec un peu d'amertume :

— C'est lui qui mènera l'élite de nos cavaliers, puisque cette maudite blessure me relègue à l'état-major.

— Ne parle pas de malédiction! s'écria vivement Jean. Seul peut bénir et maudire notre maître céleste, Jésus qui est Dieu, et qui n'est que Dieu!

Avec surprise, celui qui venait de parler vit Paul et Anastasie s'agenouiller soudain. Était-ce le nom prononcé du Seigneur? Un rire frais, derrière son dos, le détrompa. Il se retourna vivement et s'agenouilla à son tour.

Cette fois, le doute n'était plus possible. Celle qui venait de paraître dans la salle d'audience privée ne pouvait être que Théodora, merveille de Byzance. Certes, sa sœur lui ressemblait par les traits du visage, la taille menue et la silhouette. Il se dégageait pourtant de l'impératrice du monde chrétien un charme unique et irrésistible, une aura de beauté suprême qui, même sans couronne, lui assurait l'empire sur les autres femmes.

— Debout, dit Théodora. Viens baiser ma main, cher Paul. Que je te gronde! Trop occupé par tes lettres à ma sœur, tu m'as laissée sans nouvelles de toi.

Paul d'Antioche montra de nouveau un visage chagrin.

— Qu'aurais-je pu dire, Augusta? Que ma maudite blessure de l'an passé s'est rouverte? Que je suis devenu une sorte d'infirme, un inutile à ma place de chef, tout juste bon à tenir place dans les palabres, non plus à la bataille?

Les joues de Théodora s'empourprèrent. Elle était plus belle encore dans la colère que dans l'enjouement. Voilà sans doute pourquoi elle laissait aller son tempérament coléreux.

— De quoi te plains-tu? Tu boites. Ta jambe est encore fragile, disent les médecins. Mon époux, dans sa grande bonté, t'autorise tout de même à partir en campagne. Tu dirigeras toute la maison de Bélisaire. Est-ce trop peu pour toi, fier coq? Silence! Ainsi, voici Jean l'Arménien, dont tout le palais chante les exploits. Vous avez défait les Africains sur les rivages de la Grande Syrte, m'a-t-on dit? Pris trois chefs vivants? Rallié cinq villes?

Depuis que ses yeux s'étaient levés sur Théodora, Jean semblait frappé de stupeur. Son visage avait pris une teinte verdâtre, ce qui est la façon de pâlir des gens à la peau bistrée par le soleil.

— Répondra-t-il? s'écria l'impératrice, qui voyait bien l'adoration qu'elle provoquait et ne s'en fâchait plus depuis la trentaine. Est-il muet, comme notre cousin Aurélien?

— Non, Augusta, je parle.

— Étrangement! *Jésus qui est Dieu, et qui n'est que Dieu,* dit-il. Répéterait-il cela devant notre patriarche Épiphane?

Le trouble de Jean l'Arménien s'accentua. Cette formule sentait l'hérésie. En fait, elle était employée par les... par ceux qui niaient la nature *humaine* de Jésus... par ceux qui échangeaient entre eux ce signe de la main *que venait de faire l'impératrice...* Les monophysites, chrétiens qualifiés de déviants! Théodora, monophysite! L'adoration, dans les yeux de Jean, tournait à l'extase.

L'impératrice, cependant, se tournait à nouveau vers Paul d'Antioche.

— Aurélien, t'ai-je dit. Des nouvelles?

— Toujours à Antioche, piaffant comme un poulain. Furieux qu'on lui interdise d'aller en guerre.

— Il est trop jeune. Et... les autres? N'as-tu pas de nouvelles à me donner concernant d'autres personnes?

Anastasie éclata de rire, malgré le regard foudroyant de sa sœur :

— Elle n'ose pas nommer Koraclès, son frère de lait, dit-elle. Voyez-vous, Jean, ma divine sœur et Koraclès s'étaient quittés fâchés, après *Nika.* L'as-tu vu, Paul?

Paul d'Antioche haussa les sourcils d'un air surpris :

— N'est-il pas passé par Byzance? L'empereur, à sa demande, l'a relevé de ses fonctions en Orient. Il doit aller aux haras impériaux rassembler les chevaux de guerre. Son *alter ego,* le Gaulois Stentor, l'accompagne. J'aurais cru que sa route la plus directe...

— Passait par les bras de ses sœurs? s'exclama Théodora amèrement. Tu connais mal mon frère-cheval, petit Paul. Ce voyou aura préféré s'accoupler avec quelque jument de Thrace plutôt que de venir rendre visite à sa parente, fût-elle maîtresse de l'empire! Je le hais.

— Comme il te hait toi-même, répliqua Anastasie en riant. Il t'adore, le petit frère. Il ose te braver, mais il t'aime plus que nous tous.

— Qu'il ne me brave pas une fois de trop! s'écria Théodora en se précipitant vers ses appartements. Passer par Byzance en oubliant de me saluer!

Idole dorée pour son peuple, Théodora gardait parfois, avec ses intimes, les manières et le langage des ruelles de l'Hippodrome. Mais avec les façons de la Cour ou celles de la basse cour, elle demeurait toujours coléreuse et vive de mots.

— Relève-toi, Jean, elle est sortie! dit Paul en raillant. La sœur d'Augusta se contente de me faire agenouiller, moi. Eh bien, lève-toi donc! Qu'y a-t-il?

— Rien! répondit Jean l'Arménien en se remettant debout, l'air égaré.

Or, cet homme connu pour sa probité et sa véracité venait de mentir en disant *Rien.* Ce jour, troisième avant les calendes de décembre 532, le jeune chef arménien subit le plus grand choc de sa vie. La céleste vision de Théodora, plus réelle que celle d'Oulès, le frappa comme la foudre. Ce coup de foudre le rendit amoureux de l'impératrice. Amoureux comme on l'est à vingt ans, sans expérience modératrice. Tempérament généreux jusqu'à l'excès, Jean l'Arménien fut dès lors sous l'emprise de sa déraisonnable passion : il en fit le fer de lance de sa jeune vie. Or, voyez comme les choses vont : Paul d'Antioche restant mal remis de sa blessure, son ami et second Jean fut amené à jouer un rôle important dans la guerre. Il s'y jeta par amour, dans l'amour, pour l'amour, non pour honneur et profit, comme tout chef de corps raisonnable. Il n'est donc pas aventuré de dire que, si le nez de Théodora eût été plus long, la campagne contre les Vandales en eût été changée.

***

La froide bise d'hiver tombait des monts Rhodope. Les deux cavaliers immobiles sur la colline, mal abrités par le bois de pins, disparaissaient sous les plis de leurs manteaux. Immobiles, semblables à deux statues équestres, ils scrutaient du regard l'étroite vallée qui séparait la crête voisine de celle où le froid les glaçait.

Un grondement leur parvint. Un bruit soutenu, continu, dont les collines enflaient l'écho. Peu à peu, de façon insensible mais toujours progressive, le bruit augmentait. Quelque chose d'aussi puissant que le tonnerre, mais sans culminances ni décroissances. Il semblait que ce roulement ne dût jamais décroître, mais s'enfler au contraire jusque par-delà les limites du supportable pour l'oreille humaine. S'accentuant toujours, le grondement devint martèlement. Cette fois, on eût dit un orage de grêle sur les tuiles d'un toit. La tête des deux cavaliers de la colline était tournée vers la partie haute de la vallée. Ils serraient leur bride, pour tenir court leurs montures effrayées. Alors parurent, lâchés comme la vague d'un torrent qui a rompu sa digue, les chevaux.

Ils galopaient flanc contre flanc, avec toute la puissance de bêtes de race. Bientôt, le vallon en fut plein. Les premiers disparurent, cachés par l'aplomb de la colline. D'autres ne cessaient d'affluer. Le bruit désormais s'enflait démesurément. Malgré la morsure du vent, les cavaliers immobiles laissèrent tomber le pan de manteau qui protégeait leur tête. Ils appréciaient les bêtes galopant en contrebas : ce que les haras thraces de l'empereur pouvaient fournir de meilleur, de sept à neuf ans d'âge, comme chevaux de guerre.

L'œil avisé des deux observateurs reconnaissait les races et l'origine des coursiers : Thrace pour la plupart, mais aussi Thessalie, Péloponnèse, Libye. Ceux dont la tête avait quelque chose du mouton venaient d'Espagne. Moins vifs, ils seraient utilisés pour le trait léger. On voyait aussi des chevaux d'Égypte au museau long, aux membres gracieux, animaux de parade. Tout ce bétail, dans le galop effréné, montrait sa belle santé, son endurance. Les cavaliers immobiles en dénombrèrent cinq cents et plus, avant que ne parussent les valets qui chassaient la horde devant eux, à grands cris et claquements de fouet. Celui qui semblait les commander resta en arrière, se mit en devoir de gravir la colline. Le puissant martèlement décroissait dans le lointain quand l'homme se porta à la hauteur des guetteurs pour qui ce spectacle était donné.

— Et voici le troisième lot, excellent! déclara fièrement le maître de haras. Le meilleur de tous, je pense.

— M'appelle pas excellent! grogna le plus grand des deux cavaliers. Ils sont pas mal. Qu'est-ce que tu en penses, Stentor?

— Bonne racaille. Il faudra quand même voir! répondit la voix de basse du second, colorée d'accent gaulois.

— Voir! s'exclama le maître de haras... Mais ce sont tous des chevaux impériaux! Nous écartons non seulement les invalides et les mal venus, mais les disgracieux. Chacun doit être digne de son auguste maître!

— Alors, ça m'étonne qu'on t'ait pas écarté! remarqua le Gaulois qui répondait au nom de Stentor. C'est à la guerre qu'on emmène ces bêtes-là. Pas à la cérémonie. J'ai vu là-dedans des Égyptiens tout juste bons à tirer la litière de l'impératrice, pas à courir sus aux Vandales.

Le maître de haras prit mal ces remarques. La qualité et la santé de ses bêtes lui tenaient à cœur. Il allait répondre vivement, mais se souvint du rang qu'occupait le compagnon de ce malotru de Gaulois.

— Excellent, fit-il, je veux dire seigneur Koraclès, pensez-vous aussi qu'il faudra voir?

La bise étant soudain tombée et le soleil paru, le second cavalier rejeta son manteau. Le patron des haras admira la belle tête plus romaine que grecque, les puissantes épaules, le torse solide de Koraclès, ex-maître de chevaux des Bleus à l'Hippodrome de Byzance, sous-maître des troupeaux de l'empire par la grâce de Dieu et de l'impératrice, sa sœur de lait. Il convenait de ménager ce Puissant-là. Honnête à faire pitié, disait-on, mais difficile à tromper. Les lettres qu'il avait produites le désignaient comme intendant en chef de la cavalerie pour la campagne à venir. D'autres commanderaient aux cavaliers. Koraclès serait responsable des montures, leur état de santé, leur entretien, leur allant. Autant dire qu'il pourrait gagner ou perdre la guerre. « Il est vrai que s'il la fait perdre, songea le patron de haras, il se retrouvera ramasseur de crottin. » En attendant...

— Qu'en pensez-vous, seigneur Koraclès? répéta-t-il anxieusement.

— Laisse tomber le « seigneur » aussi. Je voudrais que tu comprennes bien, Bel-Œuf. C'est bien Bel-Œuf qu'on t'appelle?

— Derrière mon dos! grogna l'autre en caressant son crâne chauve.

— Tu es un tout-bon, à ce qu'on m'a dit. Ça fait quinze cents bêtes que tu me montres, et je suis pas loin de croire que c'est vrai. Tu es bon!

— Soyez remercié, excell... seign... Koraclès!

— Bon. Dieu te forte, et sainte Bibule ma patronne. Voir? Y a du déchet dans le tas. Stentor a raison. Y a des bêtes de parade, là-dedans. Mais je prendrai tout. Tu sais pourquoi je prendrai tout?

— Parce que César a décidé de donner quinze cents chevaux au général en chef pour la guerre, et qu'on refuse pas les présents de César.

— Foutaise, Bel-Œuf. Je prendrai tout parce qu'il me les faut tous. Il m'en faudrait le triple, d'après ce qu'on m'a dit de l'armée qui s'embarquera. Cinq mille cavaliers, qui viennent de tous les coins de l'empire. Ça fait combien de chevaux à ton idée? Les quinze cents que tu me donnes? Faudra faire avec tout!

Bel-Œuf renonça à envier Koraclès à cause de son rang. Ce personnage fort et bourru lui devenait tout à fait sympathique.

— Paraît que la flotte aura cinq cents bateaux! dit-il. Qu'est-ce qu'on va leur mettre, aux Vandales!

Stentor haussa des épaules plus développées que celles de son ami Koraclès.

— Cinq cents bateaux, cinq mille cavaliers, dix mille hommes à pied, dit-il. Avec des milliers de matelots. Moi, je noierais la moitié des matelots. Ça laisserait la place pour des bêtes.

Koraclès se gratta la tête. Il n'allait pas reprendre un ami, un frère devant un étranger. Pourtant, il lui arrivait de regretter le temps où l'ancien décurion Argerix, dit Stentor, parlait si mal le grec qu'il le parlait moins, et par voie de conséquence proférait moins d'âneries.

— Dites, Koraclès, intervint Bel-Œuf... Quand vous m'aurez pris toutes mes bonnes montes, y restera pas grand-chose, aux haras impériaux de Thrace. Vous pourriez pas... Je veux dire ça serait pas possible que je vous accompagne avec quelques palefreniers? J'ai jamais fait la guerre, bon. Mais vous aurez besoin de monde.

Le grand Koraclès considéra cet homme de bonne volonté : un petit râblé qui se tenait à cheval comme un homme doit le faire. Il venait de prouver ses qualités par celles des bêtes dont il avait la charge.

— Ça tombe bien que tu te portes volontaire, répondit-il. J'allais te l'ordonner. Stentor, qu'est-ce que tu en penses?

Bel-Œuf croisa le vif regard bleu du Gaulois. Il y vit de l'intelligence et un début de sympathie.

— Puisqu'on trie pas! fit le Gaulois.

Ce que cette remarque aurait pu montrer d'offensant se trouva noyé dans un rire énorme, irrésistible, qui secouait la grosse carcasse de l'ancien décurion, qui gagna Koraclès puis Bel-Œuf. « C'est vraiment du monde, ceux-là! » pensa le maître de haras, tout à fait conquis.

— Bon, conclut Koraclès le Corbeau. Vous deux, rassemblez le bétail, veillez aux chariots de grain et de fourrage.

D'après ce qu'on m'a dit, on partira pas avant juin. Mais je veux que tout le troupeau soit parqué à Périnthe avant le début de mai.

— Ça sera fait, s'empressa Bel-Œuf. On triera même un peu. Si j'ai de l'argent, je peux trouver deux ou trois cents galopeurs de premier ordre en Illyrie.

— L'argent manque pas. Tiens les comptes en ordre, c'est tout, dit Koraclès. Tu es pas voleur. Je me suis renseigné.

— Stentor reste avec moi? demanda Bel-Œuf.

Koraclès secoua la tête :

— Encore trois mille cinq cents chevaux à trouver. La plupart sans pouvoir contrôler. Il en viendra d'Alexandrie, on en embarquera d'autres en route. Stentor rentre à Byzance avec moi. On te laisse notre ami Trois-Yeux pour me représenter.

— Respectueusement, dit Bel-Œuf d'un air coquin, je vous souhaite bon vin et belles filles dans la capitale!

— Stentor va voir sa femme, gros malin! Et moi...

Koraclès se gratta la tête derechef. Il songeait à la missive peu aimable qu'il avait reçue deux jours plus tôt.

— Et moi, dit-il, je vais voir ma sœur. Sainte Bibule me protège!

***

Antonine pénétra dans la chambre d'honneur de l'impératrice. Elle avait attendu, écoutant derrière la tenture comme il convenait à une confidente, que le fort de la tempête fût passé. L'impératrice Théodora, à peine son frère Koraclès introduit en sa présence, s'était jetée dans les hauts cris. Des mots sévères furent dits, dont les plus répétables sont « ingrat », « cœur de pierre » et « mauvais parent ». Connaissant bien sa sœur de lait, le bon colosse la laissa faire rouler son tonnerre. Ces tempêtes ne duraient pas. Vindicative et parfois cruelle par raison d'État, Théodora se montra toujours aimante envers ses proches, une fois ses colères passées. Quand il eut le loisir de parler, le Corbeau expliqua que seul le vent perse l'avait empêché de venir à Byzance en gagnant la Thrace. Les voiliers médiocres remontent-ils la Propontide [1] par vent perse? Il s'était résigné à suivre la brise vers Périnthe, que d'autres nomment Héraclée. A

1. La mer de Marmara.

mener à bien cette grosse remonte pour la cavalerie de guerre, où nous l'avons vu rencontrer Bel-Œuf.

— Le vent, hein? s'écria Théodora à bout de cris. Il devrait pourtant être ton ami, puisque tu n'as que ça dans ta cervelle épaisse!

— Canard! plaida le Corbeau. Ça m'arrangeait de tout régler avant de revenir te voir. On aura plus de tranquillité. Anthème m'a chargée de t'embrasser. Elle prie pour toi chaque soir.

Anthème, la jeune enfant de Koraclès, était la filleule de l'impératrice, qui l'aimait beaucoup. Son évocation fit s'évaporer les derniers nuages de ressentiment. C'est alors qu'Antonine jugea possible de paraître. Le Corbeau s'inclina civilement.

— Salue mon frère-cheval, Antonine, dit Théodora. L'empereur le juge digne de mener à la guerre tous les chevaux ses frères. Pourtant, un simple courant d'air suffit à le dérouter.

Antonine sourit au Corbeau, qu'elle aimait beaucoup. Qui donc n'eût aimé Koraclès, cette masse de muscles pétrie de bonté, ces yeux honnêtes, ce sourire à grandes dents?

— Mon époux Bélisaire veut te voir, Corbeau, dit-elle. Tu as grossi, il me semble.

— Grossi, moi? A cheval toute la journée, quand ce n'est en mer sur des bateaux pourris? Grossi d'où?

— De la tête, intervint Théodora. Les honneurs font cela, même immérités.

Sans s'offenser de cette pique, Koraclès répondit aux questions de la curieuse Antonine. Oui, il s'était occupé des haras d'Asie Mineure. Oui, il résidait à Alexandrie, avec Stentor et Nysa, l'épouse de ce dernier. Oui, Anthème se portait bien, sainte Bibule soit bénie. Oui, il avait laissé ses affaires entre les bonnes mains de ses amis Casca et Tisane. Non, il n'était pas mécontent de l'immense tâche à lui confiée par Justinien : monter toute la cavalerie pour la guerre, et y prendre soin des montures. Peu à peu, l'impératrice s'intéressait à la conversation de façon déclarée. Elle interrogeait à son tour. Le Corbeau parla des quinze cents chevaux thraces, de leur bel état, de leur noblesse. Théodora approuvait de la tête. Tout ce qui touchait à la guerre, c'est-à-dire à la gloire de Justinien, la passionnait. Elle raconta comment chaque province, par ses ports, enverrait des renforts à la flotte quand celle-ci se mettrait en route. L'enthousiasme faisait briller ses yeux. Du futur, on vint au passé, aux années douces d'avant *Nika,* à la maison que possédait le Corbeau dans le faubourg de Sykas.

— Tu te souviens, quand les Verts vous y avaient attaqués? Quand Oulès est tombé de l'arbre? Tu te souviens quand Paul...

— J'ai vu Paul, coupa sans façons Koraclès, je veux dire le général Paul d'Antioche, dans les vestibules. On doit se rencontrer tout à l'heure chez votre époux, dame Antonine. Il était avec un beau gars brun aux yeux noirs, bien bâti.

— Jean l'Arménien! dit sombrement Théodora.

— Pourquoi tu prends l'air fâché, Dora? Il m'a plu, ce jeune homme. L'air d'un guerrier. Il t'a manqué de respect?

— Bien pis! dit Antonine en éclatant de rire. Le sous-chef de légion Jean l'Arménien est amoureux de notre souveraine!

— Il te l'a dit, Dora? béa le Corbeau. C'est un sacrilège, ça!

— Arrêtez vos sottises! s'écria l'impératrice. Non, il n'a rien dit de tel. Il ne pense rien de tel. Ce sont des ragots de courtisans, des calomnies de jaloux.

Pendant cette tirade, Koraclès regardait sa sœur. Il vit de la fixité dans son regard, et que ses mains tremblaient un peu. « Ô sainte Bibule, pensa-t-il, est-ce que par hasard?... »

— Ce soir, reprit-il en changeant délibérément de sujet, on mange chez Expédit. Avec Alopex. Avec Paul et ce Jean, justement. Avec Corcodis. Vous savez que les Vandales ont enlevé sa femme, la grosse Eusébine? Du coup, il vient avec nous à la guerre, l'épicier. Il s'est engagé dans une cohorte de la garde urbaine et maritime. Dire qu'il faudra des chevaux pour tout ça!

Attendrie, Théodora évoquait de vieux souvenirs : l'épicerie d'Expédit, ancien chef des voleurs de nuit. Les mille et un tours du transitaire Alopex, grand coquin devenu commerçant. L'énorme Corcodis dans les antichambres impériales, le soir de la grande révolte...

— J'ai changé, Corbeau, dit-elle. C'est fini, la vie simple. Il reste les amis et les souvenirs. Antonine, va donc avertir Bélisaire que je lui envoie le Corbeau tout de suite.

Comprenant qu'un tête-à-tête semblait désiré, Antonine s'en fut, et s'abstint cette fois d'écouter à la porte.

— Corbeau, reprit Théodora d'une voix embarrassée, c'est vrai que Jean, l'ami de Paul, est amoureux de moi?

— Comme cent mille gars de Byzance, canard, en comptant que les célibataires!

— Non. Lui, c'est fou. Il me fait peur. Cette façon de me regarder! Tout le monde le remarque. On l'a dit à Justinien. Nous en avons ri, mais je n'aimerais pas que les autres rient. Puisque Paul vous l'amène... C'est tout Byzance, ça, un général et son aide de camp chez un épicier!

— Un général qui était rien. A qui j'ai appris à mener un char! Qui a mangé le sucre et la cannelle d'Expédit avant de devenir *aurige* et de conduire en course. Il serait ingrat, Paul? Ça me ferait mal! On va boire tous ensemble.

Théodora secoua ses belles boucles rondes :

— Parle à Paul. Qu'il raisonne Jean. Que tous les imbéciles soient amoureux de moi, ça m'est égal. Mais ce pauvre jeune homme qui a l'air si fort et si naïf...

Koraclès se gratta le crâne, habitude contractée à Alexandrie, ville d'intellectuels.

— Dis, canard, te fâche pas, surtout. Dis... Il te plaît, Jean l'Arménien, on dirait?

Théodora sourit avec tristesse et dignité :

— Je suis l'impératrice, dit-elle. La femme de César. Tu l'as oublié, on dirait?

— Y a pas de danger. Mais enfin... Bon. Je lui dirai de pas te regarder comme un pauvre regarde un pain. De pas te compromettre, quoi!

— Voilà. Qu'il aille chez les filles, ça lui changera les idées.

— C'est comme ça qu'elle parle, dis, la femme à César?

— Tu comprends, Corbeau, dit l'impératrice d'une voix de petite fille, j'ai fait tellement de mal, déjà... Tu m'as haïe quand j'ai fait massacrer tous ces émeutiers. Pour l'honneur et l'amour de Justinien, j'en tuerais dix fois plus s'il le fallait, mais...

— Mais faire souffrir un jeune beau gars, ça te donne du remords. C'est bête, la morale!

D'une flexion du cou, Koraclès évita le vase que Théodora lui jetait à la tête. Il s'en fut chez Bélisaire de très bonne humeur.

***

Au solstice d'été 533, le 22 juin selon notre calendrier, le navire amiral de la flotte byzantine quitta le port privé de l'empereur, tout décoré de guirlandes. Justinien et Théodora, leur cour, sénateurs, Puissants, chefs fédérés, assistaient à ce départ. Le patriarche Épiphane, avant que le puissant bateau ne mît à la rame, fit monter à bord un jeune païen baptisé de la veille. Ainsi se trouvait-il marqué que l'expédition avait pour but principal de porter la vraie foi chez les hérétiques ariens. Une guerre semble toujours plus recommandable quand on y mêle un peu de religion.

Tout Byzance se pressait sur les collines dominant le Bosphore, sur l'Acropole, dans les rues. Pour ceux qui ne pouvaient voir le spectacle, les crieurs de l'Hippodrome, momentanément au chômage, hurlaient des renseignements :

— L'empereur a béni... Le pilote monte à bord... Les voiles sont hissées... Le *hortator* bat son tambour pour les rameurs... Le bateau va! Le bateau va!

Les voiles, faute de vent, ne servaient pas à grand-chose, mais le fort courant du Bosphore assista bien vite les rameurs. Le navire déborda. Deux autres, sortis d'un port voisin, l'escortèrent bientôt : ils portaient les armes, les bagages, les prétoriens du Bélisaire. D'autres bateaux de guerre, principalement des *dromons* [1], quittant les différents mouillages de la ville, prirent leur sillage.

Sur la poupe de son grand vaisseau, Bélisaire se tenait debout devant Procope, qui ne perdait pas un détail. A sa droite, Solomon, intendant général de l'armée, et Paul d'Antioche, flanqué de Jean l'Arménien. A sa gauche, Calonyme, amiral de la flotte, stratège, et son questeur, l'ancien préfet du prétoire Archélaos. Sur les rivages et les collines, des centaines de milliers de Byzantins surexcités criaient des encouragements.

— Tu sais, Paul, murmura Bélisaire à son chef d'état-major, ce Calonyme a une gueule et des façons qui me

---

1. Navire à un seul rang de rameurs protégés par un pont. Relativement rapides malgré leur taille. L'expédition, selon Procope, en comptait quatre-vingt-douze.

reviennent pas. Il parle trop haut. Qui est le chef de guerre, lui ou moi [1]?

— Il commande en mer! repartit Paul d'Antioche. Il y a beaucoup de mer entre ici et l'Afrique.

— Je vais te dire une chose, mon ami, poursuivit l'époux d'Antonine en saluant la foule des rives. Si Calonyme en fait trop, je le balance à l'eau. Il gouvernera les poissons.

Le même jour ou plus tôt, ou plus tard selon leur port d'origine, d'autres bateaux de guerre et de transport se mettaient en route. Ils rejoindraient l'armada de Bélisaire soit à Sigée, au bout de l'Hellespont [2], soit au Péloponnèse, où devait s'effectuer la concentration générale. Le voyage d'assaut était commencé. Par la faute des vents et d'imprévisibles hasards de mer, il devait durer deux mois et plus avant qu'on n'abordât aux rivages d'Afrique.

---

1. Le titre de Bélisaire pour la campagne le désigne comme général en chef : *magister militum.*
2. Les Dardanelles.

*III*

# OÙ L'ON PART EN GUERRE

Depuis cinq jours Koraclès, Stentor, Bel-Œuf et Trois-Yeux dirigeaient, à Périnthe, le chargement des chevaux thraces. A Byzance, avant le départ, Koraclès avait soigneusement choisi ses valets d'écurie. La plupart travaillaient aux haras des Bleus, à Chrysopolis. Le Corbeau les connaissait pour leur compétence et leur validité. D'autres vinrent du camp des Verts : autrefois ennemis à l'Hippodrome, ils n'en restaient pas moins attachés à leur métier. Les plus enragés ayant péri dans les émeutes, ceux qui demeuraient ne demandaient qu'à racheter en guerre leur malfaisante conduite durant la paix.

Tandis qu'avec ordre et promptitude les chevaux passaient des enclos sur les bateaux, et qu'on les suspendait par le ventre dans les cales, des *fédérés* et des *summaques* arrivaient en hordes par voie de terre. Les uns disciplinés, tels les détachements des provinces d'Asie Mineure. D'autres dépenaillés et inquiétants, comme ces Huns qui, au nombre de six cents, menaient grand tapage et désordre.

Le cinquième jour, c'est pour parler de ces alliés inquiétants que Bélisaire réunit son conseil. Il y avait là Paul et Jean, Solomon, Dorothéos, chef des Arméniens, Pappus et Barbatus qui avec Ruffin commandaient à la cavalerie fédérée. Ian d'Épidamne, qui mènerait toute l'infanterie. Pharas, chef des Hérules, et Aigan. Procope se tenait près de Bélisaire.

— Aigan, dit ce dernier, as-tu quelque pouvoir sur ces Huns, que Procope s'entête à nommer Massagètes?

— Si je les nomme ainsi... se rebiffa le petit *parèdre*.

— Cela ne change rien, coupa le général en chef. Aigan?

Ce dernier secoua la tête. Il possédait la grosse tête aux yeux bridés, aux pommettes hautes, au nez épaté, des Huns naturels. Quelque chose de civilisé dans son apparence et ses manières montrait qu'il n'appartenait pas tout à fait à ces tribus de cavaliers nomades. Une mère grecque avait tempéré le sang sauvage de ses ancêtres paternels. Elevé à Byzance, officier d'état-major, il était là précisément pour modérer sinon pour diriger les summaques huns, dont il parlait la langue et connaissait les mœurs.

— Alors, Aigan? reprit Bélisaire avec impatience.

— Je vous avais averti, général. Ce sont des loups. Ils vivent comme des bêtes, n'aimant que leurs chevaux, la guerre et la rapine. Ils deviendront précieux quand on se battra. Cette légion est composée d'archers à cheval, irremplaçables au combat de loin. Leurs chefs, Sinnion et Balas...

A ce moment de l'explication, les trompes marines se mirent à résonner toutes ensemble.

— Alerte! crièrent les vigies.

En un instant, le conseil fut dissous. Bélisaire et ses seconds montèrent sur le pont. Ce qu'ils virent les fit frissonner d'inquiétude.

Devant les quais d'embarquement, les enclos à chevaux venaient d'être enlevés. C'est dire qu'un vaste terre-plein de mille pas de long sur mille pas de large se trouvait dégagé. Les Huns au grand complet en occupaient le centre, arcs brandis, flèche sur la corde. A leur droite, le corps des Hérules attendait les ordres. Pas plus que les Huns, ils n'avaient encore transbordé leurs chevaux dans les navires.

— Pharas, dit Bélisaire au chef hérule, va te mettre devant les tiens. Pas de casse sans mon ordre. Armes basses.

Une foule de cavaliers démontés entourait les Huns sur les trois côtés qui restaient. Leurs clameurs démontraient que les petits hommes jaunes à l'arc menaçant étaient rien moins que populaires.

— Aigan, va voir ce qu'ils ont! continua Bélisaire. Les autres, venez avec moi!

Une dizaine de cavaliers accouraient vers le quai, amenant des chevaux de main : Koraclès les conduisait. Il mit pied à terre devant Bélisaire qui quittait le bord avec les chefs. Ceux-ci bondirent à cheval. Aigan galopait déjà vers ses sinistres frères.

— Y a eu du pet, général, expliqua Koraclès. Voici Trois-Yeux qui était là-bas. Il a tout vu.

Le vieux compagnon du Corbeau, ancien dresseur qui avait suivi son ami dans la fortune, s'éclaircit la gorge. Ses yeux louches lui permettaient d'embrasser plus de champ que ne le font les regards du commun, mais parler n'était pas son fort.

— Alors? s'impatienta Bélisaire.

— Voilà, fit Trois-Yeux. Faut vous dire que ces sauvages, depuis qu'ils sont arrivés, ils arrêtent pas de se soûler la gueule.

— Les Massagètes, appuya Procope, sont plus ivrognes que tout autre peuple. Je l'ai noté.

— Donc, continua Trois-Yeux, ils se sont disputés et battus. Pour finir, ils ont tué un des leurs. Mais quand votre garde est venue arrêter l'assassin, toute la foutue bande des Huns l'a rejetée.

— Rejetée? Mes Bons?

— Ils leur ont mis une volée, général. Ensuite, ils se sont groupés, l'arc à la main, comme vous les voyez, prêts à nous tirer dessus.

Bélisaire n'hésita pas une seconde.

— Koraclès, dit-il, rameute une cohorte de la garde militaire. Qu'ils dressent une potence! Il me faut un volontaire pour rejoindre Aigan. Je veux faire dire aux Huns qu'ils doivent livrer l'assassin, et que je vais le pendre, selon les lois de la guerre.

— Moi! s'écria Jean l'Arménien. J'y cours.

Il enleva son cheval et rejoignit Aigan qui s'approchait de ses compatriotes. Deux parmi ces derniers s'avancèrent.

— Des chevaux, Koraclès, continuait Bélisaire. Il en reste?

— Là-bas, sous le hangar. Les meilleurs. Les vôtres. Une centaine.

— Barbatus, ramasse cent cavaliers d'élite dans cette pagaille. Mets-les à cheval. Place-toi à la gauche des Huns, en face des Hérules de Pharas. Armes basses.

Grâce à la décision foudroyante de Bélisaire, les barbares se trouvèrent bientôt flanqués de deux troupes menaçantes. Le général en chef, téméraire à son habitude, s'avançait vers les Huns. Il est vrai que mille cavaliers mécontents d'être démontés l'entouraient de toutes parts.

— Halte! commanda Bélisaire de sa voix tonnante.

Soudés à leur monture, penchés en avant selon leur habitude, les Huns ne cédaient pas, l'arc toujours prêt. On entendit sonner des marteaux. La garde militaire improvisait une potence avec les poteaux des enclos démolis. Aigan revenait, tandis que Jean l'Arménien restait seul à dix pas des Huns, impassible.

— Ils refusent la loi romaine, dit Aigan bouleversé. Ils disent que le meurtre d'un des leurs sera jugé par eux seuls.

— Va leur répondre, repartit Bélisaire, que s'ils ne livrent pas l'assassin, je les ferai massacrer tous. Nous perdrons du monde, mais la loi reste la loi! Koraclès, Stentor, courez joindre les Hérules et la troupe de Barbatus. Qu'ils se tiennent prêts à lancer leurs javelots sur mon ordre. Qu'ils les brandissent!

Une chaleur accablante tombait du ciel sans vent. La rumeur de la soldatesque s'était calmée. Les sabots des chevaux de Stentor, qui courait vers Barbatus, et de Koraclès, qui galopait vers Pharas, sonnèrent sur le sol pierreux. Bientôt, cinq cents javelots furent levés contre les archers huns.

Cependant, la garde militaire donnait forme à sa potence. Cette intéressante troupe, composée de débardeurs des onze ports de Byzance, de gardes urbains engagés, de robustes volontaires, n'était autre que la centurie levée par le petit Iskas. Que l'on affectât la police civile à la police de l'armée, quoi de plus naturel? Gildas, le second d'Iskas, commandait en second avec l'épicier Corcodis, choisi pour sa force, sa résolution d'époux frustré, et aussi ses hautes relations. Corcodis justement liait une corde au bras de la potence. Pour la première fois, les Huns semblèrent s'émouvoir. Une dizaine de flèches furent tirées sur ceux qui mettaient en place les bois de justice. L'une d'elles traversa le cou du cheval d'Iskas. Le petit centurion se releva indemne. Le malheureux cheval s'effondra contre la plate-forme du gibet.

Impatienté par ce contretemps, Corcodis laissa tomber sa corde. Toute l'armée avait les yeux sur lui, sans que, tout à sa tâche, il s'en rendît compte. L'épicier saisit le cheval mort par les pattes de derrière et, d'un vigoureux élan, le souleva, le déplaça [1].

1. A ceux qui jugent cet exploit impossible, je citerai non point l'œuvre mais l'acte de note maître Alexandre Dumas, qui montra sa force hors du commun en soulevant ainsi un cheval, à la suite d'un pari.

Or, cette démonstration de force, plus que les pressions et les menaces dont ils étaient l'objet, brisa le moral des Huns. Sur un geste impératif d'Aigan, leurs chefs firent sortir du rang l'assassin rebelle. Il marcha vers la mort escorté de Jean l'Arménien, jetant son arc, mais n'abandonnant son cheval que pour se mettre aux mains des bourreaux improvisés. Bientôt, le corps du pendu se balança. Alors, seulement, les Huns remirent leurs flèches au carquois.

— *Soldats romains!* s'écria Bélisaire de toutes ses forces. Stratiotes, fédérés et summaques, vous marchez sous la croix et les aigles de notre empereur. Chacun de vous est soumis aux lois dont je suis le gardien. Que cet exemple vous serve de leçon. Les bons seront récompensés. Les autres, je leur ferai pisser le sang!

Ayant par ce discours, dont Procope donne une version plus littéraire, maté les révoltés et rétabli l'ordre, Bélisaire regagna le navire amiral. Chaque troupe s'agglutina par nation et alluma les feux pour cuire son déjeuner, à l'exception des Huns, qui mangeaient la viande crue.

— Bateaux en vue! crièrent les vigies. Bateaux amis!

Il s'agissait de coursiers des mers aux voiles bleues, appartenant à la flotte privée d'Alopex. Bélisaire réunit à nouveau son conseil sans les attendre.

Ce premier incident de la guerre mérite d'être noté. Il préfigure en effet le curieux comportement des Huns pendant cette campagne. Il n'eut pour conséquence directe que l'élévation de Corcodis parmi ses camarades. Bélisaire ordonna que sa cohorte fût spécialement affectée à la garde d'Antonine et de ses dames d'honneur. Il leur fallait un tel défenseur! Quant aux Huns, qui ne frayaient avec personne, ils firent savoir que l'homme qui savait soulever un cheval méritait leur admiration. Ils le dirent à leur chef Sannion, qui le répéta à Aigan.

— Ils t'appellent *Hasicoram,* dit ce dernier à Corcodis.

— Cela est-il une insulte, excellent?

— Au contraire. Cela veut dire « Celui qui porte les chevaux ». Tu peux aller à leur camp. Ils te recevront civilement, et même avec honneur.

— Je n'en ferai rien, répondit Corcodis. Certes, je crois, comme l'Église l'ordonne, que tous les hommes sont mes frères. Pourtant, je n'aime pas les étrangers.

Les deux bateaux d'Alopex, sous le commandement de son

second Zouba, venaient dire à la flotte de différer son départ imminent : une grosse tempête allait se lever, rendant périlleux le passage de l'Hellespont. Le stratège Calonyme résolut de rejeter cet avis. Comme prévu, on appareilla dès l'aube suivante, les trois navires de Bélisaire en tête.

Or Zouba, marin hors pair, avait raison. A peine la flotte arrivait-elle au bout de la Propontide qu'un énorme grain secoua la mer. Il fallut non plus continuer vers Sigée, mais se jeter en hâte dans le port d'Abydos. Celui-ci, malheureusement, se trouvait trop petit pour contenir tant de navires. Les marins passèrent la nuit suivante, aidés par les soldats, à repousser au moyen de poutres les coques voisines, menaçant de briser la leur. Ce furent des heures infernales. L'amiral eut ses vapeurs. Son questeur Archélaos, véritable marin, prit le commandement et sauva la flotte du désastre. Ainsi, à moins de cinq cents stades de Byzance — nous dirions près de cent kilomètres —, l'expédition faillit-elle s'achever sans gloire avant d'avoir commencé.

— Archélaos, dit Bélisaire quand le vent tomba, ton stratège est un âne!

— C'est juste.

— Une lope, un minus. D'ailleurs cousin de Jean de Cappadoce!

— Rien de plus exact.

— Je le relève de son commandement. Je te nomme à sa place!

— Hélas! général, vous n'avez pas de pouvoir sur la marine. L'empereur seul!

Bélisaire écrivit donc à l'empereur que l'amiral Calonyme était un âne. Justinien lut la missive quelques jours plus tard et n'y répondit pas. Il lui plaisait de voir l'amiral et le général en chef se détester. *Diviser pour régner* a toujours été un sage principe de gouvernement. Pourtant la flotte faillit se perdre à cause de ce principe sage. Elle prit du moins beaucoup de retard.

***

D'Abydos à Sigée, il n'y a qu'à suivre l'Hellespont, si les vents et les saints sont d'accord. Ils le furent. Le mouillage était bon. De nombreux navires venus d'Alexandrie et d'Antioche attendaient Bélisaire ou le rejoignirent. Le pays, rocailleux et triste, montrait l'embouchure d'un ruisseau nommé Scamandre. Tout près de là se dressait jadis la muraille d'une bourgade appelée Ilion, ou Troie. Des Grecs, à qui les naturels de cet endroit avaient pris une manière d'Eusébine, assiégèrent ce village. Les chanteurs ambulants tirèrent d'énormes poèmes de ce fait divers, à propos duquel il n'y avait pourtant pas de quoi pondre une clepsydre : mais enfin, les païens d'autrefois faisaient ainsi beaucoup de bruit pour rien.

A Sigée parut le bateau même d'Alopex, le *Fils-du-Renard*, avec ses quatre embarcations sœurs. Les vrais Byzantins firent une ovation au transitaire, quand il monta à bord du navire amiral. Il y fit amener des ballots qui, à la stupéfaction de tous, contenaient des voiles rouges. Une proclamation lue sur tous les bords expliqua cette singularité. Les trois navires de Bélisaire — celui des personnes et ceux des bagages — hisseraient ces voiles écarlates. Contrairement à la couleur bleue qui rendait invisible les voilures du Renard, ce rouge servirait de ralliement à la flotte entière. Pour ne pas s'égarer, chacun n'aurait qu'à chercher du rouge entre l'horizon et la mer azuréenne. Le ciel courbe, personne ne l'ignore, recouvre la terre plate, et parfois cache les objets flottants : mais on verrait toujours un soupçon de rouge là où étaient les chefs, à moins de se trouver tout à fait perdu. La nuit, le navire amiral allumerait de grands fanaux à sa poupe et sur ses mâts. Impossible donc de se perdre. Bélisaire d'ailleurs promettait la corde aux capitaines qui le feraient. Aussi personne ne s'égara-t-il, quel que fût le capricieux trajet imposé au bateau-phare par les éléments.

Le vent perse survint, et l'on fit aller. La prochaine escale devait être le cap Ténare, pointe extrême du Péloponnèse. Le mauvais temps força la flotte à mouiller d'abord au cap Malée [1], où l'on fit de l'eau, avant de traverser le golfe Laconique et de toucher Ténare [2] en effet.

Il serait indigne de l'historien qu'assiste le chroniqueur, tandis que l'escadre sans cesse grossie traverse la mer Égée et la mer de Myrto, d'ignorer ce que faisaient pour passer le

1. Le cap Saint-Ange.
2. Le cap Matapan, point le plus au sud de l'Europe, par 36° 22, de latitude nord.

temps les matelots, les soldats et les chefs. Les matelots s'empressaient à la manœuvre. Les soldats dormaient, jouaient aux dés leurs maigres rations de vin, et parlaient de femmes sans véritable respect. Les chefs cancanaient, buvaient, enviaient Bélisaire qui avait son épouse à bord, et ne s'en privait pas. On voyait aussi çà et là des hommes d'église, qui sommeillaient, priaient, ou les deux choses en même temps.

Antonine, la chose doit être notée, avait aménagé en femme de goût sa chambre de poupe et l'appartement de ses dames. Outre deux esclaves nubiennes nommées Zara et Rhys, elle était servie par Zoé, la femme d'Oulès, toujours majestueuse dans ses toilettes chamarrées. Son autre dame d'honneur répondait au nom, ou plutôt au surnom de Clématis. Longue, souple, méritant par la flexibilité de sa taille et de ses membres d'être comparée à cette plante insidieuse, elle s'enroulait volontiers sur qui lui plaisait. Beaucoup lui plurent, et s'en félicitaient. Clématis avait des yeux languides, les cheveux noirs, le teint frais, et la passion des beaux nez. Elle ne savait pas résister au charme d'un beau nez, dût son service auprès d'Antonine en souffrir, ou son sommeil en pâtir. Or, les Grecs, et par voie de filiation les Byzantins, sont réputés pour la perfection de leur appendice nasal. Faute de pouvoir contenter chaque belle narine malgré son zèle, la belle Clématis dut choisir. Trier, pour parler comme Bel-Œuf. Elle limita son choix à cinq ou six officiers supérieurs, sachant ce que l'on doit au rang des personnes. Son favori pourtant demeurait Koraclès. Celui-ci, par son élévation dans la hiérarchie de l'empire, par l'amitié de Bélisaire et celle de Paul d'Antioche, avait tout naturellement pris place sur le navire amiral. A sa demande, il demeurait pourtant loin des chefs et près des chevaux, ses protégés naturels. Cela le plaçait sous la chambre des dames, et donnait à Clématis facilité pour le rejoindre la nuit en tapinois.

Le Corbeau, veuf depuis des années, très paillard de nature, goûtait cette voluptueuse compagnie. Il apprenait par cette charmeuse à la langue prompte en toutes choses les racontars et les ragots du bord. Qui aimait Bélisaire? Chacun. Qui supportait Calonyme? Ses gitons. Était-il donc du bord de Sodome, ce cousin du Bœuf Couronné?

— Il l'est comme les anciens grecs, ce vilain nez, crois-moi! J'essayai un soir de lui souhaiter la bonne nuit : ses dévergondés m'ont chassée!

— Chassée, toi, ma liane parfumée? fit Koraclès qui s'amusait. Te refuse-t-on?

— Rarement, dit naïvement la lascive. Bélisaire, cela va de soi. Paul d'Antioche, tout occupé de son Anastasie. Quelques gens d'Église, parfois.

— As-tu séduit Procope?

— Ce laid?

— Il a l'oreille du général, dit le Corbeau. Un mot de lui peut changer la couleur d'une ceinture. Ceinture dorée vaut bien mauvaise renommée.

— Tu le crois vraiment? demanda Clématis.

— Je l'affirme!

Trois nuits plus tard, la belle apprenait tristement au maître des chevaux que le *parèdre* repoussait ses avances.

— C'est un timide, affirma Koraclès. Fais-lui donc d'abord ce que tu sais le mieux.

— Ainsi, Koraclès?

— Ainsi. Ah!...

Ainsi la flotte passa-t-elle sans incident notable, mais lentement, de Sigée à Malée, de Malée à Ténare, de Ténare à Méthone [1], toujours sur les rives du Péloponnèse. Plusieurs incidents animèrent cette escale : Oulès en personne parut, et par ailleurs les soldats manquèrent de se révolter.

***

Si l'arrivée d'Alopex à Sigée avait été remarquée, personne ne n'avisa qu'un visiteur parmi d'autres, à Méthone, méritait d'être reconnu. Matelots et soldats admiraient l'escadre de Martin, mouillée en bon ordre pour grossir les forces impériales. Chacun nommait aussi deux navires taillés pour la grande course, ancrés loin des autres dans une solitude hautaine. « Les *Pards!* murmurait-on. Les corsaires norrois [2], terreur des flottes vandales! » Chacun racontait leurs mérites. Les capitaines de ces deux nefs, deux frères venus du nord glacé, se nommaient Kelso et Kolse. L'empereur les aimait beaucoup, et à bon droit. Ces informations étaient exactes. La fable commençait quand

1. Modon.
2. Scandinaves.

on parlait des exploits prêtés à ces prodigieux coureurs de mer : « Ils avaient coulé cent, deux cents bateaux ennemis, rapporté à Byzance des rançons de roi, enlevé et charmé des reines... » Iskas, qui connaissait depuis longtemps les frères norrois et se flattait de leur amitié, n'était pas le dernier à enfler leur légende, tandis qu'il débarquait ses hommes. Bélisaire en effet venait de décider de mettre tout le monde à terre pendant deux ou trois jours. Les soldats n'aimaient pas la mer, ni ses caprices. Les fédérés, les summaques, gens de cheval et de chemins, trouvaient déjà bien longue cette traversée. Tout le monde débarqua, sauf les matelots, et se groupa par légions et affinités. L'armée eut le temps d'acclamer Kelso et Kolse, qui abordaient dans un canot au flanc du bateau amiral. Personne, répétons-le, ne vit Oulès. D'abord parce qu'il désirait n'être pas reconnu, ensuite parce qu'une barbe, une perruque et un faux ventre lui conféraient une apparence différente.

Les ordres donnés, les soldats à terre, Bélisaire rassembla non point les chefs, mais ses amis. Non en conseil de guerre officiel, mais sous prétexte d'une réunion intime. En fait, le général en chef comptait en dire plus dans cette intimité que devant ses seconds officiels, simples exécutants. On s'assembla dans la chambre des dames, pour accentuer le côté privé et anodin de cette réception. Y étaient priés Oulès, Paul d'Antioche, Kelso et Kolse. Bélisaire, en arrivant, apostrophait les Norrois :

— Kelso, Kolse, braves amis! Les ans n'ont pas de prise sur vous!

Les deux grands corsaires blonds s'agenouillèrent d'abord devant Antonine, qui venait de paraître. Ils regardèrent ensuite Clématis, qui escortait les Nubiennes apportant du vin. La belle ondulait avec expérience.

— Beau navire! murmura Kelso.

— Belle proue! approuva Kolse.

A ce moment retentit un cri épouvantable qui secoua tous les assistants. Zoé, modestement vêtue d'une tunique vert, rose, bleu, noir, blanc, jaune et doré, venait de voir apparaître sur le seuil un gros barbu très chevelu. Les yeux de son cœur percèrent ces déguisements : sous les excédents pileux, elle reconnaissait Oulès, son époux. Il la pressa sur ses faux estomacs :

— Pardonnez-moi, excellent, murmura-t-elle à forte voix. L'émotion m'a fait oublier la discrétion qu'il faut.

Bélisaire eut un geste bénin. Antonine d'ailleurs paraissait pour faire les honneurs du vin. Assurant le service, Clématis comme par mégarde effleura l'épaule de Kelso, attoucha le bras de Kolse : ces magnifiques guerriers de mer possédaient des nez ravissants. Enfin, les dames se retirèrent, et l'on en vint aux choses sérieuses.

— Parlons vite, dit Bélisaire. Vous d'abord, les Norrois. Notre voyage enfin, semble-t-il, va se précipiter. Nous cinglerons d'abord vers l'île de Zacynthe [1] puis la Sicile, l'Afrique enfin. A peine débordé le Péloponnèse, cette grande flotte sera exposée de toutes parts. Le stratège Calonyme, quand je lui en parle, prend les airs du spécialiste devant l'ignorant.

— Calonyme est un porc aveugle! déclara Kelso.

— Un stratège de bains publics! appuya Kolse. Mais nous sommes là, avec nos deux *pards*, nos dix bateaux de grande course, qui n'avons pas d'ordres à prendre de lui.

— Nous irons devant et autour de vous, reprit Kelso. Les éclaireurs, en mer, sont nécessaires à tout moment pour situer l'ennemi [2]. Le questeur Archélaos, vrai marin pour sa part, le sait. Nous sommes convenus avec lui d'un plan pour vous couvrir, et vous avertir en cas de besoin.

— Quant à Calonyme, le porc pédophile, conclut Kolse, il n'a que notre respect feint, et nos salutations courtisanes.

Bélisaire et Paul éclatèrent de rire ensemble. Même Oulès ricana. Les frères norrois, francs jusqu'à la brutalité, s'entendaient mal à courtiser, sinon les dames. Rassuré, le général les renvoya avec des mots d'amitié véritable.

— A toi maintenant, Oulès, dit-il. Tu as quitté Byzance bien après nous. Y sait-on notre retard? A-t-on nouvelles des Vandales?

— A votre première question, répondit le maître espion, je répondrai qu'une chaîne de guetteurs, mise en place par mes soins, nous a informés sur vous de Byzance à Sigée. Mes hommes, déguisés en pêcheurs, ont suivi la flotte de Malée à

1. L'île de Zante.

2. Mille deux cent soixante-cinq ans plus tard, Nelson, avant Aboukir, donnera raison à Kelso, disant : *Si l'on m'ouvrait le cœur, on y trouverait ces mots : DES FRÉGATES! DES FRÉGATES!*

Ténare et jusqu'ici, à Méthone, dépêchant des messagers à chaque escale. A la seconde interrogation je répondrai : Gélimer a porté la guerre en Sardaigne et en Libye, comme je l'espérais. Mes agents provocateurs, mes espions doubles le persuadent journellement que votre expédition tourne déjà à l'échec. Que vous hivernerez en Sicile.

— La Sicile! s'écria Bélisaire. Voilà bien l'inconnu. Les Ostrogoths qui la tiennent sont-ils toujours brouillés avec les Vandales de Gélimer? Nous laisseront-ils aborder?

— Mes informations le confirment, assura Oulès. D'ailleurs, demain dès l'aube, je voguerai vers cette île ostrogothe. Je veux dire moi Péridos, commerçant de Corcyre, sous l'aspect que je vous montre ici.

— Demain? s'écria Bélisaire. Mais pourquoi pas ce matin même?

Paul d'Antioche éclata de rire :

— Soyez humain, général. Un jeune marié qui voit si peu souvent sa femme pour l'amour de l'empire! Voulez-vous que Zoé sanglote de douleur?

La perspective d'une Zoé hurlant sa frustration dans des registres orageux mit un frisson au dos de Bélisaire.

— Demain, soit. Deux questions encore. Les corsaires, tu l'as vu, méprisent Calonyme. Moi, je l'exècre. Faut-il le casser de son commandement, à ton avis?

Oulès secoua la tête.

— Ce serait une erreur, général. Faites comme Kelso et Kolse, si vous me permettez ce conseil. Bonnes paroles à Calonyme, confiance à son questeur Archélaos. Tout ce que veut le stratège, ce n'est pas commander en mer, mais avoir l'air de le faire.

— Autre question. Te reverrons-nous avant la Sicile?

— Je ne le crois pas. De là-bas, je dirige mes agents sur l'Afrique même. Vous me trouverez établi dans le port d'Aréthuse. Moi Péridos, bien entendu! Par ailleurs...

— Oui?

Oulès, l'homme le plus sûr de soi qui fût au monde, tenta de manifester de l'embarras. Cela ne fit que mettre du désordre dans ses fausses toisons.

— Qu'y a-t-il? s'enquit Bélisaire.

— Notre auguste empereur, égal des apôtres, reprit le sous-secrétaire à l'Espionnage, m'a encore parlé... ne me blâmez pas de revenir sur ce sujet... m'a parlé, disais-je, du *Second Rouleau.*

Paul regarda Bélisaire en haussant les épaules. Bélisaire frappa du pied.

— Par sainte Bibule martyre! s'écria-t-il. Combien de rassérénements faudra-t-il donner au maître du monde? Il nous fait injure!

— C'est que le Second Rouleau, objecta Oulès, a pesé lourd dans la décision de prendre Carthage.

Voyant que Bélisaire allait se fâcher, Paul intervint :

— Quand j'ai remis voici plus de dix ans à César Justinien le coffre secret des Flaviens, dit-il, lui seul eut connaissance du Second Rouleau, qu'il contenait entre autres merveilles [1].

— Lui presque seul! objecta modestement Oulès.

— Et toi aussi, indiscret! Ayant pris confiance en moi, il me révéla que ce document contenait le secret des fils de Constantin. Que grâce à lui, on pourrait découvrir le trésor enfoui à Carthage. Général en chef de l'expédition qui doit saisir cette ville, Bélisaire fut mis aussi dans le secret. Qu'avons-nous fait, crois-tu? Levé des copies qu'on peut voler? Bélisaire et moi avons appris par cœur le contenu du Second Rouleau. Ira-t-on le chercher au fond de nos mémoires?

— On peut rêver, et parler en dormant, dit Oulès. On peut, même chef d'armée, être pris et torturé. L'empereur connaît la façon dont vous protégez le secret. Il craint pourtant que l'un de vous — pardonnez-moi cette supposition — ne soit pris et parle dans les supplices.

Bélisaire regarda Paul, qui fit de la tête un signe affirmatif.

— C'est bon, dit-il. Tu vas savoir ce que l'empereur lui-même ignore. Justinien, lui, ne risque pas d'être saisi et torturé. Mais les murs du palais sacré ont des oreilles, dont plusieurs sont achetées par les Vandales. Il peut parler du Second Rouleau à l'auguste Théodora, évoquer notre stratagème, être entendu. Écoute : Paul et moi avons appris par cœur, lui la première partie du document, moi la seconde. Y a-t-il des chances pour qu'on nous prenne et nous torture ensemble?

— Une seule, mais elle existe.

— Alors, dit Paul, j'ai fait un serment. Si l'on me prend, je me tuerai. Dès lors, le secret restera gardé.

---

1. Voir *Les Dames de Byzance.*

— Et le trésor, enfoui! remarqua Oulès. Perdu pour nous!

— Si j'en suis à me donner la mort, dit Paul d'Antioche, c'est que nos armes seront vaincues, et le trésor inaccessible de toute façon.

Bélisaire ouvrait déjà la bouche pour crier que cela n'avait pas de sens, qu'il ne serait jamais battu. Une clameur venue de la grève l'en empêcha. D'épouvantables cris s'élevaient de l'armée débarquée sur les rives et le port de Méthone. Par un sabord, le général en chef et son second voyaient les soldats courir en tous sens, manifestant un trouble violent.

— Allons-y, Paul, dit Bélisaire. Pourvu que ces maudits Huns...

Or les Huns n'étaient pour rien dans ce désordre. Seul le ravitaillement des troupes se trouvait en cause. Solomon, par chariots, venait de faire distribuer aux légions le pain de munition. Or, le pain, sous sa croûte acceptable, était moisi, verdâtre, immonde. Procope, qui remontait lestement à bord pour ne pas subir l'émeute subséquente, conta la chose au général :

— Le pain, oui! Encore un tour de ce maudit préfet Jean de Cappadoce, qui a fourni en vivres l'armée et la flotte. Solomon vient de faire une enquête, et trouvé des témoins. Pour éviter de payer les boulangers, le Bœuf Couronné a mis le pain à cuire *dans les bains publics*! Il s'ensuit que tout est moisi. Le pain, pour voyager longtemps, doit être passé deux fois au four, chacun sait cela. Les soldats...

Les décisions foudroyantes, nous l'avons déjà vu, n'effrayaient pas Bélisaire.

— Pappus! s'écria-t-il. Pharas! Aigan! Barbatus!

Les chefs de légion se rendirent aux ordres.

— Faites courir des messages de camp en camp. Qu'ils ordonnent de manger le pain : à la guerre comme à la guerre! Ordonnez de réquisitionner du blé, et d'en cuire d'autre. Dites qu'en compensation on triplera les rations de vin! Oulès... Où est Oulès?

— Je crois, dit Paul, qu'il est descendu présenter ses hommages à son imposante épouse, puisqu'il doit partir dès demain.

— Pas si bête, s'exclama Bélisaire. Je vois... enfin je vais voir si mon Antonine a tout ce qu'il lui faut.

Or, il se trouva que le vin, même triplé, ne fut pas suffisant pour combattre les effets du pain gâté. Toute l'armée tomba malade de dysenterie, ce qui retarda le départ vers Zacynthe. Cinq cents hommes moururent, écrit Procope. Il ajoute à ce fait, en sa chronique, d'amers reproches contre Jean de Cappadoce, prévaricateur assassin. Il s'indigne, afin d'être bien vu de Théodora, ennemie du préfet du prétoire. Quoi qu'il en soit, à part deux matelots écrasés à Abydos et huit autres noyés à Sigée, ces cinq cents tués par le pain moisi de l'intendance furent les premières victimes d'une guerre qui n'en finissait pas de commencer.

***

Durant les quinze jours que dura l'épidémie, Bélisaire rongea son frein. Chacun, sauf Antonine et Paul, eut à supporter le poids de sa mauvaise humeur. Procope, le mieux placé pour essuyer les rebuffades, les endurait avec le stoïcisme d'un homme élevé dans les méandres de la Cour, et prêt à tout supporter pour atteindre son double idéal : devenir riche, occuper un poste élevé. Ame juste, Bélisaire finit par avoir honte de malmener son *parèdre.* Tandis qu'on enterrait les morts et qu'on embarquait les troupes enfin guéries, il fit appeler son secrétaire par un valet d'armes. Le petit homme accourut, inquiet, résigné à subir une autre algarade. Dégrafé, débraillé, Bélisaire buvait de l'eau à grand bruit. Jamais personne ne put l'accuser d'être raffiné dans ses manières.

— Procope ! s'écria-t-il joyeusement. Viens. Assieds-toi près de moi. Veux-tu du vin ? Clématis !

Procope baissa les yeux tandis que la belle emplissait sa coupe. Elle avait suivi les conseils de Koraclès, et fini par faire goûter au *parèdre* bien en cour certaines façons qu'il ne sut refuser.

— Procope, dit Bélisaire, tu es un bon gars. Mon secrétaire, mon écrivain !

— Votre *assessor,* général.

— Si ça te fait plaisir. Tout le monde ne naît pas soldat. Procope, je t'ai beaucoup engueulé, ces jours-ci. Pourtant, je t'aime bien !

Clématis entendit par là que Koraclès était de bon conseil.

Elle s'appuya contre le secrétaire pour remplir sa coupe, et lui gratta le dos.

— Procope, reprit le général, as-tu bien envoyé cette lettre à l'empereur, où je conte l'affaire du pain moisi?

— Je vous l'ai lue, général.

— C'est vrai. Nous avons accablé le Bœuf Couronné, n'est-ce pas?

— Assommé, général.

— Brave petit. Moi qui t'engueule! Tu comprends, tu es toujours près de moi. C'est ta fonction qui le veut. Alors, je crie après toi. Mais tu es un brave gars. Pas de muscles. De la cervelle. Il en faut. Ça te plaît, la guerre, Procope?

— Je ne sais pas encore, excellent.

— Tu t'y feras.

— Au début, déclara Procope, j'étais terrifié. Je ne voulais pas vous accompagner. Mais j'ai eu une vision.

— Sainte Bibule! Antonine, viens écouter la vision de Procope!

Se rengorgeant devant si bel auditoire, bien reçu pour une fois, Procope conta le songe qui transforma sa couardise en courage guerrier.

— J'étais assis, dictant à mon habitude, expliqua-t-il. Je vis entrer des hommes portant sur leurs épaules une masse de terre couverte d'herbes et de fleurs. Puis vous-même survîntes, général. Vous avez pris de ces fleurs. Les trouvant exquises, vous me les avez fait goûter. Quelle saveur merveilleuse!

— Et alors? demanda Antonine.

— Alors, j'ai compris que le grand Bélisaire vaincrait, et qu'il partagerait avec moi les fleurs de la victoire. Réveillé, j'ai remercié Dieu. Dès lors, personne plus que moi ne souhaitait vous accompagner.

Cette histoire enchanta l'auditoire, comme elle devait plus tard charmer plus d'un lecteur. Aussi, dès que la flotte reprit la mer par bon vent, Procope le souffre-douleur devint-il pour quelque temps le préféré des dames, le bien reçu des généraux. Seul Koraclès, parmi les principaux, continuait à tenir pour rien cet écrivassier sournois qu'incommodait l'odeur de la cale à chevaux.

Il faisait beau. Parfois l'un des corsaires appartenant à la flottille des *pards* venait rassurer le bateau amiral : pas d'ennemi en vue. On atteignit l'île de Zacynthe sans que le temps fût dérangé. Là, de paisibles populations renouvelèrent les provisions et l'eau des navires. On relâcha trois jours, pour reposer hommes et bêtes.

Au conseil des chefs, une discussion sérieuse mit aux prises le questeur Archélaos et le stratège Calonyme. Ce dernier prétendait que, par mer si belle et vent si assidu, rien n'empêchait la flotte de cingler tout droit de Zacynthe à l'Afrique, évitant de toucher la Sicile. Archélaos disait non. Le vent ne tiendrait pas. De toute façon, un nouveau repos serait nécessaire à l'armée avant le bond final.

Bélisaire laissa aller la dispute. Il savait qu'Oulès l'attendait au port d'Aréthuse. Il ne se souciait pas de s'aventurer sur la côte africaine sans avoir pris langue avec le maître espion, et pris son avis.

— Voguons toujours vers cette Sicile, dit-il. Le cas échéant, nous verrons à la contourner.

Ce compromis fut reçu comme un ordre équitable. Il s'avéra prudent. Après cinq jours de mer, le navire amiral reçut des signaux de détresse des bateaux qui le suivaient. Les signaux en mer, en ce temps, se faisaient par fumée ou par éclats de lumière sur des miroirs d'acier. Un canot vint aborder le bord de Calonyme, je veux dire de Bélisaire. Le capitaine de transport de troupes qui survint apporta d'exécrables nouvelles. Toute l'eau potable embarquée à Zacynthe, gâtée par la chaleur torride de l'été, devenait impropre à la consommation. Si l'on n'abordait vite, les équipages mourraient de soif. Or, la terre la plus proche était la Sicile, précisément!

Bélisaire consulta. Buveur d'eau émérite, il n'avait pas remarqué que son breuvage eût pris mauvais goût. C'est qu'Antonine avait donné des ordres qu'auraient dû entendre les imprévoyants capitaines. Elle avait fait placer l'eau potable du navire amiral dans de grandes jarres, et celles-ci à fond de cale, dans des caisses pleines de sable. Les autres gardaient le liquide vital dans des entreponts surchauffés, le laisant pourrir par la canicule.

Ce contretemps rendait nécessaire l'escale sicilienne, sans que Bélisaire eût à l'ordonner. De plus, le vent tourna. C'était assez pour interdire l'essor vers l'Afrique. D'un mal vint un bien, car il se mit à pleuvoir. L'escadre donc, ayant par des averses orageuses restauré ses provisions d'eau, se traîna, rames aidant, vers la côte encore lointaine.

Le général en chef prit d'abord conseil de ceux qui la connaissaient, et savaient des choses sur les Ostrogoths, maîtres de l'île. L'avis des experts fut unanime : montrer cinq cents navires devant Syracuse, c'était faire croire à une invasion. Mieux valait mouiller en face des rivages pierreux et déserts qui prolongent vers la mer le mont Etna, et s'en accommoder en attendant un autre retournement du vent.

***

Koraclès gisait dans son réduit de l'entrepont, tout nu sur son étroit grabat, heureux pour trois raisons. D'abord, Clématis venait de le quitter, après lui avoir prodigué des soins du corps qui, pour n'être pas nécessaires, procurent une bienfaisante fatigue. Ensuite, le Corbeau avait sous la main une cruche de vin épicé : elle provenait de Solomon, l'intendant de la flotte, qui durant le voyage pourvoyait au confort du navire amiral. Koraclès détestait la mer, en bon cavalier. Passaient encore des voyages sur le pont de bateaux légers, mais vivre des mois dans le ventre de cette baleine de bois ! Solomon en revanche plaisait au Corbeau. Ce Perse de Dara, eunuque par accident de jeunesse, montrait déjà toutes les qualités qui lui vaudraient bientôt de gouverner une province. Il s'intéressait à chacun de ses hôtes, plus d'après leurs qualités que selon leur rang. Curieux, il se fit conter par Koraclès les mystères et les gloires de l'Hippodrome de Byzance. Il allait visiter la cale aux chevaux, posant sur eux des questions pertinentes. Enfin, il montrait de l'attachement pour Bélisaire, de l'admiration envers l'impératrice. Donc Koraclès l'aimait. Solomon aimait Koraclès, et par extension ses frères de cœur, Stentor et Trois-Yeux. D'où la cruche de vin rare, seconde raison du bien-être de Koraclès.

La troisième tenait à un sentiment plus élevé que l'exaltation de la chair et le goûter du vin : d'après Solomon, l'escale sicilienne serait brève, le voyage vers l'Afrique, rapide. Ainsi, le Corbeau pouvait s'imaginer dans un avenir proche non plus ballotté interminablement dans cette grande caisse, mais galopant sur les quatre pieds d'un cheval rendu à son élément.

— La mer, déclara Koraclès à sa cruche, n'est pas naturelle à l'homme. La preuve, c'est qu'il doit apprendre à nager, sous peine de s'y noyer.

Réconforté par la rencontre d'une vérité première, le Corbeau posa sa cruche. Une voix le hélait doucement dans la pénombre. Une silhouette massive s'introduisait de biais dans le réduit. Corcodis. La chose en soi n'avait rien de surprenant. Il commandait à bord une trentaine d'hommes de garde militaire. Ce qui étonna le Corbeau, ce furent les paroles que prononça en entrant l'Hercule de l'épicerie.

— Corbeau, dit Corcodis, j'en peux plus!

— Bois un coup! répliqua instantanément le maître des chevaux, homme d'expérience.

Or, par triste coïncidence, dans une partie plus noble du navire — la chambre d'honneur de Bélisaire — le même dialogue avait lieu au même moment, bien qu'à l'envers, entre un heureux et un malheureux.

— Veux-tu du vin? demandait Paul d'Antioche, tout ragaillardi à Méthone par une tendre missive d'Anastasie.

— Non, répondait Jean l'Arménien. Je suis à bout, Paul!

Le général de chars sentait, depuis Méthone justement, la mélancolie s'accroître de jour en jour chez son second. Par cette discrétion qu'engendre l'amitié véritable, il s'était abstenu de questionner. Maintenant, les bateaux avaient quitté l'île de Zacynthe, le moral des troupes remontait, et Jean l'Arménien se décidait à cette confidence si peu conforme à sa nature.

— Puis-je t'aider? demanda Paul. S'il y a quelque chose que je puisse faire... Qui t'a jeté dans la tristesse où je te vois?

— Oulès, répondit Jean. Deux ou trois phrases d'Oulès, que je retourne dans ma tête jusqu'à devenir fou. Il faut que je parle, Paul. A qui d'autre que toi, mon frère?

Paul leva les sourcils. Oulès montrait à Jean la sympathie la plus vive. Qu'avait-il pu dire, ce maladroit?

— Il a dit, poursuivit le bel Arménien, que la Cour se moque de moi. Quelqu'un a répandu le bruit que j'aimais Théodora d'un amour sans espoir. Ces courtisans sont ignobles. Aucun ne dirait un mot devant mon glaive. Mais je suis loin! Il paraît que l'on a fait des chansons sur moi, pour me moquer.

— Sottises! répliqua Paul. Byzance aime les petits poèmes méchants. On m'en a fait supporter plus d'un, quand je courais à l'Hippodrome.

— Mais que dit notre auguste souveraine quand elle

entend ces ignominies? Car elle les entend, j'en suis sûr! Antonine n'est plus là pour garder leur dignité aux femmes du gynécée impérial.

— Elle hausse les épaules, Jean. Crois-tu que les faiseurs de pamphlets l'épargnent elle-même? Elle a toujours ri, quand les vers étaient bons.

— Mais rire de moi! De cet amour qui m'a pris en la voyant, qui me brûle, qui me tuera!

— Officier de l'empire! jeta Paul sur un ton le plus tranchant. Soldat de la vraie foi! Ce n'est pas pour un amour impossible, une lubie de cœur que tu dois mourir. C'est pour l'empire et l'empereur! En mourant, d'ailleurs, tu commettrais une faute contre le service : j'aurai besoin de toi à la bataille, non au cimetière.

Jean se leva, imposant, superbe dans sa douleur.

— Je n'ai pas besoin que vous me rappeliez mes devoirs, général. La bataille? J'y serai. Tiens, Paul, je vais te faire un serment. Dans cette guerre, Jean l'Arménien sera toujours aux avant-postes, si Bélisaire et toi le permettez. Rien ne s'y fera sans moi. Je ferai respecter et honorer mon nom. Es-tu content?

— Je prends acte de ton serment, ami. Je te donnerai les moyens de le tenir.

— Ensuite, dit Jean, je mourrai. Non, ne dis rien! Il faudra bien que je meure, puisque je commets sans cesse dans mon cœur le crime de lèse-majesté... Puisque mon amour est aussi profond qu'impossible...

Paul ne protesta pas tout de suite. Il cherchait des mots qui fussent à la hauteur de cette noblesse et de ce désespoir.

— Je dérange pas? demanda Koraclès, passant la tête par la porte.

Comme on ne lui répondait pas, il parut tout entier, soudain surpris et gêné par la densité de ce silence. Il déclara timidement :

— Comme le général en chef est sur le pont avec le stratège et le questeur, je pensais te voir ici, Paul. Mais si je dérange...

— Imbécile! s'écria Paul d'Antioche. Mulet!

Peu de gens, à part Théodora, pouvaient parler ainsi au Corbeau. Paul était de ceux-là, justement.

— C'est bon, dit Koraclès. Je reviendrai.

— Reste! intervint Jean l'Arménien. Nous avions fini. Je m'en vais!

Il s'en fut tout agité, courant presque. Paul s'assit, se versa à boire machinalement.

— Prends une coupe, Koraclès, dit-il. Pardonne-moi. J'étais bouleversé.

— Ce pauvre Jean, dit le Corbeau en se versant du vin. On le plaint bien!

— Vous le plaignez?

— Fais pas la bête, Paul. Il est amoureux de Dora, le pauvre. Tout le monde le sait. Y a une chanson que j'ai écrasée sur bien des gueules. Comment ça dit? Ah, oui :

*Les Vandalesses ont de la chance*
*le cœur de Jean est resté à Byzance*

— Qui chante ça? cria Paul, furieux. Qui? Qui?

— Mais tout le monde. Apparemment tout le monde sauf toi, moi et Bélisaire. C'est des bêtises. De la malice. On n'y peut rien.

« Ainsi, songeait Paul, le pauvre Jean est encore plus à plaindre qu'il ne le croit. L'armée se moque de lui. Ah, je lui donnerai toutes chances de se mettre en valeur, de tenir son serment! »

— Il est bon, jugea Koraclès en goûtant le vin. J'en trouve de meilleur. Allons, Paul, calme-toi. Depuis combien de temps on se connaît? Qu'est-ce que je t'ai appris, à propos des conducteurs en colère?

— Qu'ils ne devaient pas passer leur hargne sur les chevaux! murmura Paul.

— Tu vois! Alors, m'engueule pas!

Le général Paul regarda le visage honnête de celui qui l'aimait depuis tant d'années. Il se reprit, sourit, plus éclata de rire.

— C'est mieux, jugea le corbeau. Du sang-froid. Maintenant, écoute ce que je suis venu te dire. Y a plus malheureux à bord que Jean l'Arménien. Y a un gars que tu connais, qui t'a jamais manqué dans les coups durs, et qui craque.

— Lequel?

— Corcodis. Lui aussi souffre par amour. Les Vandales lui ont volé sa femme. Tu l'as entendu se plaindre, depuis deux mois et plus qu'on est partis? Il fait son service, il parle doux, il attend. Y a des limites. Tout à l'heure, il est venu me voir, et il a pleuré. Savoir son Eusébine chez les hérétiques, et lui enfermé dans ce bateau, à rien faire de ses grosses mains. C'est pas un chef comme Jean. Il sait pas trop parler. Mais il pleure, et à moi ça fait mal.

— Que veux-tu! dit Paul avec un geste d'impuissance. Dès que nous serons en Afrique...

— Avant, Paul. Trouve-lui quelque chose avant pour l'occuper, le rendre utile à la guerre.

L'ancienne idole de l'Hippodrome secoua sa tête blonde.

— Un autre cœur brisé, dit-il. J'aime Corcodis, tu le sais. Pourtant...

— Terre! cria la voix de la vigie, reprise aussitôt par cent bouches.

Le menaçant, le sinistre cratère du mont Etna apparaissait à l'horizon, sommé de nuages, environné de fuligineuses vapeurs.

— Sainte Bibule, pria Koraclès, donnez-moi un cheval, et qu'on en finisse avec cette eau salée!

*IV*

# OÙ L'ON PORTE LA GUERRE

Le canot, une simple barque au nez pointu, aux fesses rondes, comme il en traîne encore en Méditerranée, prit terre à quelques stades [1] du port d'Aréthuse. Deux hommes débarquèrent, un grand et un petit. On était à cette heure de nuit où tremblent les premiers brouillards de l'aube. En un instant, les visiteurs discrets eurent quitté la plage et gagné les buissons qui la bordaient, du côté opposé à la côte et à Syracuse.

— Voici exécuté le premier point de notre mission, dit le petit. Comme vous êtes le militaire et moi le diplomate, que décidez-vous maintenant, Corcodis?

— Noble Procope, répondit la voix de basse de l'épicier, Aréthuse est là-bas, à peu de distance. Nous y glisser à cette heure de voleurs et d'amants serait aventureux. Je propose de déjeuner, puisque Rhys la Nubienne a mis des viandes dans ce panier.

Procope s'assit de bonne grâce. Tandis que Corcodis et lui-même font un sort au mouton mariné et à la cruche de vin, expliquons d'abord pourquoi se trouvent là, clandestines en terre ostrogothe, deux personnalités si différentes et même opposées. Car enfin, la dernière fois que nous avons vu Procope

1. Le *stade*, mesure itinéraire de ce temps-là, valait six cents pieds grecs, soit la distance qu'un homme en forme doit pouvoir parcourir sans s'essouffler (cent quatre-vingt-douze mètres). Les pistes de course à pied, établies d'après cette unité de longueur, s'appelèrent et s'appellent encore des *stades*. La longueur du pied variant beaucoup selon les lieux et les époques, ce récit s'en tiendra désormais au système métrique.

et Corcodis ensemble, le second soulevait le premier de terre sans douceur dans les antichambres de Bélisaire.

Pourquoi ils étaient là? Évidemment pour répondre au vœu d'Oulès, qui voulait être joint et donner des nouvelles dans Aréthuse sous les apparences de Péridos. Bélisaire, après avoir tarabusté son pauvre *parèdre*, cherchait une occasion de lui donner de l'importance. Il en fit donc son ambassadeur. A grand péril? Non pas. Un espion était venu l'avant-veille de Sicile au bateau amiral dans une barque de pêche. Il confirmait que l'île vivait dans la paix, sans qu'aucune force militaire s'y montrât, à part les nobles garnisons habituelles. L'Ostrogoth sicilien maudissait les Vandales, qui s'étaient permis des incursions pillardes. Le bruit d'une guerre entre Carthage et Byzance courait rues et campagnes. Ce que l'on en pensait? « Bonne chance à Justinien. Qu'il tue tous les Vandales. Ainsi s'affaiblira-t-il et nous laissera-t-il en paix. » Cette opinion, rapportée par l'espion, ne recoupait peut-être pas celle de la vieille reine Amalasonthe, mais enfin elle avait cours. Envoyer Procope vers Oulès, ce ne serait pas le jeter dans les périls.

Corcodis? Informé par Paul de l'abattement profond de l'épicier, Bélisaire le désigna comme garde du corps du *parèdre* dans cette expédition. Il fallait d'abord les réconcilier, ce qui fut facile. Le paisible Corcodis fit à Procope des excuses publiques pour l'avoir molesté. Chapitré, il insista sur les remords qui le tenaient d'avoir soulevé de terre et tourné à l'envers un aigle des belles-lettres. Rien ne lui serait plus agréable, conclut-il, que de risquer sa vie pour escorter à terre l'illustre familier du général en chef.

L'épicier se prêta volontiers à cette comédie. D'abord, il regrettait d'avoir malmené ce petit grimacier, ou du moins l'aurait regretté s'il s'en était souvenu. Par ailleurs, quitter le bord, accomplir une mission en pays modérément ami lui donnait l'impression d'être utile, de faire enfin le premier pas vers la délivrance d'Eusébine. Ce Ménélas byzantin ne faisait la guerre que pour reconquérir son Hélène, avec cette supériorité sur le chef homérique : il n'était pas certain d'être cocu.

Ni au soldat ni au diplomate — je veux dire ni à l'épicier ni au secrétaire —, Bélisaire ne révéla le vrai nom de celui qu'ils chercheraient. Procope ne connaissait pas Oulès. Corcodis, s'il le reconnaissait sous sa barbe, était trop sage pour dire mot. On mit donc un canot à la mer au vent d'Aréthuse, et la grande flotte continua de ramer vers les abords de Catane. C'était en effet non loin de cette colonie grecque millénaire que les deux chargés de mission devaient rejoindre l'armée.

Pendant le déjeuner, Procope mit la conversation sur des sujets qui, pensait-il, pouvaient intéresser un marchand. Or, ce petit homme à qui nous devons tant de lumières sur le règne de Justinien savait charmer quand il le voulait. Certes, plusieurs de ses défauts nous sont connus grâce à ses confrères et amis. Procope était avide, jaloux, arriviste, courtisan et dépourvu de cette malice que certaines peuplades nordiques appellent aujourd'hui « humour ». Vaniteux de surcroît comme un paon, mesquin à l'occasion, il rachetait ces travers par des qualités propres à l'illustrer. Bon observateur, il voyait à coup sûr ce qu'il désirait voir, omettant seulement ce qui gênait son parti pris. Bon narrateur, il n'usait pour ses récits que de sources sérieuses, à condition que lesdites sources coulent dans le sens de son opinion. Témoin impartial des faits, il n'omettait que ceux qui dérangeaient sa vision personnelle des événements. On peut juger par ces mérites que Procope de Césarée, dont nous suivons la chronique pas à pas, possédait déjà toutes les vertus qui distinguent et honorent les historiens de notre temps.

*
* *

Quand le garnement efflanqué vit paraître Corcodis et son savant compagnon, il mit un doigt sur ses lèvres. L'épicier eut un haut-le-corps. Procope n'avait rien vu, cherchant la maison qu'il avait sous le nez.

— Ce doit être ici! fit Corcodis qui s'était ressaisi.

Dans le gamin dépenaillé, l'épicier venait de reconnaître son ancien commis, surnommé la Sauterelle, qui avait quitté le commerce pour aller en mer sur l'un ou l'autre des bateaux d'Alopex. La présence en ce lieu d'un compatriote si proche ne pouvait être fortuite.

— *Ti, ti, ti*[1]? demanda Procope, tiré par la manche par Corcodis.

— Ce doit être ici, répéta le fort homme.

L'effronté adolescent les regardait d'un air engageant.

— Parles-tu latin? demanda Procope. *Loquerisne latine?*

---

1. Quoi, quoi, quoi?

— Cette maison appartient-elle au commerçant Péridos? enchaîna Corcodis en grec de la rue.

— En personne, mes bons seigneurs. Sauf qu'il est pas là. Caltez!

Procope sentit qu'il fallait amadouer cet enfant revêche.

— Corcodis, dit-il, donne donc une pièce à ce petit ange. Comment te nommes-tu, petit?

— La Sauterelle, pour vous servir, dit l'autre plus aimablement. Je suis l'employé à Péridos. Mais il est sorti. Entrez, vous verrez, y a personne.

Procope entra donc dans la modeste maison. Corcodis prit la Sauterelle par une patte :

— Qu'est-ce que tu fais ici, petit voyou? Péridos est vraiment ton maître?

— Ouais. Mais le dites pas à l'autre singe : Péridos, c'est Oulès lui-même. Faut pas que ça se sache. On investigue, quoi! Il est au port.

— Il n'y a en effet personne, déclara Procope en revenant.

— Cet oiseau me confirme que son maître est bien Péridos, fit Corcodis. Il est paraît-il sur le port, où doit attendre notre barque.

Les deux marins qui avaient laissé sur la plage un peu plus tôt les deux envoyés de Bélisaire devaient en effet attendre leurs voyageurs sur le quai, parmi les pêcheurs.

— Ce charmant garçon va nous conduire, dit le *parèdre*, montrant dans un sourire que ses dents se gâtaient.

— Pas la peine, dit la Sauterelle. Je suis au courant. Vous êtes ceux que Bélisaire envoie.

— Ssss! *Siga!* Tais-toi, malheureux! murmura Procope affolé.

— Y a pas de pet. Ils causent tous que l'ostrogoth, ou bien le patois d'ici. Entrez, donnez-moi une pièce de plus, vous saurez toutes les nouvelles. Péridos, qui travaille comme vous le savez pour le sous-secrétaire Oulès...

— *Siga, Siga!* répéta Procope qui se voyait déjà arrêté pour espionnage.

— Marchons vers le port, proposa la Sauterelle. Je vous dirai tout en route, si le gros me donne encore une pièce d'argent.

Corcodis avait horreur d'être appelé *gros*. D'ailleurs, l'épithète ne lui convenait pas. Il aurait fallu dire : « énorme ». Il leva la main pour une gifle. Procope le retint. Tel était son trouble qu'il donna lui-même la pièce demandée. Il la compterait à Bélisaire.

La rue, presque déserte à cette heure de la matinée, descendait vers la mer. En deux cents pas et quelques phrases, le garçon énonça avec insouciance ce qui dans la capitale chrétienne eût fait figure de secrets d'État. Il semblait que cette Sauterelle connût tout ce que voulait savoir Bélisaire. Selon lui, pas de bateaux vandales en vue depuis des semaines. Ils ne se risquaient plus dans ces parages désormais hostiles.

— La guerre, ça va, dit le gamin. En Sardaigne, y a cinq mille Vandales et cent navires, pour faire pièce à ce Godas qui s'a révolté. D'après mon maître, ça dégarnit les côtes d'Afrique. Y a encore autre chose, mais voilà que la mémoire me manque. Peut-être qu'une autre pièce...

— Un coup de pied au cul, oui! repartit Corcodis. Tu auras une pièce quand tu auras tout dit.

— Bon. Voilà. Le roi vandale Gélimer croit pas à la guerre. Faut dire qu'Oulès... Je veux dire mon maître et tous ceux qui travaillent pour l'excellent Oulès ont mis le paquet, là-bas. Gélimer est tellement tranquille qu'il est parti.

— Parti pour quel endroit? s'enquit Procope, haletant.

La Sauterelle hésita. Corcodis désigna son pied. Le garçon avait souvent eu connaissance des coups de pied au cul de l'épicier. Il enchaîna.

— Il serait à Hermione, dans la province de Byzace, à quatre journées de la côte. L'armée à Bélisaire peut aborder où elle veut, si elle se dépêche. Et ma petite pièce?

— J'ai mieux à te proposer, déclara Procope d'un ton mielleux. Que dirais-tu de venir avec nous sur un beau bateau, de rencontrer le grand général Bélisaire en personne? D'y gagner trois autres pièces, mais en or?

— Ça se discute, répondit la Sauterelle. Zavez qu'à le demander à mon patron, puisque justement le voici qui vient.

Oulès en effet, sous les apparences du marchand Péridos, s'avançait vers les visiteurs. Il les salua aimablement.

— Vous ressemblez, dit-il par jeu à son vieil ami Corcodis, à certain confrère byzantin que j'aime beaucoup. Vous lui ressemblez, en plus gros.

— C'est étrange, répondit l'épicier. Vous me rappelez un autre espion que j'ai connu. Mais il portait des robes moins laides que la vôtre et se rasait parfois.

Tout à fait étranger à ces lourds persiflages, Procope montrait à la Sauterelle le contenu de sa bourse.

— Patron, dit la Sauterelle. Y a ces personnes qui me proposent d'aller avec eux en barque. Y a pas de danger, à votre avis? Vous êtes d'accord? Ils paient bien.

— Je suis d'accord, répondit bénignement Oulès. Si ce bon moine...

Procope, cette fois, ne fit pas état de sa laïcité. Il entraînait déjà la Sauterelle vers les marins d'accompagnement, qui venaient de se montrer. A regret, il se retourna :

— Y a-t-il quelque chose, cher Péridos, que vous sachiez et que cet enfant ignore?

— Rien de ce qui vous intéresse, repartit Oulès. Je n'ai pas de secrets pour lui.

Procope enlevait positivement le gamin. Oulès riait, puis se rasséréna.

— Corcodis, dit-il, tout est allé selon mes desseins. Ton ancien commis en sait assez pour réjouir le général. Ajoute seulement ceci, vieil ami. Le meilleur lieu de débarquement, pour une flotte et une armée de cette importance, se trouve sur les plages désertes du Caput Vada [1] au-dessous de Leptis, à quelques journées de Carthage.

— Oulès, repartit l'épicier, tu me surprends. Confier de tels secrets à un enfant!

— D'abord, il a treize ans. Ensuite, il sert chez Alopex, où la discipline est dure. Enfin, il ne sait que depuis deux jours ce qu'il vous vend de bonne grâce.

— Pourquoi deux jours?

— Parce que c'est alors que mes espions ont signalé votre flotte. Gagnez Catane. Dis à Bélisaire de jeter s'il le faut ses amiraux à la mer, mais de mettre à la voile de toute urgence. Assez tergiversé. La surprise, voilà ce qui va jouer en sa faveur!

Corcodis haussa les sourcils d'un air perplexe :

— Mais enfin, pourquoi prendre la Sauterelle comme messager! Pourquoi ne pas te rendre à Catane en personne?

---

1. *Ras Kaboudia*, en Tunisie orientale.

— Parce que, ce faisant, je me dévoilerais pour ce que je suis. Je vais crier partout, au contraire, que des étrangers ont enlevé mon commis. Cela me permettra de garder quelque temps encore cette identité de Péridos.

— Mais puisque nous allons en Afrique précipitamment, pourquoi rester ici?

— J'attends d'autres espions que j'ai essaimés. Au reste, dis encore ceci à Bélisaire : pour aussi vite qu'il soit devant Carthage, je serai dedans avant lui!

Tout en devisant ainsi, les deux hommes gagnaient le bord du quai. Procope et la Sauterelle se trouvaient déjà dans la barque.

— Ami Péridos, s'écria le *parèdre,* je vous renverrai votre commis bientôt. Ce voyage lui sera profitable et l'enrichira.

Corcodis n'avait pas encore digéré les deux allusions successives faites ce matin-là à son tour de taille.

— Tu ne me demandes pas à ton tour des nouvelles? fit-il à voix basse. Des nouvelles de ton épouse?

— Ma colombe? s'inquiéta Oulès. Il lui est arrivé quelque chose? Parle, parle excellent ami...

— Il lui est arrivé un malheur! répondit l'épicier d'un air chagrin.

— Un malheur! cria Oulès qui, au point de s'arracher les cheveux, se souvint qu'il portait perruque. Un malheur, dis-tu?

— Oui, répondit Corcodis. Celui de te rencontrer et de t'épouser!

Puis, réjoui par cette médiocre plaisanterie, l'épicier sauta dans la barque d'un bond qui donna de la gîte. Un matelot hissa la voile, et l'embarcation prit le large.

***

Comme Oulès l'avait indiqué, le vent soufflait droit et dru sur la mer Ionienne, du nord au sud. Cela faciliterait grandement le départ de la flotte pour l'Afrique. Cette brise en revanche contrariait le retour de la barque de Procope et de Corcodis. Le port d'Aréthuse en effet se trouvait sur l'îlet d'Ortygie, dans la banlieue marine de Syracuse [1]. Pour se

1. L'actuelle Syracuse est en grande partie construite autour de cet îlet.

rendre de là jusqu'aux environs de Catane, il fallait remonter le vent. L'entreprise était au-dessus des moyens d'une méchante voile aurique. Ramer aurait pris trop de temps. On mit à terre près d'Agosta. Corcodis acheta un fort cheval pour lui, deux mules pour le *parèdre* et la Sauterelle. Les émissaires reprirent la route par voie de terre, escortés par le garçon ravi.

Ils cheminaient le plus rapidement possible, saluant qui les saluait, évitant d'être remarqués. La Sauterelle babillait. Procope, préparant déjà son foudroyant rapport au général, essayait d'obtenir des renseignements supplémentaires. Il apparut bientôt que le garnement se contentait de broder des fariboles sur l'essentiel. Corcodis le pria donc de se taire et de se porter en avant pour trouver de quoi manger. Personne n'était plus propre à cette tâche qu'un traîne-ruisseau du troisième canton de Byzance, formé de surcroît à l'école d'Alopex. Les vivres qu'il trouva semblèrent bon marché au naïf Procope, et chers à Corcodis, qui les jugeait volés. Mais enfin, on mangea au cours d'une brève halte. Le camp du soir fut vite fait dans un bosquet de pins, près d'une source. Dès l'aube suivante, les cavaliers se remirent en route.

Après un pénible voyage, gardant un œil sur la mer libre et la campagne à peu près déserte, l'étrange compagnie évita Catane par un détour, le port pouvant être tenu par une garnison de Goths. Elle rejoignit ensuite le bord de mer, puis chevaucha par collines noirâtres vers le mont Etna, et ses sinistres plages, devant lesquelles la flotte devait avoir mouillé.

En chemin, Procope et Corcodis conversaient, et y prirent plaisir. Corcodis étant curieux et Procope savant, leur dialogue assurait le premier de la sagesse du second, et le second de l'intelligence de cet épicier respectueux en ses questions. Ils sympathisèrent. Par courtoisie, le *parèdre* questionnait à son tour. Corcodis lui parla un peu de commerce, du magasin que son ami Expédit et lui-même tenaient rue de L'Apôtre-Jean, à l'enseigne de la Théotokos. Avec surprise, le secrétaire de Bélisaire apprit le rôle important joué par cette épicerie dans la contre-révolte, au temps de *Nika*.

— Vous dites, Corcodis, que le général Paul d'Antioche et le maître de chevaux Koraclès fréquentaient cette humble maison?

— C'était la leur, excellent, quand ils le voulaient.

— Je ne suis pas excellent, mon bon Corcodis. Seulement citoyen privilégié de l'empire, répondit Procope avec quelque vanité. Cela donne droit à la ceinture et au liséré dans les cérémonies.

— Je le sais bien, repartit Corcodis. Il m'a fallu coudre deux ceintures ensemble pour en faire une à ma taille! Il est vrai que je vais peu dans les cérémonies.

— Vous voulez dire que vous êtes aussi...

— Citoyen privilégié? Oui. Notre auguste empereur a daigné m'accorder ce titre dont je suis indigne, ainsi qu'à Stentor, Trois-Yeux et quelques autres amis.

— L'énorme Gaulois qui sent le cheval? L'homme dont les yeux divergent? Mais ils ne sont pas de la Cour!

— Il arrive, fit modestement Corcodis, qu'on sache servir à la ville aussi bien qu'au palais, quand les circonstances l'imposent. L'oncle de Justinien, l'empereur Justin, que Dieu ait son âme, commença sa carrière comme bas officier. Ne croyez pas cependant, seigneur Procope, que je me juge votre égal. Je serai toujours épicier, peut-être transitaire un jour. Mais vous, comment n'atteindriez-vous pas aux plus grands honneurs, étant le confident de notre général, et versé en toutes sciences?

— Les grands sont ingrats.

— Votre savoir, votre sagesse!

— Les grands sont injustes! redoubla amèrement Procope.

— Seule l'humilité et la modestie vous font parler ainsi! affirma Corcodis.

Procope charmé sourit, ce qui mit en valeur les anfractuosités de sa physionomie. Le *parèdre* et le commerçant, le roué et le naïf, se plaisaient décidément. Avec bonté, Procope écouta ensuite un long lamento consacré aux charmes d'Eusébine, l'épouse enlevée par les pirates vandales. A ses mérites, au chagrin que causait son absence.

— Dieu et Bélisaire vous la rendront! s'écria le *parèdre*. Je prierai pour cela, mon cher!

Il se fit alors entre les deux hommes un silence pareil à ceux qui précèdent un coup de vent, et qui marque les débuts d'une amitié réciproque. La Sauterelle brisa ce charme. Le garçon, qui galopait en avant, était parvenu au faîte d'une colline et faisait de grands gestes d'appel. Ses compagnons le rejoignirent et contemplèrent l'extraordinaire spectacle qui s'offrait aux yeux.

— Regardez, glapissait la Sauterelle. Y a plein de soldats à terre, et des chevaux. Et tous ces bateaux... Oh, sainte Bibule! Plus de bateaux que d'épis dans une meule!

— Tais-toi! ordonna Corcodis.

La majesté de la scène qu'ils avaient le loisir de contempler méritait le silence. Pour toile de fond, la montagne fumante. Pour décor, la colline aux roches vitreuses ou spongieuses dévalant vers une large baie. Là, ancrée à l'aise, la flotte byzantine tout entière. Des navires de haut et de bas bord. Les majestueuses triacontères, les fortes liburnes, l'armada des dromons. Plus au large, croisant lentement, les deux *pards* et autres navires de course.

Citoyen d'un grand port, Corcodis pourtant n'imaginait pas que l'on pût voir tant de navires rassemblés. Le terrible paysage accusait l'impression de force tranquille qui se dégagait de ces coques rangées par centaines, sur plusieurs rangs, à peine balancées par un léger clapot. Dans les profondeurs du navire amiral, l'épicier ignorait combien d'autres bateaux les avaient suivis ou rejoints, de Périnthe à Sigée, du cap Ténare à Méthone et à Zacynthe, puis sur ce bord de Sicile. On voyait sur les ponts des grappes de matelots. A terre, des pelotons de cavaliers et des groupes de piétons faisaient l'exercice. Des centaines de foyers bien rangés piquetaient la grève, réplique audacieuse aux couleurs vives du couchant, au feu trouble de la montagne. L'homme ici luttait de majesté avec la nature. Corcodis sentait une émotion profonde lui étreindre le cœur. Quel peuple, quelle armée pourraient résister à la formidable vague d'assaut de tant de navires, de tant de guerriers? La distance, tout en rapetissant les coques et les cohortes, tout en faisant un point rouge de chaque feu de camp, donnait de l'ensemble une vue générale édifiante : l'Etna lui-même semblait moins effrayant que la puissance byzantine, étalée dans cette baie et sur ces plages. Le paisible Corcodis, quand la Sauterelle se mit à crier d'enthousiasme, faillit en faire autant. Il se rassérénait. Soudain, son Eusébine n'était plus une pauvre captive livrée à des loups. Elle devenait otage protégé, rempart contre un formidable instrument de guerre. Quel roi, fût-il Vandale, oserait toucher aux femmes de cette armée-là? Les larmes aux yeux, l'honnête hercule se tourna vers Procope, son nouvel ami.

— C'est bien beau, n'est-ce pas? fit-il en hésitant.

— Oui, répondit l'historien, tout cela est bien en ordre.

— Ne trouvez-vous pas de la majesté dans ce spectacle, cher Procope? Ces feux de la terre, du ciel et des hommes...

— Il est vrai que le ciel est rouge, admit le *parèdre*. Cela promet du vent.

— Mais ces navires innombrables, ces hommes par milliers!

— Tout notre petit monde semble à pied d'œuvre, repartit Procope en poussant sa mule dans la descente.

Comprenant que son émotion patriotique et esthétique n'avait pas d'écho, l'épicier suivit ses compagnons parmi les roches osculées.

***

Le roi vandale Gélimer chassa une mouche à l'aide d'un éventail de plumes rouges. Ce descendant des chevaucheurs conquérants qui avaient ravagé l'Europe était allongé sur des coussins, sous une charmille fleurie. Près de lui, dans une piscine de marbre rose, deux belles filles nues s'ébattaient languissamment.

— Ne criez pas ainsi, vilaines! Vous troublez mon inspiration! dit Gélimer. Ortolan, donne-moi mon luth. La poésie monte en moi comme une divine vapeur.

Le petit esclave noir du roi s'empressa d'apporter l'instrument de musique. Les deux naïades sortirent du bain. Des servantes entreprirent de les sécher et de les parfumer. Le maître des Vandales commençait à pincer les cordes lorsqu'un brouhaha se fit entendre.

— Pss! fit le souverain, dépité. Va voir ce que c'est, Ortolan, et qui ose troubler mon repos.

Ortolan se précipita et revint avec l'empressement qui lui conservait son poste de favori.

— Un courrier urgent, maître. De Carthage. De l'illustre Ammatas votre frère.

Gélimer s'assit et secoua la tête d'un air excédé, brandissant sa tapette à mouches.

— Encore! s'écria-t-il. Ne me laissera-t-on jamais tranquille! Un roi ne peut-il consacrer une heure à la musique et à la rêverie?

— Je lui dis de s'en aller? demanda Ortolan.

— Non, Pss! Qu'il vienne. Que suis-je? Le serviteur d'un

peuple. Mes plaisirs ne comptent pas, mon génie n'est rien. Fais venir ce courrier, Ortolan.

Le messager parut : un homme qui, d'après son aspect et son odeur, venait de surmener son cheval. Il s'agenouilla devant Gélimer et remit une lettre.

Ajustant sa tunique rouge, le roi vandale lut, manifestant son agacement par des hochements de tête.

— Y a-t-il une réponse, grand roi? demanda le chevaucheur.

— Sais-tu ce que tu m'apportes? questionna en retour Gélimer.

Le courrier secoua la tête. C'était un grand jeune homme aux cheveux blonds, aux yeux bleus. Dans ses veines, le sang originel de son peuple coulait apparemment sans mélange.

— Le pli m'a été remis scellé, répondit-il. Si l'on m'attaquait, je devais le détruire d'abord.

— Tu es soldat? Comment t'appelles-tu?

— Glucan, fils de Gélican, capitaine aux gardes du Parfait Ammatas. Fidèle sujet de Votre Sublime Grandeur.

— L'armée attend la guerre, n'est-ce pas, Glucan?

Une lueur s'alluma dans les yeux du capitaine vandale :

— Oui, nous l'attendons! répondit-il avec ferveur.

— Parle, ami, je te le pemets.

— Nous entendons conter les exploits de nos ancêtres, dit Glucan, et que faisons-nous maintenant? Quelques sorties contre les indigènes des Maurétanies. Les plus heureux servent en mer sur les corsaires. Cinq mille d'entre nous sont partis pour mater les troubles en Sardaigne. Deux mille se trouvent au contact, en Libye, avec le révolté Pudence. Moi, je reste ici, comme l'ordonne mon devoir. Mais la guerre, tous vos jeunes gens la désirent, Votre Sublime Grandeur!

Gélimer hocha sa tête longue et intelligente, aux boucles brunes, aux yeux bruns languides. A le voir, et même à l'entendre pincer correctement son luth, on aurait dit que cet homme de quarante ans passés, d'allure jeune, était un doux rêveur. Il s'en donnait les apparences, festoyant avec ses amis, se livrant à tous les excès d'une débauche distinguée, jouant les esthètes et les sceptiques. En fait, cette molle écorce cachait un désir effréné de pouvoir. Trois ans plus tôt, le « doux » Gélimer avait arraché du trône de Carthage son cousin Hildéric, qui pourrissait toujours en prison. Le crime de ce malheureux?

Avoir resserré les liens avec Carthage, protégé les « romains » orthodoxes enracinés en Afrique. Contre lui, et à travers lui contre Justinien, Gélimer déchaîna le clergé arien, comme dans sa jeunesse il lançait des vaisseaux corsaires. Tout ce qu'il restait de fier et de guerrier parmi les nobles vandales se mit à ses côtés. Par ailleurs, ses façons raffinées et ses mœurs déréglées lui gardaient l'amitié des amollis. Quand il eut répondu par la moquerie aux ultimatums de Justinien, quand il eut provoqué et déchaîné sans en avoir l'air la guerre avec Byzance, son peuple le porta aux nues. Les Vandales croyaient avoir trouvé en lui le digne descendant des vieux rois conquérants, des Gundéric, des Géiséric!

En fait, Gélimer, tout mégalomane qu'il fût, n'avait rien d'un grand meneur d'hommes. Habile à comploter, il avait saisi le trône. Fou d'ambition, il croyait écraser les Sardes de Godas, les Libyens de Pudence et balayer en même temps l'expédition de Bélisaire. Vouloir et pouvoir, dans sa tête plus exaltée que sage, se confondaient. Les Vandales, dans le passé, n'avaient-ils pas gagné toujours? Il gagnerait partout, pensait-il orgueilleusement. Tombé dans les pièges d'Oulès, il venait de dégarnir Carthage et s'en souciait peu. Qu'est un Bélisaire devant la furia vandale?

— Écoute, Glucan, dit-il, voici les bonnes nouvelles que me donne mon frère Ammatas. La flotte de Byzance est passée en Sicile, où nos mauvais cousins les Goths l'ont laissée venir. Elle met, paraît-il, à la voile. Elle est peut-être déjà en mer. La guerre est commencée, Glucan!

— Victoire à Gélimer! cria le capitaine. Dois-je retourner à Carthage avec votre épouse?

— Plus tard, ami, plus tard. Ortolan, va chercher des habits convenables pour ce bon serviteur. Baigne-toi d'abord, bon messager. Baigne-toi dans l'eau de mon bassin. Briséis, Didon!

Les deux jolies Vandales, leurs ajustements terminés, s'approchèrent du souverain.

— Baignez ce brave Glucan, dit ce dernier. Ensuite, donnez-lui à manger et à boire. Enfin, charmez-le par vos épanchements. Aimes-tu les femmes, Glucan?

— Moins que la guerre, grand roi. Plus que la paix!

— Belle réponse! fit Gélimer en riant. Je m'en souviendrai, et de toi aussi, bon messager. Viens, Ortolan, partons. Je veux composer un hymne guerrier pour notre première bataille.

Cependant, quand il fut retiré, le roi vandale relut avec soin la fin de la lettre d'Ammatas. Ce dernier, meilleur soldat et plus fin stratège que Gélimer, s'était opposé au départ des troupes pour la Sardaigne et la Libye. Lui ne prenait pas à la légère l'arrivée des légions de Byzance.

*Aucun de nos espions ne sait précisément*, écrivait-il, *où la flotte de Bélisaire abordera. Les uns croient qu'elle se montrera devant Carthage, ce qui serait trop beau. Les autres la voient bien prendre terre du côté d'Hippone, à l'ouest. Pour ma part, j'incline à penser qu'elle se portera à l'est, vers Leptis. Avec ce que tu as de troupes, gagne donc, s'il te plaît de le faire, grand roi, les abords de la côte. Remonte vers Carthage à marches forcées. Si tu ne rencontres pas les ennemis, du moins joindrons-nous nos armes pour les attendre. Au nom du Père qui est Dieu, et du Fils qu'il a créé dans sa bonté je te dis : hâte-toi!*

Ne relevons pas l'hérésie arienne contenue tout entière dans cette invocation à la divinité : les gens d'Église s'en occupèrent par la suite, lorsque Rome revint dans Rome. Considérons plutôt Gélimer, musicien accompli, comploteur comblé, politique déjà berné, qui pince son luth d'un air chagrin.

— Marches forcées! dit-il à Ortolan qui l'évente. A la fin du mois d'août, dans ce pays brûlant! C'est à Carthage même, j'en suis sûr, que voudra frapper Justinien. A Carthage, où nous avons coulé la flotte de son prédécesseur Léon. Soit, nous remonterons le long de la côte. Mais les vieux Romains, dans leur grande sagesse, ne disaient-ils pas *hâte-toi lentement?* A forcer la marche, on use les armées. Lesbie, apporte-moi du vin, et déshabille-toi!

On jugera, par les prénoms donnés à ses belles secondes, soit que Gélimer avait connaissance d'Homère, de Virgile et de Catulle, soit que Briséis, Didon et Lesbie demeuraient des surnoms amoureux perpétués par la légende.

***

Tandis que Procope et son compagnon menaient à bien cette mission délicate, Bélisaire avait débarqué hommes et chevaux sur les plages désertes, non loin de Catane. Du moment qu'on touchait terre, le commandement échappait au médiocre

Calonyme, et même au sage Archélaos. Il y avait plus de deux mois que la flotte avait quitté Byzance. Les vents contraires, le périple autour du Péloponnèse prirent du temps. Depuis l'épidémie de Méthone, l'armée embarquée perdait le moral. La plupart de ces guerriers barbares pensaient comme Koraclès que la mer est étrange à l'homme. La claustration à bord irritait les plus calmes, et que dire des irritables? Comme en toute compagnie coupée du monde, des mécontents parlaient haut. Par inaction forcée, les disciplinés écoutaient les agitateurs. « Nous périrons tous, disaient ces derniers. Quelle chance avons-nous si la flotte vandale nous attaque? De quel secours seront nos armes sur cette surface instable? Elles ne serviront qu'à nous tirer au fond. Nous tardons trop! Gélimer a des espions. Il est inévitable que ses vaisseaux se portent à notre rencontre. Emparons-nous des navires, gagnons la terre la plus proche, et désertons. »

Iskas, dont la centurie assurait la police de mer, fut bien vite au courant de ces détestables rumeurs. Pour y mettre fin, il les rapporta aussitôt à Bélisaire, insistant sur le mot *désertion*. Cela dépassait les propos admis. Provoquer à la désertion devenait crime en temps de guerre.

— Tu connais les plus dangereux parmi ces excités? demanda le général au petit centurion.

— Le pire se trouve sur la grande galère où est mon officier Gildas. C'est un colporteur de Byzance même, j'ai honte de le dire, général. Faute de marchandises, il colporte à son bord de mauvaises pensées. Quand nous mettrons à terre, tout ce mécontentement risque de s'étendre comme un feu d'été.

Bélisaire appela donc Gildas, un homme long, efflanqué, au visage bizarrement étiré vers le haut, si bien qu'il avait l'air de toujours sourire. Il eut confirmation du nom de l'agitateur, Cornos, et tout d'abord ne fit rien.

Au large de Catane, tandis qu'on déposait Procope et Corcodis, le général en chef envoya une députation aux autorités de la ville, alors peu étendue. Paul d'Antioche, dont ces longs mois de mer n'avaient pas guéri les os, commandait l'ambassade. Superbement vêtu, escorté de six gardes sans armes, il prit langue avec le consul goth. Ce dernier, homme raffiné, parlait le latin, et se montra tout à fait rassurant. Les Vandales étaient des porcs. Les massacrer serait faire œuvre pie. Le jeune roi

Athalaric et sa mère régente Amalasonthe, qui régnaient à Ravenne, savaient tout de la guerre déclarée. Ils priaient Dieu le Père pour le succès des armes byzantines. Paul demanda la permission de débarquer et d'acheter des vivres, ce qui fut accordé.

Ainsi se trouve expliqué le spectacle grandiose que contemplaient Procope, Corcodis et la Sauterelle rentrant au bercail : les bateaux ordonnés dans la baie, les soldats autour de leurs feux. Ces derniers, en cette région et aux derniers jours d'août, n'étaient pas allumés, on s'en doute, pour réchauffer les corps, mais pour cuire les viandes.

Bizarrement, le moral des troupes était remonté au plus haut. L'explication en est simple. Le contact de la terre ferme revigorait les soldats, celui de l'air pur les ranimait. La distribution de vivres et de vin dissipa tout à fait les mécontentements. J'allais oublier que Bélisaire, en débarquant, fit un discours très bref, encourageant les bons, menaçant les mauvais. Afin d'assurer le succès de cette allocution, il envoya les gardes de Gildas pendre Cornos pour l'exemple. Par ce biais, la résolution du général en chef fut tout à fait perçue. Il faut aux meilleurs des encouragements.

Quand Procope et ses compagnons furent arrêtés aux limites du camp, un incident faillit avoir lieu. Le poste qui les intercepta était Hérule. Nous avons déjà mentionné ces fédérés, les trouvant obéissants dans les troubles de Périnthe. C'étaient de beaux types d'humanité, Germains d'origine comme les Vandales. Venus d'un bord du Pont-Euxin [1] que leurs bandes éparses disputaient aux Huns, ils trouvaient dans les armées de Byzance l'occasion de mettre en œuvre leurs qualités natives : la discipline, la combativité. Hâtivement convertis à la vraie foi, ils avaient déjà la confiance de Bélisaire. Leur défaut consistait à ne connaître aucune des langues d'usage, grec ni latin, et ainsi de n'accepter les ordres que de leur chef Pharas.

Aux postes de garde, ce dernier avait dit : « Personne ne passe. » Ils s'emparèrent donc du *parèdre* et de la Sauterelle, sans égard pour les grands airs du premier et les glapissements du second. Pour Corcodis, ce fut autre chose. *Hasicoram,* « l'homme qui porte les chevaux », leur était connu. L'épicier

1. La mer Noire.

put donc aller chercher la garde militaire et faire relâcher ses compagnons.

Après avoir traversé des légions entières au repos, Procope fut conduit à l'état-major. Il comptait sur un accueil immédiat et enthousiaste, et là encore dut déchanter. Les chefs, leurs prétoriens, Antonine et ses dames, précédés du clergé et de l'évêque Alexis, aumônier militaire, assistaient aux funérailles du vieux chef des Arméniens, Dorothéos. Celui-ci venait de s'éteindre et serait comme tant des siens inhumé en terre étrangère. Si l'Arménie en effet donnait à Byzance beaucoup d'hommes remarquables, tels Narsès le grand chambellan, Dorothéos le vieux guerrier ou Jean le jeune lion, c'est que ce peuple se trouvait déjà pressé hors de ses frontières par un ennemi toujours présent. La guerre et l'exil, sinon le joug, tel était le sort de l'Arménie depuis des siècles, et nous savons qu'il changea peu.

La pompe des funérailles obligea Procope à ronger son frein, mais enfin Bélisaire le reçut, écouta son rapport et lui fit mille compliments. Le chroniqueur narre par le menu ses aventures dans le « dangereux » port d'Aréthuse et dut ce jour-là déclamer ce qu'il écrirait pour la postérité.

L'ayant félicité et récompensé, le général appela tour à tour Corcodis et la Sauterelle, qui avaient moins de bagou, mais en savaient plus long.

Fort des renseignements et des assurances reçues, Bélisaire manda Calonyme et Archélaos. Même le premier dut reconnaître qu'un vent de nord-est s'établissait, avec tendance à forcir. Mettre à la voile le plus tôt possible s'imposait, à moins qu'une flotte ennemie...

— Il n'y a pas de flotte ennemie entre nous et l'Afrique, déclara Bélisaire. Des avis que j'ai reçus le confirment.

— Nous n'avons pas assez d'eau potable pour une longue traversée, objecta le gros amiral au visage porcin.

Bélisaire interrogea Archélaos du regard. Le questeur de la flotte, homme dans le fort de son âge, grisonnant et distingué, sourit avec un rien de malice dans ses yeux gris.

— Le stratège dit vrai, général. Mais nous trouverons sur notre route l'île de Mélita [1], aux sources abondantes.

1. Malte.

— Alors, embarquons et appareillons, dit Bélisaire. Je l'ordonne!

Comme ce conseil se tenait à terre, l'amiral ne put que s'incliner devant l'autorité militaire. Hommes, chevaux et matériel furent remis dans les bateaux. La forte brise poussa la flotte loin des rivages de Sicile, jusqu'à Mélita où l'on ne fit qu'une courte escale. Seuls les soldats chargés de la corvée d'eau prirent terre.

Ensuite, toujours bon vent arrière, l'escadre byzantine gagna la côte africaine. Le début du voyage avait pris deux mois. De Mélita au cap Vada, point de débarquement conseillé par Oulès, deux jours suffirent. Les plages désertes du pays ennemi apparurent sans qu'une seule voile vandale se fût montrée. Un détachement envoyé à terre déclara le champ libre de toute garde ou garnison.

L'ordre de débarquement fut donné. Les légions de Byzance se déployèrent sur le rivage, sous un soleil brûlant. A bord du navire amiral, Bélisaire tenait son dernier conseil avec les chefs de mer. Cette fois, Calonyme applaudissait à l'ordre de débarquer, heureux de garder la flotte sous son unique commandement. Archélaos faisait plus de réserves. L'armée pourrait-elle survivre, dans cet univers de sable, sans sources et sans routes?

— Nous taillerons les routes, dit Bélisaire. Pour l'eau, nous en emportons un peu, et cette côte, m'a-t-on dit, comporte de nombreux villages. De plus, n'avez-vous pas compris que mes soldats en ont assez de naviguer? Nous ne quitterons pas le bord de mer. Calonyme, écoute-moi bien, car je n'entends pas être désobéi. *Je veux* que les bateaux restent à la hauteur de mes colonnes, sans se porter plus avant vers Carthage. *J'interdis* que l'action navale se développe sans mon ordre exprès. Est-ce clair?

Le stratège acquiesça avec empressement. *Trop* d'empressement, songea Paul d'Antioche qui était là. Il eut envie de mettre Bélisaire en garde contre cette soudaine soumission du stratège. Il regretta plus tard de ne pas l'avoir fait.

L'armée entière assista au débarquement de son chef et des différents commandants de corps. Dès qu'il prit pied sur la terre d'Afrique, Bélisaire baisa le sol. Cette coutume, aujourd'hui peu usitée, signifiait que l'on voulait du bien à la terre ainsi baisée, dût-on la ravager de fond en comble pour la bonne cause.

Le premier camp fut établi. Par l'ordre du général en chef, une colonne de sapeurs se mit en devoir d'établir un retranchement ceint de fossés, orné de circumvallations. Tandis que l'on creusait, une source cachée jaillit sous les pics et se mit à couler d'abondance. Chacun, et Procope avant tout autre, vit dans ce signe un encouragement du ciel. La guerre désormais était portée sur le sol ennemi, pour le pire ou pour le meilleur. Le mois d'août 533 finissait.

## V

## OÙ LA GUERRE COMMENCE BIEN ET MAL

Tandis qu'allait bon train le débarquement des hommes et des fournitures de guerre, Koraclès et son état-major d'écurie procédaient à la mise à terre des chevaux, des mulets, de leur équipement. Malgré des soins constants, beaucoup de bêtes avaient souffert d'un voyage trop long. Un bateau s'était perdu, qui contenait justement des roues de chariots, planches, poutres, cordes, piquets et autres accessoires indispensables en campagne. Stentor, Trois-Yeux, Bel-Œuf et le Noir Moraïde, qui avait pris soin des chevaux durant les guerres perses, malmenaient leurs palefreniers plus qu'il n'était nécessaire. Ces derniers savaient bien ce qui préoccupait leurs chefs : par manque de place, on n'avait pas embarqué assez de montures, de Byzance à Zacynthe. « Nous réquisitionnerons en pays occupé », répondait Bélisaire à toutes les mises en garde.

Le plus calme, en apparence, devant cette grave pénurie était Koraclès en personne. Certes, ces dunes à perte de vue laissaient mal augurer des réquisitions de bétail. Mais enfin, le Corbeau avait l'habitude de commander et savait que la mauvaise humeur du chef ne fait qu'aigrir les subordonnés. Il mesurait ses colères et n'usait qu'à bon escient du coup de pied au cul.

— Y a pas un rat en vue! grognait Trois-Yeux. Pas un homme, pas un cheval!

— Quand t'es là, y a un âne! répliquait son supérieur avec esprit.

— Plus de matériel. Comment va-t-on parquer? remarquait le paisible Stentor.

— Sainte Bibule y pourvoira! lui était-il répondu.

En fait, Koraclès se trouvait aussi inquiet que ses subordonnés. Le jour du débarquement, tandis que les vivriers faisaient servir le repas des hommes, il enfourcha son cheval noir et courut vers la tente de Bélisaire.

Le moment était mal choisi. Antonine, restreinte en ses bagages par son noble mari, venait de s'emporter contre lui. Cette dame, charmante en temps ordinaire, retrouvait dans la colère le fort vocabulaire de la rue. Elle sortit de la tente du général en coup de vent et passa devant son cher Corbeau sans même le saluer.

Quand elle eut effectué cette foudroyante sortie, Antonine hésita, perdue. Une dame qui se retire après quelque forte scène aime le refuge d'un boudoir. Où bouder, entre ces vilaines tentes alignées sur du sable beige? Zoé était restée à bord avec les bagages incriminés. Un doux vacarme provenait de la tente de Clématis, occupée sans nul doute à chérir quelque beau nez. Sa colère à peine émoussée, Antonine choisit d'aller gourmander les servantes, certainement coupables de quelque manquement.

Koraclès cependant pénétrait chez Bélisaire, trop préoccupé pour sentir la mauvaise humeur de ce dernier.

— Général, dit-il tout de go, j'ai des problèmes!

Ces mots firent déborder le vase où bouillonnait l'impatience de Bélisaire. Les chefs de légion posaient des questions idiotes. Archélaos geignait qu'on lui prenait trop de vivres, Solomon qu'on n'en débarquait pas assez. Antonine avait ses nerfs. Le Corbeau paya pour tout le monde. Copieusement engueulé en langage militaire, il sut ce qu'il pouvait faire de ses problèmes, le chef de l'armée ayant les siens.

— C'est bon, soupira le Corbeau écœuré. Je dis plus rien.

— Reste là! Il me tiendrait tête!

— J'ai rien dit.

— Ils me rendront fou! s'écria Bélisaire. Tu as vu Paul? Où est Paul?

Le Corbeau reprit de l'aplomb.

— Là où doit se tenir à cette heure un général de cavalerie. Là où on trouve les problèmes dont je causais à Votre Excellence.

Bélisaire baissa les bras. Il connaissait le Corbeau depuis des années et l'aimait comme un frère mal élevé.

— On dit *excellentissime,* abruti, quand on veut jouer les vexés. Alors, va! Je t'écoute, excellent!

— M'appelez pas... Je veux dire merde, quoi, général, faut faire quelque chose pour les chevaux! Vous voulez que l'armée aille à pied?

Bélisaire reprit tout à fait son sang-froid. Koraclès n'était pas homme à le déranger pour rien. Encouragé à s'expliquer, le Corbeau raconta ce qui l'amenait à recourir au chef suprême en personne.

— Il faudra trouver des chevaux supplémentaires bientôt, général. Compléter les écuries. Des centaines de bêtes en forme. La nourriture, c'est prévu, vous pensez! La source qu'on a trouvée, je l'ai fait déboucher sur un abreuvoir. Mes gars savent y faire. Mais ce pays! Où je vais acheter des chevaux dans ce pays désert?

— La nouvelle province de l'empire, Koraclès.

— Chouette province. Du sable et pas d'arbres. Il me faut des cordes, en plus. Des piquets, des chariots. Je peux pas distribuer les chevaux à chaque troupe avec une balle de foin et un « débrouillez-vous ».

— Tu as une idée?

Koraclès se gratta la tête et sourit.

— J'ai toujours une idée, quand il s'agit d'un cheval. Les fourragers sont revenus de leur exploration avec vos éclaireurs. Y a, paraît-il, un village pas loin d'ici.

— Alors?

— Alors, vous avez consigné tout le monde. Il faudrait lever la consigne pour mes hommes. On irait au village, on prendrait ce qu'il y a, en payant.

— C'est pour ça que tu me déranges? Paul ne pouvait pas lever la consigne lui-même?

— Non. Il a dit non. Il a dit qu'il faut un ordre écrit de vous, disant que mes palefreniers ont le droit de se rendre où il faut, quand il faut, et de négocier avec la population. Avec votre sceau. C'est pour les indigènes, il dit. C'est bête, non?

Bélisaire réfléchit un instant. Paul se montrait sage. Un ordre du général en chef rassurerait les villageois, assurerait les marchés licites. On ne pouvait montrer dans chaque village la proclamation de Justinien.

— Va chercher ta fine équipe, dit-il. Reviens dans une heure. Tu auras ton ordre écrit.

— Alors, Paul avait pas tort?

— Paul n'a jamais tort. C'est pour ça qu'il est général.

Koraclès accepta cette sentence, à laquelle beaucoup contrediraient. Il quitta la tente. Antonine revenait, souriante. Elle avait passé ses nerfs sur Rhys et Zara, les deux perles noires.

— Tendre amour, demanda-t-elle, tu as réfléchi? Que sont mes modestes bagages pour une armée comme la tienne? Je les fais mettre à terre?

Bélisaire pria sainte Bibule de lui garder la langue froide :

— Écoute-moi bien Antonine, et crie pas. Quand tu as voulu venir avec moi, tu as dit « Je saurai vivre comme un soldat ». C'est vrai ou non?

— C'est vrai. Une tente grossière, un lit de sable, ton bras pour oreiller...

— Et soixante-sept ballots de robes, vaisselle, friperie et pouillerie! explosa Bélisaire, que sainte Bibule n'avait pas entendu. De quoi remplir quinze chariots, alors que nous marcherons sur Carthage à la rencontre, en enfants perdus! Alors que Koraclès n'a même pas de piquets pour attacher ses chevaux! Te fâche pas, ma belle. Je dois donner l'exemple. Soixante-sept ballots qu'un seul homme peut pas remuer!

— Faut-il que moi et mes femmes nous allions nues?

— Y en a qui s'en feraient fête... Ne crie pas, ma douce!

— Quand tu auras pris Carthage, comment tiendrai-je mon rang, si je n'ai pas mes toilettes, mes ustensiles, ma vaisselle, mes colifichets?

Bélisaire étendit les mains d'un geste apaisant :

— Voilà ce que je te propose. Laisse tout ton bric-à-brac... je veux dire la plupart de tes fournitures, sur un bateau de Calonyme. Laisses-y aussi cinq ou six de tes esclaves. N'emmène avec nous qu'une dame d'honneur et quelques servantes. Nous prenons Carthage comme ça. Alors Calonyme débarque ta vaisselle, et les brigands des sables l'auront pas cassée.

— Hum, dit Antonine. Et si nous ne prenons pas Carthage du tout? Et si les brigands des sables nous cassent, nous?

— Alors, repartit Bélisaire avec bon sens, tu n'auras pas besoin de ta vaisselle.

Ainsi fut négocié un accord entre le général et sa femme. La proposition initiale fut amendée. Les bagages d'Antonine ne resteraient pas sur les navires de l'affreux stratège. On les transborderait sur un dromon de service qui, détaché de l'escadre, suivrait le rivage au plus près. La générale pourrait ainsi savoir tout proches d'elle ses indispensables trésors. Pour veiller sur eux en restant à bord du dromon, elle désigna Zoé, la femme d'Oulès. D'abord parce que cette personne d'autorité, épouse d'un haut fonctionnaire, saurait en imposer à l'équipage. Ensuite, pour éviter à des chevaux, sous un soleil pareil, d'avoir à porter ou traîner tant de volumes ordonnés par Dieu en féminité. La douce Zoé s'accommodait de rester à bord. La Sauterelle lui avait dit à l'oreille un message de son époux qui enchantait ce cœur amoureux : *Rendez-vous à Carthage*!

***

Les Maures semblèrent surgir du désert comme des fantômes. Soudain ils étaient là, juchés sur d'invraisemblables montures, ces dromadaires qui inquiétaient hommes et chevaux. Sans résistance, ils s'arrêtèrent au premier poste de guetteurs. Ces derniers, choisis avec soin parmi les vieux soldats des guerres perses, avaient l'ordre d'arrêter tout visiteur et d'informer le commandement. Un cavalier eut vite fait de ramener Paul d'Antioche et Jean l'Arménien, qui visitaient justement le cordon des sentinelles. Ils arrivèrent au galop.

— Soyez les bienvenus! déclara l'adjoint de Bélisaire en levant le bras pour le salut romain.

— Bienvenue aussi sur notre terre! répondit celui des trois Maures qui semblait commander.

— Venez-vous en paix? Quel est ton nom, inconnu, ta patrie, ton maître?

— Nous n'avons pas de paix, répondit l'autre. Tu peux m'appeler Sélim. Ma patrie est sous tes pieds. Nous attendons le maître qui nous la rendra [1].

Par courtoisie, Sélim avait fait agenouiller son dromadaire. Ses compagnons muets firent de même.

— Tu parles bien le latin, reprit Paul. Es-tu ennemi des Romains?

— Mes ancêtres l'étaient. Je le serai. Pour l'instant, homme boiteux, va dire à ton chef que les tribus ne le combattront pas.

---

1. Rappelons que Mahomet devait naître trente-huit ans plus tard.

— Boiteux, moi?

— Je t'ai vu galoper et grimacer. Seul un fou galope avec une jambe malade. Quel est ton nom, fou?

— Paul d'Antioche, chef de légion de cavalerie. As-tu pouvoir de parler au nom de tous les Maures?

— En quelque sorte. Mais je n'irai pas à travers ton armée. Dis ceci à votre Bélisaire, que nous attendions : qu'il batte et défasse la puissance vandale qui nous opprime. Qu'il rende Carthage aux Romains. Ensuite, nous le chasserons à son tour.

— Vous êtes donc bien nos ennemis, toi et les tiens! répéta Paul.

— Non. *Je le serai*, t'ai-je dit. Mais pas avant la fin de cette guerre.

— Pourquoi?

— Les Vandales sont des femmes, répondit Sélim avec dédain. Nous ne faisons la guerre qu'aux hommes.

— Je t'offre l'amitié.

— Il y a entre nous un fleuve : le sang de mes ancêtres. Gagne la guerre, Paul d'Antioche. Au revoir. Nous nous reverrons, Dieu sait quand.

Les Maures disparurent dans le sable d'où ils avaient surgi, bientôt avalés par une dune. Les soldats du poste, bons Byzantins, n'avaient pas compris un mot de ce latin.

— Alors, général Paul, dit le bas officier, qu'est-ce qu'ils voulaient, ces racailles-là? Mendier?

— Non, Sextus, répondit Paul. Ni mendier ni menacer. Se montrer.

— Bon, répondit le jovial Sextus, vétéran de Dara. S'il s'en montre pas davantage, la campagne sera vite faite.

Les deux amis tournèrent bride et se dirigèrent vers le camp retranché, qui prenait déjà tournure. On n'avait débarqué que la veille, mais les soldats réussissaient, en travaillant dur, à donner forme à leurs ouvrages de défense. L'infanterie entière et l'état-major se trouvaient protégés par un talus quadrangulaire précédé de fossés, terminé sur trois côtés.

— Paul, dit Jean l'Arménien, cet homme des sables, ce Sélim...

— Ce sont des Maures de l'une ou l'autre Maurétanie, fit Paul. Excellents à la guerre de harcèlement, m'a-t-on dit. Ils prétendent que l'Afrique est à eux. Bélisaire sera ravi qu'ils arbitrent notre conflit sans y prendre part.

— Paul, répéta Jean, ce Sélim a tout de suite remarqué que tu galopais avec peine. Ne veux-tu pas être raisonnable? Fais-toi porter, tant que ta jambe n'ira pas mieux. Tu n'as plus à faire tes preuves. Tu m'as dit qu'à Carthage Bélisaire ne pouvait se passer de toi. Veux-tu lui faire défaut?

— Tu as raison, répondit sombrement Paul d'Antioche. Je vais rester parmi les femmes et les généraux radoteurs. Ah, j'ai tant espéré cette campagne, depuis des années!

— Je la ferai pour toi, frère. Je suis ton bras.

— Il le faut bien! soupira Paul. Tu as toujours tes sottises en tête?

— Tu sais que je me battrai pour Elle. Si de plus je combats à ta place, rien ni personne ne me résistera.

— Mais cette folie que tu disais à bord : *Et puis, je mourrai*... Tu ne vas pas courir au-devant de la mort? Jure-le-moi, ou je finis la guerre à cheval!

— Dieu seul dispose de la mort, frère. Je te jure de m'exposer sans plus d'imprudence que tu ne le ferais toi-même.

— Si tu crois, sourit Paul, que ces paroles me rassurent!

De retour au camp, les deux chefs contèrent à leur supérieur cette étrange rencontre avec Sélim. Bélisaire, qui ne connaissait les Maures que de nom, ne vit là qu'une péripétie. Cependant, l'homme des sables disait vrai. Ses compatriotes devaient garder, durant la guerre contre les Vandales, une hautaine neutralité, qu'ils rompirent ensuite.

***

Les cavaliers vandales surprirent tout le monde. Ils avaient suivi la ligne des dunes et soudain surgirent sur la plage, galopant vers les avant-postes. Les sentinelles donnèrent l'alarme, mais leur avertissement ne servait à rien : toute l'armée voyait cette troupe lancée dans un furieux déboulement.

— Ils sont fous! jugea Bélisaire sorti en hâte de sa tente. Vingt contre nous tous! Cela peut briser des courages. Barbatus!

Le chef des cataphractaires venait justement d'équiper cent hommes : cavaliers robustes, revêtus de la tête aux pieds d'une peau de mouton ajustée aux membres, recouverte d'écailles de fer cousues à leur support et strictement imbriquées. Ces cataphractes recouvraient le corps comme un second épiderme, laissant les mouvements libres, ne dégageant que les visages. Les cataphractaires, armés du bouclier, de la lance et du javelot, constituaient un corps de cavalerie lourde tout à fait redoutable.

— Barbatus, en seconde ligne. Devant toi, cinquante voltigeurs!

Instinctivement, le général se tourna vers Paul d'Antioche, l'air gêné. En souriant, son parti bien pris, Paul indiqua Jean qui déjà sautait à cheval :

— Use de lui, Bélisaire. Il chevauche à ma place, et je réponds de sa valeur.

— Jean et la moitié de mes Bons! ordonna la voix énorme du chef de guerre.

Les Bons étaient les prétoriens de Bélisaire, ses fidèles, à la fois soldats d'élite et gardes du corps : bien payés, bien traités, élevés au-dessus de tout autre militaire des légions. Il fallait semblable surprise pour que le général fît donner ses Bons. Mais il prenait au sérieux cet assaut dément de vingt contre quinze mille. Les Vandales ne craignaient-ils donc pas une mort assurée? Étaient-ils fanatiques au point de se jeter sur les lances par pur défi? Le moral d'une armée peut souffrir de tels actes.

— Faites des prisonniers! cria Bélisaire comme Jean s'élançait à la tête de cinquante Bons, cent cataphractaires en couverture.

A cheval, Jean l'Arménien était splendide. Il comptait parmi ces cavaliers-nés qui semblent faire partie de leur monture, et peuvent tout demander à une bête qui les estime.

Les vingt ou trente Vandales couraient toujours sur la plage, ayant dépassé la ligne des sentinelles.

— Pour charger! commanda Jean d'une voix qui, pour n'avoir pas l'ampleur de celle de Bélisaire, ni l'étendue de celle de Zoé, portait loin et fort.

— Pour charger! ordonna derrière lui Barbatus à ses cataphractaires.

La citadelle de sable édifiée par les sapeurs constituait une excellente position pour observer le spectacle. Chacun courut aux parapets, admirant cette première action de guerre.

— Que fait Jean? s'écria soudain Bélisaire. Il est fou!

La scène qui se déroulait à moins de cinq cents pas du camp retranché tournait court. Sur un ordre de Jean, les Bons relevèrent leur lance. Le détachement qui aurait dû mettre en pièces les assaillants se contentait de les investir. Derrière, Barbatus arrêtait la charge des cataphractaires. Jean semblait parlementer avec les Vandales. Pour finir, il les fit serrer de près de toutes parts, armes basses, et revint vers les fragiles murs du camp avec celui qui paraissait commander la maigre force d'assaut ennemie.

Tandis qu'il traversait les cohortes, chacun examinait le survenant. Ce Vandale n'avait pas l'air d'un foudre de guerre. Bien charpenté, barbu, armé seulement d'un gros bâton. Quand Jean l'eut amené devant Bélisaire, l'homme descendit de cheval et se campa.

— Qui es-tu? demanda le général en chef, bien disposé par cette audace. Parles-tu grec ou latin?

— L'un et l'autre, répondit l'homme. Je suis Gafa, chef du village voisin, fils de Romains, Romain de cœur. J'amenais ici mes jeunes hommes, pour qu'ils se fassent justice ou y perdent la vie.

— Romain? Justice? demanda Bélisaire perplexe.

— Ce doit être quelque espion, dit l'aigre voix de Procope.

— Ne sois pas stupide! lui jeta son maître. Il charge mon camp avec une poignée de cavaliers. Ce ne sont pas des manières d'espion. Parle, Gafa!

— Depuis trois générations, dit le chef de village, moi et les miens subissons le joug des Vandales. Fidèles à la vraie foi, nous sommes persécutés sans faiblir. Comme nos pères, nous vous attendions de tout notre espoir. Vous paraissez, et dès le lendemain vos soldats se jettent sur notre village, prennent nos biens, violent nos femmes. Que nous reste-t-il à faire? Ces sauveteurs dont nous attendions tout se révèlent pires que nos agresseurs. J'ai dit à mes hommes : courons sur eux. Déterrons les épées de nos aïeux que nous gardons cachées. Allons mourir de la main de ces traîtres que nous appelions frères!

Bélisaire pâlit à ce discours. Pour donner l'Afrique à Justinien, il fallait d'abord rallier tous les descendants de Romains qui la peuplaient, brimés par les envahisseurs ariens. S'en faire des ennemis dès le premier jour, c'était plus qu'un crime, comme disait saint Jean : c'était une faute.

— Gafa, dit-il, je suis Bélisaire, chef de cette armée. Voici l'évêque Alexis, propagateur de la vraie foi. Évêque, brandis vers moi la croix que tu portes autour du cou. Bien. Gafa, sur cette croix où mourut Jésus Pantocrator notre Dieu, je te jure que ton village a été pillé par des brigands, non par des soldats. Je paierai pour tout ce qu'ils ont volé ou détruit. Me crois-tu, ami?

Dès que la croix fut brandie, Gafa tomba à genoux. Quand il eut entendu le général, des larmes coulèrent dans sa barbe.

— Je vous crois, grand Bélisaire. Plusieurs de vos gens étaient arrivés chez nous hier soir, des hommes de chevaux. Celui-ci! s'écria Gafa en désignant Koraclès qui badait avec les autres.

Le Corbeau rougit sous son hâle, et serra les poings.

— Eh là, minute! s'écria-t-il. On vous a *acheté* des chariots, des piquets, des cordes, de la paille. En bon argent, ou si je mens?

— Tu dis vrai. Tu nous as appris la bonne nouvelle, et nous pleurions de joie. Nous nous préparions à courir au-devant de votre armée, portant des présents et des fleurs. Or, au milieu de la nuit, une centaine de soldats ont envahi le village, pillé nos greniers à blé, nos réserves, nos biens. Ils ont violé sept de nos femmes, dont trois réputées vierges. Qu'auriez-vous pensé de cela, excellentissime? Que Jésus nous envoyait des loups, non des amis!

Bélisaire médita sa réponse.

— Gafa, dit-il enfin, je te présente les excuses de l'empire. Oui, ce sont des loups qui t'ont attaqué. Prends d'abord pour toi cette médaille d'or, qui a touché un morceau de la Vraie Croix, et que je te donne. Suis-moi. Tandis que je réunirai le conseil des chefs, reste à mes côtés. Tu me diras ensuite si tu me crois sincère, et si mes paroles te satisfont autant que la compensation que je donnerai à ton village. Tout sera réparé, crois-moi.

— Sinon l'honneur de nos femmes, soupira Gafa. Elles l'offriront en sacrifice pour leurs péchés, en échange de notre libération. Ce sera mieux que d'en disposer légèrement.

Cette fois, Bélisaire réunit non seulement les consuls et chefs de légion, mais les chefs de bandes, fédérés ou summaques, encore mal disciplinés. Il conta l'incident, qu'attestait Gafa à ses côtés.

— Je vais vous dire quelque chose une fois pour toutes, continua-t-il. Ouvrez les oreilles, sinon vous tendrez le cou au bourreau. Je sais que le pillage fait partie du droit des soldats en guerre. Je vous promets solennellement qu'au moment venu vous pillerez plus de trésors que vous ne pourrez en emporter. Parole de Bélisaire! Mais pas avant que je l'ordonne. La mauvaise action commise contre les amis et parents de Gafa, j'en porte la responsabilité. Pourtant, les coupables ne seront ni recherchés ni punis. Nous sommes en terre ennemie, et je n'avais pas donné d'ordres explicites. C'est à moi que tu dois pardonner, Gafa! Le sacrifice des tiens servira tous tes frères. Désormais, voici ce que j'ordonne et déclare à chacun de vous. Il est interdit de toucher à la personne et aux biens, d'attenter à la vertu des femmes avant que j'aie dit : « pillez ». Archélaos, qui parmi vous représente la flotte, transmettra ces ordres à Calonyme, pour avertir les marins. Qu'on vole seulement un épi de blé, une pomme, un cheveu de fille, et ce sera la potence. Est-ce clair?

Aigan, qui traduisait pour les chefs huns le discours de Bélisaire, demanda la parole ainsi que plusieurs autres.

— Parle, Aigan, dit le général.

— Les Huns demandent si la permission de pillage sera *vraiment* accordée bientôt. Ils rappellent qu'on la leur a promise en les engageant.

— Les miens osent la même question! s'écria Pharas pour les Hérules.

Le même souci agitait les Avars, les Gépides, les Slaves, les Bulgares et les Lombards, guerriers intrépides : tous convertis en hâte d'un signe de croix, aimant la guerre mais aussi ce qu'elle rapporte.

— Vous pillerez, affirma Bélisaire. J'en fais serment. Mais non des Romains. Non de pauvres villageois. Des villes entières, des trésors amassés par les Vandales, au détriment de la chrétienté. Que toute l'armée le sache! Que chacun se le dise! En attendant, fraternisez avec les populations, dans l'amour et la crainte de Dieu.

***

Moraïde, sur le siège de son chariot de paysan, vit apparaître avec appréhension les murailles de Syllecte. Cette petite cité, à en croire Gafa, était prévenue du pillage qu'avaient d'abord commis les Byzantins. Lorsque Koraclès parla de remonte pour la cavalerie, le fils des colons romains hocha la tête. Lui et son village n'avaient pu vendre à l'armée que quelques mules.

— Ils ont beaucoup de chevaux à Syllecte, dit-il. Un haras. Mais ils ont aussi des murailles. Mon fils a couru chez eux, pour leur dire de se méfier, de fermer leurs portes. Si j'avais su!

— Tu arrangeras ça, Koraclès, trancha Bélisaire. Je mets l'armée en route à petites journées. La flotte lèvera l'ancre. Nous ne devons pas tarder.

L'armada byzantine en effet faisait relâche pour reposer ses marins. Les dromons entouraient les gros vaisseaux comme des chiens de garde. Seuls cinq archers restaient en sentinelle sur chaque bord, par précaution.

— Patron, dit Moraïde à Koraclès. J'ai un plan.

Le Corbeau lui en sut gré. Tout ce trésor de chevaux inaccessible derrière les murailles d'une ville, si près d'eux... Il lui fallait les coursiers de Syllecte pour compléter le parc des chevaux de guerre. Koraclès appréciait Moraïde. Ce Noir du sud de l'Égypte, jadis esclave, avait su par ses qualités d'organisateur et sa connaissance du bétail gagner la confiance de Bélisaire. C'était un grand gaillard à la peau d'ébène, toujours gai, le crâne ordinairement couvert de linges blancs à liteaux bleus et rouges.

— Prenons les chariots achetés à Gafa, dit-il. Prenons Gafa lui-même et quelques-uns de ses fous qui ont attaqué notre camp. Allons à Syllecte avec eux, en voisins. Pas vous Koraclès, ni Trois-Yeux, ni Stentor, qu'ils ne connaissent pas. Moi, je ne suis qu'un Noir anonyme dans la foule. J'irai devant. Gafa nous fera ouvrir les portes. Ensuite, il dira qui nous sommes. Nous montrerons cette lettre expliquant qu'on paiera tout, qu'on ne pillera jamais les domaines, qu'on laissera les filles tranquilles. Alors je proposerai un bon prix pour le lot de chevaux. Avec la guerre qui commence, Syllecte doit avoir peur que les Vandales réquisitionnent sans payer.

L'idée fut trouvée excellente. Grâce à Gafa, qui reconnut des amis au rempart et se nomma, les portes de Syllecte furent ouvertes. Moraïde rencontra le chef des maquignons locaux et offrit un prix inespéré pour cinq cents bêtes, à vrai dire de premier choix. Les notables de la ville, ayant eu connaissance du sceau de Bélisaire, et de la promesse qu'il viendrait en paix, acceptèrent le marché. C'est ainsi que l'armée byzantine conquit la première ville en territoire vandale. Il est vrai que, le troupeau chassé hors des murs, les portes se refermèrent hermétiquement.

Syllecte se trouvant sur une éminence, ses habitants purent contempler l'armée de Bélisaire en marche. En fait, ils ne virent que les croupes des chevaux qu'ils venaient de vendre, et qui couraient vers une avant-garde impressionnante seulement pour des bourgeois. Trois cents cavaliers, que commandait en flèche Jean l'Arménien, fidèle à son serment d'aller devant : deux cents voltigeurs, cent cataphractaires. Tout cela faisait beaucoup de lances. La troupe de Jean fit halte pour laisser passer Moraïde et ses cinq cents chevaux, puis reprit sa marche comme s'il s'était agi d'une simple patrouille.

— Ami, dit le plus cossu des boulangers de Syllecte au plus aisé des négociants en fruits, que déclarait Bélisaire dans la lettre que ce Noir nous a lue?

— Qu'il venait en paix, pour chasser l'usurpateur et nous rendre notre vrai roi.

— Un usurpateur, n'est-ce pas celui qui saisit les biens indûment?

— C'est vrai.

— Dans ce cas, Bélisaire n'est pas un ennemi, mais un bienfaiteur.

— Sans doute. Pourtant, que savons-nous de la politique? Gélimer n'a rien usurpé chez nous.

— Regarde derrière cette importante faction de cavaliers. Vois-tu ce nuage, là-bas? Le soleil en tire des éclats non sur de l'eau, mais sur des armes et des armures. Acheter cinq cents chevaux, les payer comptant le double de leur prix, n'est-ce pas procédé d'ami? Est-ce manière de féroce pillard? Il y aurait beaucoup de choses à vendre à tant de gens si richement intentionnés.

— Il est vrai que si Gélimer usurpe, et si ceux-là viennent l'en corriger...

Les bouchers furent d'accord, puis les marchands de drap. Après tout, Syllecte n'avait pour garnison vandale que six hommes. Ceux-ci, sitôt annoncée l'arrivée de la flotte byzantine, s'étaient enfuis avec un bel ensemble. Le reste de la population, comme beaucoup d'habitants de cette côte, appartenait au vieux fonds romain. Ils payaient impôt aux Vandales, toléraient les presbytres ariens, mais ne manquaient jamais une affaire.

Aussi, tandis que Jean l'Arménien s'apprêtait à passer au large de Syllecte, une députation vint à sa rencontre. Les gens de la cité, ayant reconnu les bonnes intentions de Bélisaire, lui offraient tout ce que l'amitié et l'argent pouvaient acheter. Un cavalier fut expédié vers l'état-major pour annoncer cette nouvelle. Des vivres frais sans combattre!

— Allons! s'écria le général en riant. Une ville deux fois prise par commerce, et sans tuer un homme... Sainte Bibule, priez Dieu pour nous que nous ayons quand même de l'honneur à gagner! J'en viens à regretter les Perses.

Or, les six guerriers vandales qui constituaient la garde de Syllecte ne s'étaient pas enfuis terrorisés, comme le croyaient les gens de la ville. Ils galopaient, et galopèrent quelques jours dans la direction de Carthage, du moins trois d'entre eux. Les trois autres se hâtaient vers la région de Byzace où résidait pour le moment le roi Gélimer. Syllecte étant à peu près à mi-chemin de Carthage et d'Hermione, c'est-à-dire d'Ammatas et de son royal frère, l'une et l'autre de ces augustes personnes reçurent en même temps la nouvelle : Bélisaire, général de Justinien, venait de débarquer une grande armée d'une forte flotte, à Caput Vada, et marchait vers la capitale.

— Nous aviserons après déjeuner, dit Ammatas.

— Je vais déjeuner. J'aviserai ensuite, déclara Gélimer de son côté.

Ces deux répliques semblables nous persuadent que l'esprit militaire, dans un peuple jadis redouté de l'Europe tout entière, cédait décidément à la mollesse du climat.

***

L'armée byzantine avançait vers Carthage à petites journées. Elle ne progressait pas d'une quinzaine de kilomètres par jour. Il ne faut pas voir de l'indolence dans cette lenteur, mais un parti pris choisi d'après les circonstances.

Dès le jour du débarquement, les agents d'Oulès arrivèrent du nord, c'est-à-dire de Carthage, et du sud, de la province de Byzace où le roi Gélimer prolongeait ses vacances. Rien de plus efficace que le réseau d'espions et de messagers mis en place par le mari de Zoé. Que lui-même fût encore en Sicile, on en pouvait douter. Qu'il se trouvât à Carthage, qui aurait pu l'affirmer? En tout cas, le pays vandale se trouvait quadrillé par ses sbires, qui furent d'un grand secours à Bélisaire. Grâce à eux, il avait un œil dans la capitale, où Ammatas préparait une armée de contre-offensive. Un autre œil dans son dos lui permettait de considérer Gélimer, à quelques journées derrière lui, quittant avec cinq cents cavaliers d'élite la ville d'Hermione. Cette vision globale, supérieure même à celle de Trois-Yeux, lui permettait de choisir sa tactique. Il avait un ennemi en face et un autre sur les talons. Bélisaire se trouvait devant une alternative : se porter en hâte vers Carthage, et l'attaquer avant que Gélimer ne l'assaille par-derrière; aller lentement, pour éviter de se trouver assiégé par le roi vandale sous les murailles de la ville investie.

Bélisaire choisit la seconde solution, la plus sage. Son expérience de la guerre lui montrait comme désastreuse la position d'assiégeant-assiégé. Que peut une armée prise entre les murailles d'une cité qui se défend et des troupes qui l'encerclent? Rien de plus incommode que cette position pour se battre et se ravitailler. Marchant sans hâte, Bélisaire espérait accrocher Gélimer à son arrière-garde, et impatienter si fort Ammatas qu'il sortirait de la ville pour chercher le combat sous les murs. Ce pari n'avait rien de très hasardeux. Les murailles de Carthage, démolies naguère, restaient ruinées en maint endroit. De plus, les espions du nord s'accordaient pour dépeindre la fébrilité d'Ammatas, sa brûlante envie de combattre.

On alla donc au pas, dans une formation que les meilleurs généraux avaient adoptée, adopteraient encore souvent pour suivre un bord de mer en se gardant sur trois côtés. Jean et les trois cents cavaliers qui avaient donné le frisson à Syllecte marchaient à trois kilomètres devant le gros des troupes. Sur le flanc gauche, à la même distance, chevauchaient les six cents archers huns de Balas et de Sinnion. Le meilleur de la cavalerie et Bélisaire en personne se tenaient à l'arrière-garde, prêts à accepter le contact avec Gélimer. De nombreuses patrouilles, lancées souvent très loin au sud, permettraient d'éviter toute surprise de ce côté. On peut juger par cette disposition de ses forces du génie militaire de Bélisaire. Certains fédérés s'étonnaient de cette lenteur. Le chef de guerre répliquait qu'on ne se bat pas avec des soldats hors d'haleine. D'autres s'inquiétaient de ce double pari : l'impatience d'Ammatas, l'indolence de

Gélimer. Bélisaire leur répondait qu'il restait seul maître et les remerciait de leurs avis sans les suivre. L'histoire a montré souvent les faiblesses de notre héros, et qu'il sut toujours mieux gagner les batailles qu'en tirer profit. Mais enfin, sa tranquille avancée sur Carthage, ennemi devant, ennemi derrière, nous montre la légèreté de ceux qui le taxent d'irréflexion.

On arriva devant Leptis, port de quelque importance. L'envahisseur avait eu soin de faire connaître ses intentions pacifiques envers les populations civiles. Le consul de la ville vint au-devant de Bélisaire. Celui-ci donna à lire non plus un ordre de sa main, mais la proclamation de Justinien aux provinces occupées. Elle affirmait que le corps expéditionnaire ne désirait ni ruiner les Vandales, ni briser l'ancien protocole noué avec Géiséric, renouvelé sous Hildéric, renié par l'usurpateur Gélimer. *Nous voulons seulement*, disait l'empereur, *chasser votre indigne tyran. Aidez-nous à cela. Sitôt que seront déclarés vos efforts pour la paix et la liberté en matière de religion, nous vous assisterons de tout notre pouvoir. Nous vous en donnons notre parole, et nous engageons par serment à cela, au nom du Père, du Fils, du Saint-Esprit.*

Cette pacifique adresse rassura le consul, les administrés et tous ceux qui, fils de Romains ou bourgeois vandales, habitaient les cités côtières. Fronçaient le sourcil ceux qui avaient embrassé pour de bon la religion arienne. Il leur déplaisait que le Fils fût placé à la hauteur du Père, puisque le Père l'avait créé. Mais enfin, ces bagatelles de théologie n'irritaient vraiment que le clergé, moins guerrier en ce temps qu'il ne le deviendrait dans les siècles suivants.

De Leptis on marcha sur Hadrumète, et enfin vers Grassé. Les habitants des villes et de la campagne remarquaient la bonne tenue des soldats qui ne volaient rien et ne lutinaient les dames qu'avec leur permission. La troupe, d'ailleurs, ne se plaignait pas. La nourriture fraîche était abondante, le vin permis modérément, et les filles curieuses de ces étrangers, comme il est d'usage. A Grassé, l'armée s'établit dans une véritable thébaïde, aussi tentante par ses délices que Capoue jadis le fut pour Annibal. Ce fut dans ce séjour paradisiaque que les vrais ennuis commencèrent.

Grassé ne se trouvait qu'à soixante-trois kilomètres de Carthage. L'un des palais du roi s'y montrait ouvert, avec ses terres et ses dépendances, à l'armée déjà reposée. On y voyait des jardins ornés de bassins et de jeux d'eau. Les soldats campèrent au milieu des vergers, qui dans ce début de septembre croulaient sous les fruits mûrs. Il fut permis de s'en gaver *sans qu'il parût qu'on en eût pris*, note Procope, *tant il en restait encore*. Les soldats bâfraient, buvaient, trouvèrent de ces filles dont le bon cœur est toujours prêt à divertir les militaires. Même les Huns auraient ri de plaisir, si leurs mères n'avaient oublié de leur apprendre à rire.

Bélisaire pourtant était inquiet. Jusque-là, les navires de la flotte restaient en vue de l'armée, selon sa recommandation. Désormais, le haut promontoire sur lequel était bâtie la ville, dédiée jadis au faux dieu Hermès, cacherait la mer. L'état-major de la flotte fut convoqué au palais, où logeaient Bélisaire et Antonine. Le général craignait que Calonyme, une fois sans surveillance, ne prît sur lui quelque action regrettable. Ordre fut donné à Archélaos et au stratège de contourner le promontoire, de paraître devant Carthage, sans toutefois tenter de forcer le port. L'entrée de ce dernier, les espions l'avaient déclaré, était étroite et fermée par des chaînes.

— Vous restez là, en formation de combat, guettant tout ce qui pourrait venir par la mer, empêchant tout navire de sortir. Vous ne tentez rien sans mes ordres, surtout pas de forcer les défenses pour débarquer. Tu m'as compris, Calonyme? Procope, donne ces ordres écrits au stratège.

— J'en ai levé une copie! déclara le *parèdre* en remettant le document.

Calonyme s'indigna qu'on lui fît si peu confiance. N'avait-il pas conduit l'armée à bon port au péril de la mer?

Bélisaire le laissa parler et donna congé aux chefs de la flotte. Auparavant Antonine, qui guettait, prit Archélaos à part dans une antichambre.

— Veille, lui dit-elle, sur le navire où sont mes biens personnels et ma chère Zoé. Qu'il soit protégé. Que rien ne lui arrive.

Archélaos fit remarquer que cette recommandation venait d'être faite par Bélisaire. Que la garde maritime entretenait toujours à bord de ce dromon une garde de vingt hommes en sus de l'équipage. Que le centurion Iskas en personne, son second Corcodis, son adjoint Gildas y veillaient personnellement. Le questeur se montra si persuasif qu'Antonine se rassura et rejoignit son époux dans le superbe palais occupé. Il ne lui déplaisait pas de dormir dans le lit d'un roi, fût-il vandale et hérétique.

***

Tout commença par la rupture d'un enclos. Moraïde et Stentor venaient d'acheter à Hadrumète un lot de chevaux arabes. Sans atteindre à la perfection qui fut la sienne quelques siècles plus tard, cette race de coursiers du désert avait grande allure. Bizarrement, le Noir d'Égypte et l'ancien décurion sympathisaient. Par opposition, sans doute : le grand Africain élancé trouvait singulièrement noble la prestance du gros Gaulois blond, aux cheveux tressés, portant de fortes moustaches, comme on n'en trouvait ni en Gaule ni en Afrique. Le vieux soldat, de son côté, homme de cheval et de discipline, appréciait la désinvolture de Moraïde, la façon hardie dont il chevauchait, son flair infaillible pour les bonnes montes. Le sagace Koraclès voyait d'un bon œil cette conjugaison de la force et de l'adresse. Il associa les deux hommes pour gouverner les palefreniers de l'arrière-garde, tandis que Bel-Œuf, Trois-Yeux et lui-même tenaient courte la bride des autres. En ce temps-là, rien de plus voleur et fainéant qu'un valet de chevaux, si l'on n'y gardait la main.

Moraïde et Stentor donc buvaient du vin, se félicitant du bon marché qu'ils avaient fait. Avec la patience des amis de fraîche date, le Noir écoutait une fois de plus conter les louanges de Nysa, l'épouse du Gaulois, et de Gerture, sa petite fille. Nysa n'était-elle pas égyptienne aussi? D'Alexandrie, il est vrai. Moraïde répliquait par des anecdotes sur sa vie d'esclave, sur les guerres perses où Bélisaire l'avait distingué.

A ce moment-là, les chevaux d'Hadrumète brisèrent une barre de leur enclos. Trente bêtes s'enfuirent dans la campagne. Moraïde et Stentor rameutèrent à grands cris les palefreniers, désœuvrés à cette heure de l'après-midi qui précède le crépuscule. Les échappés, bien nourris, apprivoisés depuis leur naissance, ne s'enfuyaient pas avec la furie qu'y auraient mise des bêtes plus éprises de liberté. Stentor et Moraïde leur coupèrent la route de la plaine, tandis que six valets, répartis en deux groupes, les serraient sur les côtés. Les fuyards n'avaient plus qu'une voie, celle qui menait à Hermès par un chemin pentu. Leurs poursuivants les encerclèrent et les rallièrent tandis qu'ils parvenaient sur une plate-forme dominant la mer.

— Ramenez-les, cria Stentor. Bien groupés. Sans galoper!

L'homme du Haut-Nil cria quelque chose, désigna du doigt la mer, loin sous leurs chevaux. Stentor arrêta son élan. Le soleil commençait à descendre, mais éclairait parfaitement une scène terrible.

Quatre boutres grands coureurs, un peu semblables aux *Renards* d'Alopex, entouraient un dromon byzantin isolé. Le reste de la flotte n'était pas visible. Il y avait bataille sur le dromon. La distance ne permettait pas d'entendre les cris, mais on voyait briller les armes. Des corps vivants ou morts tombaient à la mer.

— C'est le navire d'Antonine! s'écria le Gaulois. Celui qui porte ses bagages!

Moraïde considérait la falaise abrupte qui les séparait de la mer : impossible d'y descendre. La contourner? Tout serait fini déjà. Il ne restait qu'à courir aux avant-postes, à avertir les officiers.

Bélisaire resta longtemps ignorant de ce malheur. Une autre nouvelle d'importance l'obligeait à conférer avec ses chefs de corps. Des patrouilleurs, aventurés par ordre loin vers le sud-ouest, avaient aperçu les éclaireurs de Gélimer. Cachés parmi des éboulis, les Byzantins virent l'ennemi s'approcher, s'arrêter près d'un ruisseau, y établir un camp dans toutes les règles, c'est-à-dire pour passer la nuit. Les observateurs regagnèrent Grassé au triple galop, sans avoir été aperçus. Dès qu'il eut leur rapport, Bélisaire convoqua ses seconds : Pappus, Barbatus, Ruffin, Aigan, mais aussi Martin, Althias, Cyprian, Marcel; Ian d'Epidamne et les autres meneurs de fantassins : Otenatus, Térence, Zaïde, Marcian, Sarapis, en un mot tous les responsables de haut niveau.

— Mes gars, dit-il, ça y est, on tient le Gélimer! Avant la nuit, que toute l'armée sorte de la ville. On va s'installer sur ce putain de promontoire. Il nous cache la mer, mais je le trouve bien commode pour attendre en force.

— Pourtant ainsi, dit le gros Martin, les gens de Gélimer nous verront! Leurs patrouilleurs du moins, s'ils patrouillent de nuit.

— Je l'espère foutrement bien! Faites tout pour qu'il nous

voie, le Vandale! Allumez plus de feux qu'à la Saint-Jean. La position est bonne, imprenable par surprise. Je veux que Gélimer sache qu'il nous a trouvés.

— Et demain, on leur pète la gueule! s'écria Barbatus, plus militaire que subtil.

— Tu comprends rien, grande barbe, répliqua Bélisaire en rusé militaire. On les appâte. Il doit se croire malin. Pas assez fort pour nous attaquer seul, il va envoyer à Carthage messager sur messager.

— Qu'on saisit! jeta Pappus, plus chevaucheur que diplomate.

— Qu'on laisse passer! continua Bélisaire avec patience. Demain, notre armée continue vers Carthage, en se laissant dépasser par les escargots. Ammatas, là-bas, s'énerve. Il sort et on le cueille. Pendant ce temps, l'arrière-garde accroche Gélimer, et les Huns lui font sa fête. Tu es d'accord, Aigan?

— Ils les hacheront menu, excellentissime!

— Correct. Assez parlé. Exécution!

Le conseil avait pris du temps. Assez de temps pour permettre à Stentor et Moraïde d'accompagner une troupe au bord de mer. Le dromon attaqué s'y était échoué. De rares survivants erraient sur la plage. Les arrivants s'en occupèrent. Ainsi, quand Bélisaire en eut fini de donner ses ordres, tandis que sonnaient les trompes, le Gaulois et l'Africain se présentèrent-ils au rapport. Iskas les accompagnait. Un Iskas aux habits d'uniforme en loques, le visage saignant, l'air lugubre.

Interrogé par un Bélisaire d'abord distrait puis consterné, le petit centurion conta à sa manière l'attaque du bateau :

— Ils ont surgi de partout, excellentissime. Les matelots et les rameurs se sont enfuis. J'avais que vingt hommes. Y a dix païens qui ont attrapé dame Zoé, d'autres qui emportaient les bagages. Quelqu'un dans le camp avait dû les renseigner. La flotte était partie, nous laissant en arrière.

Connaisseur en hommes, Bélisaire lut la réprobation sur le visage de Moraïde. Sur celui du vieux soldat Stentor, le dégoût.

— Dis la vérité, centurion. Vous avez défendu chèrement ce qu'on vous avait confié?

— On a essayé, excellentissime.

— Combien des tiens sont-ils morts au combat?

— Ben, aucun! Comme ils étaient si nombreux, et tout ça...

On a quand même pris des coups, ajouta Iskas piteusement.

Bélisaire regardait ce pauvre diable. Garde urbaine, garde maritime, allez faire de cela un lion!

— Tu es cassé de ton grade, Iskas, dit-il. Va trouver l'excellent Koraclès, maître des chevaux. Qu'il t'emploie comme ramasseur de crottin. Dame Zoé n'était pas blessée quand ils l'ont emportée?

— Non. Y en avait trois d'assis dessus, et d'autres qui la liaient avec des cordes. Ils l'ont aussi bâillonnée... On a essayé, je vous jure, excellentissime!

— Dehors! Jetez-moi ça dehors! Je devrais le faire pendre!

Paul d'Antioche, qui entrait, assista à la vive expulsion de l'ex-centurion par Moraïde et Stentor.

— Général, dit-il sans s'émouvoir, excellentes nouvelles! Nos espions ont dénombré les forces de Gélimer. Cinq cents hommes au plus, cavalerie légère. Ils sont établis pour la nuit, boivent et font ripaille.

— Tant mieux! déclara Bélisaire d'un ton distrait.

— Qu'avez-vous, général? Vous semblez soucieux. C'est ce petit bonhomme de la garde qui vous a manqué de respect?

Le chef des armées de Justinien prononça une suite de jurons dont la traduction offenserait vos yeux. Jamais un juron écrit n'a eu la force qu'il prend lorsqu'on le prononce. La langue grecque se prête bien à cela : tout helléniste sérieux vous le dira.

— Ton petit bonhomme, continua Bélisaire quand il eut fini de jurer, a laissé enlever Zoé, l'épouse de notre Oulès.

— Théotokos! Cette géante?

— Avec Eusébine et Zoé, les Vandales tiennent maintenant les deux plus grandes, les deux plus grosses, les deux plus mamelues des femmes de Byzance. Mauvais début, camarade! Quel est ce vocable étrange qu'Oulès nous a donné comme signal de détresse, et qui doit l'amener à nous, toute affaire cessante? Tu t'en souviens?

— Certes! répondit Paul.

— Alors, va le dire aux espions que tu connais. Prononce-le en marchant, pour alerter ceux que tu ne connais pas. Qu'Oulès nous rejoigne. Nous devons lui annoncer la nouvelle avec ménagement.

— *Kraloula, cric!* fit Paul.

— Hé?

— C'est le mot. Le signal pour Oulès. Son épouse enlevée! Je n'aimerais pas être à la place de celui qui le lui dira!

— Aimerais-tu mieux annoncer à Antonine qu'on a enlevé ses vêtements, ses parfums, sa vaisselle? Ah, Paul, gouverner une armée n'est rien. Mais une femme!

Le général en chef gagna en soupirant la tente de son irascible épouse. Paul cependant parcourait le campement, et dit *kraloula, cric*! à plus d'un homme de mauvaise mine. Il fut entendu. Par chemins directs ou détournés, *kraloula, cric*! vola de bouche à oreille jusqu'à celui qui pouvait comprendre cette onomatopée.

Iskas cependant traversait le camp, la mort dans l'âme. Cassé de son grade, versé aux écuries! Lui, le vainqueur de Nika, la terreur des voleurs de nuit, l'aigle des quais de Byzance...

— Engagez-vous, ils disaient! marmonnait-il. Suivez l'armée. Vous aurez de l'or et des femmes! Et je les ai crus, et me voilà! Oh, sainte Bibule, y a des moments où on se demande si le Ciel est juste!

Puis, conscient de l'énormité de ce qu'il disait :

— ... Le Ciel, sauf Dieu, bien entendu! ajouta-t-il en bon chrétien.

# DEUXIÈME PARTIE

## VI

# OÙ L'ON PERD LA CLÉ D'UNE PRISON

Bélisaire, même dégagé de l'aura légendaire qui a longtemps faussé son image, demeure l'un des plus grands guerriers que l'empire byzantin ait jamais eu à son service. Que son goût immodéré pour les richesses et son caractère entier l'aient fait tomber en disgrâce à plusieurs reprises, cela n'est pas douteux. A part quelques bévues, il allait de victoire en victoire. Cela, qui arme la jalousie des concurrents, indispose aussi un souverain, et même une souveraine. Le mari d'Antonine, quand il devint trop populaire, eut à subir les foudres de Théodora. Certes, Justinien restait assuré sur son trône. Mais combien de généraux depuis César avaient-ils déjà saisi le pouvoir politique par leur prestige militaire? L'oncle de Justinien, Justin, ne fit pas autre chose. Théodora ne l'oublia jamais, et gardait l'œil ouvert.

Au milieu de 533, nous n'en sommes pas à cette méfiance, du moins chez la souveraine. Antonine reste son amie de cœur, Bélisaire le serviteur fidèle des armes impériales. Byzance reçoit régulièrement des nouvelles de l'expédition. Elles ne sont mauvaises que dans le détail : révolte des Huns à Périnthe, tempête dans le port d'Abydos, pain gâté à Méthone. Cela n'empêche pas le général de déclarer sa foi entière en la victoire finale. Par suite des lenteurs du courrier, Justinien et Théodora savent à peine, au mois d'août, que la flotte a quitté Zacynthe sans la moindre opposition navale. D'autre part, les envoyés d'Oulès rassurent l'empereur et sa femme sur l'état des forces vandales. Contre une armée dispersée, mal entraînée, Bélisaire, affirment-ils, aura beau jeu.

Son jeu en effet sera bien mené. Restons prudents dans notre enthousiasme. Le général en chef n'est qu'un général, non un administrateur des victoires. Nous donnions ailleurs de Justinien, pendant *Nika*, sa plus mauvaise image [1]. Nous montrerons Bélisaire en Afrique dans ses meilleurs jours. Il en a eu, il en aura de moins satisfaisants, une fois les armes déposées. Ces choses devaient être dites, pour tempérer les éloges que mérite l'illustre général, et que Procope exagère en bon courtisan.

Bélisaire, ce matin-là, se trouvait rien moins que fulgurant. Certes, ses légions marchaient au pas qu'il avait dit, s'approchant lentement de Carthage sans perdre un homme. Certes, les éclaireurs d'arrière-garde et de flanc gauche le rassuraient sur l'apparente mollesse de Gélimer. Certes, les patrouilles laissaient passer chaque jour deux ou trois courriers vandales à travers l'armée byzantine. Tout allait selon les vœux du général en chef, qui déjà s'appuyait sur les sages conseils du remarquable Solomon. Mais deux longues et profondes épines restaient enfoncées dans le flanc de Bélisaire : sa femme Antonine et le sous-secrétaire Oulès.

Deux jours à peine après que Paul d'Antioche eut proclamé *Kraloula, cric* dans les campements, Oulès surgissait, demandant l'audience de Bélisaire. Un Oulès au naturel, c'est-à-dire maigre comme un lézard de mur, chauve, sans sourcils, vêtu d'une tunique aussi médiocre que son cheval était bon. Par malchance, Bélisaire conférait avec ses chefs de légion quand l'investigateur parut. Arrêté par la garde des bons, l'investigateur se précipita chez Antonine. Il la trouva aussi agitée que lui. Oulès était au courant de l'enlèvement de sa femme et des bagages de la générale. Il eut l'adresse de laisser entendre à la belle furieuse que ces deux crimes se valaient. Connaissant l'empire qu'exerçait Antonine sur son époux, il la persuada que récupérer ses biens — et accessoirement Zoé — devenait priorité militaire absolue.

La conjugaison de ces deux volontés, que Bélisaire n'eut pas le temps de diviser, mit le général en chef dans un cruel embarras. Il avait bien fallu recevoir ensemble son épouse et le chef de l'espionnage. Antonine criait. Oulès ne répondait que *Zoé*! à chaque ouverture de Bélisaire.

1. Cf. *L'Impératrice de Byzance.*

— Mais nom de foutre de tous les dieux païens, s'écria finalement ce dernier hors de lui, qu'est-ce que je dois faire, à votre idée? Changer mes ordres de guerre pour retrouver une bonne femme et quelques sacs d'argenterie pouilleuse? Silence, femme! Parle, Oulès! Si tu dis *Zoé* une fois de plus, je te fais pendre par les Huns!

— Les Huns ne pendent pas, répondit calmement Oulès. Ils essorillent leurs victimes, leur coupent la langue et les parties masculines, puis leur ouvrent le ventre et l'emplissent de pierres. Dois-je me rendre à leur merci?

Antonine, très peu cruelle, resta sans voix en imaginant ces horreurs. Bélisaire profita de l'accalmie. Il s'écria jovialement :

— Rien de pareil, vieux camarade! Propose-moi un plan sensé qui ne contrecarre pas ceux que j'ai faits pour la guerre, et je te donne tout pouvoir de l'exécuter. Ça te va?

— J'ai un plan, cela va de soi, répondit Oulès. Ce ne sont pas des pirates, mais des corsaires qui ont enlevé ma colombe et les trésors de votre chère épouse.

— Argenterie! gronda Antonine. Comme si je m'abaissais à des plats en argent!

— Laisse parler Oulès, tendre agnelle. Continue, ami!

— Zoé se sera fait connaître, repartit l'investigateur. On l'aura donc placée dans une prison où sont enfermés les captifs d'importance et dont je sais tout. Il y a là le roi détrôné Hildéric, plusieurs de ses parents, et Eusébine, que la magnificence de ses parures a fait prendre pour une dame de la Cour.

Bélisaire plissa le front :

— Et tu veux sans doute une légion entière pour prendre d'assaut cette prison, contrariant mon ordre de bataille?

— Je veux six hommes, répondit tranquillement Oulès. Corcodis d'abord.

— Accordé. Un chef de cohorte se remplace, surtout parmi cette garde militaire minable.

— Ensuite, Koraclès.

— Impossible! s'écria Bélisaire. Mon maître des écuries a autant d'importance qu'un général, tandis que nous allons.

— Il me faut, expliqua Oulès, un expert en chevaux. Or, Koraclès est le meilleur. De plus, il est mon ami.

— Un de ses seconds te suffirait-il? Le Gaulois par exemple, ou l'homme qui regarde à la fois la lune et le soleil?

— Trois-Yeux? Oui, Trois-Yeux ferait l'affaire. Il me faut aussi un voleur d'expérience, un homme qui sache tout de l'art d'envahir les maisons sans se faire prendre, et surtout de sortir par les portes fermées.

Bélisaire sourcilla derechef.

— Admettons que j'aie des voleurs dans mon armée, dit-il. Mais ils s'en vantent pas, tu comprends. Ça leur ferait tort, d'être pendus.

Oulès secoua sa longue tête chauve et pinça son nez de corbeau.

— Le voleur est indispensable, dit-il. Le meilleur qu'on puisse trouver.

Antonine, comprenant que l'investigateur défendait au mieux leurs intérêts communs, avait pris le parti de se taire. Un remue-ménage se produisit à l'extérieur de la tente, accompagné de fortes paroles. Le chef des Bons de garde s'aventura à l'intérieur.

— Qu'est-ce que c'est? hurla Bélisaire. Qui t'a permis de me déranger?

— Vos ordres mêmes, général. Un homme vient d'arriver, que vous avez recommandé d'introduire dès qu'il se montrerait. Le nommé Alopex, manufacturier de l'empire!

— *Alleluia*! s'écria Oulès en tombant à genoux.

***

L'armée marchait toujours au pas des fantassins, les cavaliers de Jean l'Arménien loin devant, les Huns sur le flanc gauche, le fort de la cavalerie derrière. Il y avait, dans cette progression pacifique, une touche d'irréalité. Les bornes miliaires romaines, que l'on passait l'une après l'autre, montraient bien que l'on approchait de la capitale des Vandales, mais aucune action militaire ne s'engageait. Mieux : la population des villages, avertie que les Byzantins achetaient leurs vivres et ne molestaient pas les gens, recevait les envahisseurs avec le sourire. Les descendants de Romains orthodoxes, colonisés et arianisés, se livraient à des transports de joie. Les fonctionnaires vandales soumis à Gélimer acceptaient les nouveaux venus avec philosophie.

Les plus savants d'entre eux, qui avaient eu des précepteurs « romains », se souvenaient de la première Carthage, fille de Tyr, ruinée par des envahisseurs. L'adjuration de Caton le Censeur au sénat de Rome : *Carthage doit être détruite!* leur sonnait aux oreilles. La seconde ville en effet fut ruinée de fond en comble par Scipion l'Africain, et le sel semé à la place de ses murailles. César puis Auguste relevèrent la cité L'ère chrétienne commencée, les Antonins firent de la troisième Carthage une ville ornée et splendide. Hadrien la pourvut en eau par un aqueduc long de cent trente-cinq kilomètres. Commode la dota d'une flotte frumentaire. D'éminents professeurs attiraient dans la capitale d'Afrique une quantité d'étudiants : ce libertin d'Apulée y conçut le scabreux *Ane d'Or*.

Rien d'essentiel ne fut changé à ces splendeurs quand le roi vandale Géiséric s'installa dans la ville, quatre-vingt-treize ans avant le début de ce récit. Il est vrai que l'université s'éparpilla, mais qui se soucie vraiment des intellectuels? Il est vrai qu'on enseigna partout que le Christ n'était pas égal à son père, mais enfin chacun croyait ce qu'il voulait, à condition de donner aux églises. Quant à l'idiome vandale, seuls les fils des envahisseurs le parlaient entre eux, le latin demeurant langue de commerce. Les légions de Byzance avançaient, et personne devant eux ne portait les armes ni brûlait le pays.

Bélisaire, en chef avisé, avait reçu par les espions d'Oulès de sûrs renseignements topographiques. Il connaissait la disposition de la ville, et de la côte, protégée par le cap Carthage. Il avait en tête l'emplacement des collines, des salines, du port fermé qui sépare Tunes de la capitale. Son plan d'assaut était fait, pourvu que l'on parvînt sans encombre à la dixième borne miliaire, *ad decimum lapidem,* soit environ douze kilomètres et demi de l'objectif, où se trouvait un défilé entre collines abruptes.

— Ce défilé, disait-il à tous les chefs pendant le conseil, c'est le piège que l'on nous tend. Tout le démontre : la lenteur de Gélimer derrière nous, l'absence de résistance devant. Tu comprends le topo, Barbatus? Ça te rappelle rien?

Le guerrier à l'énorme barbe de bronze — qu'il portait pour honorer son nom [1] — frappa sur ses fortes cuisses.

— Foutre oui, Bélisaire! On a fait ça aux Perses, à Nopraste. Tu pousses une troupe entre deux collines, tu fermes ensuite les deux côtés et tu fais rouler des pierres. La cavalerie charge les survivants.

1. *Barbatus* veut dire : barbu.

Les yeux de Barbatus s'embuaient de mélancolie. Oui, on avait cassé du Perse, dans le défilé de Nopraste!

— Trois cents hommes, lui jeta Bélisaire. Voilà ce que nous avons piégé ce jour-là. Nous sommes quinze mille. Le procédé sera le même, mais leur tactique différente. Ils laisseront passer notre avant-garde entre les collines, puis l'attaqueront furieusement. En même temps, ils essaieront de couper l'arrière-garde des troupes bloquées dans le défilé. Je ferais pareil, à leur place.

Pappus, meilleur à la mêlée que dans les débats, se répéta tout cela en articulant à voix basse pour bien comprendre.

— Mais alors, Bélisaire, dit-il une fois éclairé, pourquoi ils rendent la chose si évidente *par avance*? Ils te prennent pour un âne, ou quoi? Y a ton armée, y a un défilé, ils te mènent dessus. Faudrait être âne pour pas comprendre!

— Il veut dire, explicita Paul d'Antioche : « Et si le piège n'était qu'un leurre? »

— Qu'est-ce qu'on risque? demanda le général en chef. On reste gardés de tous les côtés. Je suis un âne, Paul?

— Cela se saurait, excellentissime.

Une rumeur plus amicale que courtisane assura le général qu'il n'avait rien de commun avec cette race asine alors trop méprisée.

— Alors, marchons. Marchons jusqu'à ce défilé d'*ad decimum.* Exécution!

***

Le roi Gélimer se souleva nonchalamment sur son lit à manger. Les splendeurs de son parc de Grassé l'entouraient sans l'intéresser : Bélisaire avait profané cette demeure. Tout en ayant soin de garder l'apparence insouciante qui convient aux poètes, le maître des Vandales ne pouvait chasser une secrète amertume. Le « Romain » avait mangé ses fruits, dormi dans son lit, emporté son blé. L'ennemi, offense supplémentaire, se retirait sans pillages ni déprédations. Comme s'il prenait soin d'une demeure dont il se servirait bientôt pour son usage personnel!

— Ortolan, dit le roi, cesse de te jeter sur ces figues, petit gouliafre! Donne-moi cette aiguière. Le consul de la ville est-il bien parti?

— Oui, Votre Sublime Grandeur. Il était furieux, d'après son visage.

— Tant mieux. Venir ici me vanter les bontés de Bélisaire, la correction de ses soldats! Nous l'avons bien étrillé, n'est-ce pas, Ortolan? Que lui avons-nous dit?

— D'aller faire baiser sa femme! répliqua le jeune Noir.

Gélimer mit les bras au ciel :

— Fi! Fi, le vilain lourd! Voilà tout ce qu'il retient de mon discours si bien tourné! Je lui ai dit qu'une ville intacte, des femmes inviolées après le passage d'un envahisseur étaient coupables de trahison envers moi. As-tu compris?

Ortolan approuva de la tête. Il avait l'habitude des discours exagérés, entremêlés de reproches.

— Un messager de Carthage! annonça la garde.

Gélimer reçut l'arrivant avec toutes les marques de la joie la plus vive et lui fit verser du vin. Ammatas avait soin d'envoyer ses messages et de recevoir les ordres par l'entremise d'officiers supérieurs, non de simples courriers. Ces Byzantins étaient si bêtes que l'on pouvait traverser leurs rangs sans être intercepté! Ainsi jugeait encore le frère du roi, ignorant qu'on lui permît libre passage de propos délibéré.

Le roi lut la lettre : des banalités, peu de chose, rien qui aurait pu intéresser un intercepteur.

— Dis-moi maintenant ton *vrai* message, ami, puisque cette missive n'est qu'un attrape-Romain.

— Les Romains, dit le messager, ont mis beaucoup de soin à éviter de me voir. A mon avis, ils font exprès de laisser Votre Sublime Grandeur communiquer avec son frère. Un tel mépris est offensant.

— Comment te nommes-tu, ami?

— Abéral, grand roi. Capitaine aux gardes du Parfait Ammatas.

— Comme Glucan, que je vis l'autre jour?

— C'est mon cousin, grand roi.

— Bien. Ce message, Abéral!

Le capitaine était aussi court, massif et brun que son cousin apparaissait grand, souple et blond. Il fit un effort de mémoire qui rida son front carré.

— Passe sur les formules de révérence, fit le roi. Ortolan, écarte les mouches avec la tapette. *Puer, abige muscas!*

— *Bélisaire,* récita Abéral, *marche toujours en bon ordre vers le défilé. Il y sera après-demain, s'il garde cette allure. Selon vos ordres, je laisserai passer son avant-garde de cavaliers, puis ferai tenir les hauteurs par les miens. Un autre de nos partis, commandé par votre neveu Gibamond, attaquera à ce moment le flanc gauche de l'armée ennemie. Quant à vous, cher frère et grand roi, portez tous vos efforts sur l'arrière-garde, qu'il faut couper du reste des troupes. Vous aurez plaisir à apprendre que Bélisaire la commande en personne.*

C'était le plan simple et frustre auquel Bélisaire ne voulait pas croire, sous peine d'être pris pour un âne.

— N'y a-t-il plus rien, cher Abéral? Ortolan, laisse ces mouches. Donne du vin au capitaine. Sa coupe est vide.

— Le parfait Ammatas, continua Abéral, vous presse de quitter ces quartiers. Il vous supplie de talonner Bélisaire, sans toutefois l'attaquer. De vous montrer quand il s'arrêtera, ce qui est plus que probable, devant le défilé.

— Par le Père qui est Dieu et qui créa le Fils! s'écria Gélimer d'une voix mélodieuse. Quittons ce paradis souillé par les immondes pourceaux de Byzance. Holà, ma garde! Que l'on sonne les trompes! Que l'on rameute mes cohortes! Abéral, tu me plais, comme ton cousin m'avait plu. Donne-moi un conseil. J'ai reçu le consul de Grassé, qui m'a dit grand bien de l'envahisseur. N'est-ce pas, Ortolan?

— Y z'ont pas baisé sa femme! expliqua le jeune esclave.

— Tais-toi, vilain! Les Byzantins n'ont point pillé, ce qui les met très haut dans l'estime de mes populations. Que ferais-tu à ma place, Abéral?

— Je pendrais le consul, Votre Sublime Grandeur.

— Bien parlé! s'écria le souverain. Allons talonner l'infâme Bélisaire et sa racaille qui méconnaît les lois de la conquête. Holà, gardes, avez-vous entendu? Qu'on pende le consul, pour lui apprendre que la guerre est la guerre!

Or le consul, un homme d'Hippone nommé Gonademianos, avait lu le déplaisir dans les yeux du roi. Ne voulant rien risquer, il prit la mer pour regagner sa ville natale. Avec lui, sa femme, que les violeurs n'avaient pas daigné profaner, bien qu'elle fût un peu mieux que repoussante. Faute du consul, la garde pendit son adjoint, et les cohortes de Gélimer s'ébranlèrent vers le nord.

***

La garnison de Mandrace, qui gardait l'entrée du lac de Tunes [1], port intérieur de Carthage, avait ordre de tenir fermé le chenal d'accès par de fortes chaînes, s'il paraissait une flotte sur mer. Les guetteurs ne jugèrent pas cette précaution nécessaire quand une seule voile se montra : un boutre tout à fait ordinaire, dont les apparaux n'avaient rien de guerrier.

Celui qui commandait à bord, homme maigre et vif, annonça la cargaison : des épices. Le chef de poste haussa les épaules.

— Six hommes pour quelques tonneaux et ballots? D'où venez-vous? Comment t'appelles-tu?

— Vulpes. De Syracuse. Six hommes, oui. Ce ne serait pas trop si quelque tartane romaine nous avait pris en chasse. Il y a du Byzantin près de vos côtes, à ce qu'on dit.

— Renard, hé [2]? Tu en as bien l'air. Tu as vu des bateaux ennemis?

— Si je les avais vus, ils auraient pu me voir. J'ai pris ma chance. Pour un chargement d'épices, ça vaut le coup, non?

— Passez, dit le chef de poste.

Tandis que le boutre voguait sur l'eau tranquille et peu profonde, Vulpes, je veux dire Alopex, interpella son équipage. L'un des équipages les plus singuliers qui pût se voir en mer, car personne — sauf le maître à bord et le mousse — n'était marin de métier. Oulès montra sa tête dépourvue de poils. Corcodis sourit dans sa barbe frisée. Trois-Yeux cracha dans l'eau. Le cinquième était Modestus, l'un des palefreniers de Bel-Œuf. Il n'avait jamais connu personne qui pût le battre avant de rencontrer *Hariscoram*, alias Corcodis, « le porteur de chevaux ». Ce dernier l'avait terrassé trois fois à la lutte et conquis ainsi son attachement inconditionnel.

— Ils nous ont laissé passer! s'écria le sixième membre de l'équipage, le mousse, la Sauterelle en personne. Les Vandales sont des ânes. On va les posséder!

— Tais-toi! ordonna Oulès. Gagnons d'abord le quai, là-bas, et le comptoir.

Le vent tombait. On se mit à la rame. Avec les bras de Corcodis et ceux de Modestus, l'entreprise fut aisée.

— Tout de même, reprit la Sauterelle qui ne pouvait se

1. *Tynos, Tunes,* puis *Tunis.*
2. *Vulpes* en latin veut dire *alopex* en grec, ou *renard* en français.

taire longtemps, on est fous, non? Nous six contre Carthage!

— Tais-toi! répéta Oulès un peu plus fort.

— Je peux encore poser deux questions, excellent?

— Oui, si tu gardes le silence par la suite tant que je te l'ordonnerai.

— Alors, trois questions.

— Va.

— Vous êtes sûr, patron, que votre dame et celle à Corcodis sont dans la prison que vous dites?

— Sûr.

— Certain que nous pourrons y entrer?

— Certain.

— Assuré que nous en sortirons?

— Assuré.

— Alors, conclut la Sauterelle, ça va. Je vous connais, excellent. Je dis plus rien!

Tandis que l'embarcation courait sur l'eau, animée par ses formidables rameurs, Oulès regardait la fière silhouette d'Alopex, debout à l'avant. Une bouffée de tendresse l'envahit. Le riche transitaire, si élevé dans les honneurs, si heureux en affaires, qui espérait voir retomber cette guerre en pluie d'or, n'avait pas hésité à tout risquer pour aider un ami. Sous la tente de Bélisaire, Oulès s'était exclamé : « Il me faut le meilleur voleur qui soit, pour sauver ma femme! » Alopex s'était aussitôt proposé, disant : « Nul voleur ne sait son métier mieux que moi, qui suis honnête homme. »

Cette restriction fit sourire le général. Il n'ignorait pas qu'Alopex, quelques années auparavant, dirigeait la plus importante confrérie des malfaiteurs de Byzance, celle des voleurs de nuit.

— Ne viens pas en personne, avait plaidé Oulès. Recommande-moi quelqu'un. Il s'agit d'une action téméraire, d'une entreprise folle. Tu ne peux t'y engager sans risquer ta vie.

— Tu risques bien la tienne.

— Il s'agit de ma femme. De la femme de Corcodis.

— Il s'agit de toi, mon frère.

Corcodis voulait sauver Eusébine. Trois-Yeux accepta de venir parce qu'Alopex et Oulès étaient ses amis. Modestus aurait suivi en enfer Corcodis, le premier qui l'eût surpassé à la lutte. Quant à la Sauterelle, on l'avait choisi pour son agilité. Le gamin fut engagé d'office par son patron Alopex et ne discuta point, aimant les aventures.

Ainsi l'amitié avait soudé le groupe qui maintenant débarquait à Carthage, travesti en marins marchands, portant effectivement à son bord ballots et tonneaux d'épices. Bélisaire avait donné des ordres pour que fût préparé le bateau et son chargement.

— Je puis jurer à Antonine... Enfin, tu me jures de sauver aussi les bagages volés à ma femme? avait-il demandé à Oulès.

— Non, général.

— Hé?

— A peine sans doute pourrai-je sauver les vies!

Bélisaire hocha la tête, lentement d'abord, puis avec conviction.

— Puis-je au moins promettre que tu essaieras de sauver cette foutue cargaison?

— On doit tout promettre aux femmes, excellentissime. Dieu juge ensuite de ce qu'on peut tenir.

Ainsi la barque était allée. Interrogé sur ses projets par ceux qui lui confiaient leur vie, Oulès refusa de les dévoiler d'abord. Chacun lui fit confiance. Les trois questions de la Sauterelle furent le bout extrême des curiosités.

A quai, pourtant, alors qu'Oulès aventurait le groupe parmi la cohue, Alopex ne put s'empêcher de le retenir par la manche :

— Ami, dit-il, n'es-tu pas imprudent? Ta figure et la mienne sont un peu trop connues sur les trois mers! Où veux-tu en venir?

— A ce gros Syriaque, là-bas, qui compte des sacs de blé.

— Mais je le connais! Il trafique à Antioche. Son amitié pour les Vandales est connue. Tu deviens fou!

— Non, répliqua Oulès. Je *suis* fou! C'est le seul moyen de réussir, cette fois.

Le gros Syrien se retourna, examina ceux qui approchaient. C'était un homme tout rond, chauve, barbu, Grec en Grèce, Vandale en Afrique, exemple parfait du trafiquant dénué de scrupules.

— Toi, dit Oulès en nasillant. Toi, Barbe-à-Poux, achèterais-tu des épices?

Le Syrien sursauta. C'était *sur l'autre bord de la mer Intérieure* qu'on l'appelait Barbe-à-Poux! Et cette longue figure sans poils, ces petits yeux, ce grand nez... Où avait-il vu ce personnage qui lui criait du latin sous la moustache?

— Tu as mangé de l'ail et bu du vin de Chypre, dit l'homme sans poils. Tu as jadis ramé sur une galère. Tu as six femmes dans six ports différents.

— L'investigateur Oulès! s'exclama Barbe-à-Poux d'un air stupéfait.

— Calme, l'ami! s'écria un compagnon d'Oulès. Regarde cette lame. Si tu cries...

— Alopex! s'écria le trafiquant en se jetant derrière des ballots. A moi, à la garde! Des espions, des espions de Byzance!

La foule gronda aussitôt et se serra autour des étrangers. Oulès avait prévu cela, et que le danger viendrait de la populace. Il s'était assuré qu'un peloton des gardes du port n'était pas loin. Des piques continrent la colère des badauds. Le maître espion et ses cinq amis furent encerclés par les soldats, attachés solidement.

— Allons voir le chef, dit l'officier. Toi, Barbassan, viens avec nous!

Il semblait que sur le bord vandale Barbe-à-Poux s'appelât Barbassan.

— Sainte Bibule soit bénie! dit Oulès tandis que, protégés par les soldats, ils traversaient les quais jusqu'à la caserne. Nous ne courions qu'un vrai risque. Celui d'être tués sur place, Alopex.

— Que devons-nous faire, maintenant! demanda le transitaire.

— Déclare ton nom, comme je dirai le mien. Nions farouchement être des espions. Ils ne nous croiront pas. Ils nous jetteront en prison. Étant donné l'importance de nos personnes, sur laquelle insistera Barbe-à-poux, on ne nous mettra pas avec les pillards de quai. Nous aurons droit à la meilleure geôle de Carthage, celle d'Etnéon, où se trouvent enfermés les captifs de qualité.

— Et aussi ta femme!

— Et ma Zoé, confirma Oulès. Et Eusébine.

— Ainsi, tu avais prévu dès le début de nous faire arrêter?

— C'était le meilleur moyen.

— De nous faire jeter dans cet Etnéon?

— Précisément. N'ai-je pas dit à la Sauterelle que nous entrerions là?

— D'où un voleur, un escaladeur et des hommes forts vous feront évader, n'est-ce pas?

— Il y a mieux, fit Oulès sans modestie. Projetant déjà de faire sortir de l'Etnéon l'Eusébine de Corcodis, j'avais acheté le Manchot.

— Et qui est le Manchot en question?

— Le gardien-chef de l'Etnéon, voyons. Pour assurer sa loyauté à notre égard, je lui apporte un diamant, en plus de l'or qu'il a déjà reçu.

— On va nous fouiller. On trouvera ce diamant.

— Pas aujourd'hui, repartit froidement Oulès. Je viens de l'avaler!

Après un premier interrogatoire, les prisonniers furent déférés à une autorité plus haute.

— Une bande de Byzantins! s'exclama le fonctionnaire qui les interrogeait. Un transitaire connu, et ce chauve qui, dit-on, est un notoire suppôt de Justinien! Sans aucun doute des provocateurs qui viennent saper Carthage, réunir les forces occultes de nos ennemis! En prison, en prison! Je cours avertir le Parfait Ammatas. Emmenez-moi tout ce joli monde à l'Etnéon. La justice les prendra en main.

Cette fois, les six « envahisseurs » furent entassés dans une charrette, toujours solidement liés. Pendant le trajet, qui fut long, Oulès put enfin expliquer le plan qu'il avait formé.

— La première partie, dit-il, consistait à nous faire prendre. La seconde, à nous démontrer comme des gens de qualité, non vulgaires bas espions. La troisième, à nous faire enfermer à l'Etnéon, où se trouve prisonnière ma Zoé. Où se trouve ton Eusébine, Corcodis!

— Je vais revoir mon Eusébine! s'écria l'épicier en levant les bras pour remercier le ciel.

Ce faisant, il rompit ses liens machinalement. Les soldats lui en mirent d'autres plus épais, ce qui fit rire Modestus.

— Vous êtes fort, patron! dit la Sauterelle. Alors, votre plan, c'était de nous faire enfermer et de nous évader avec les dames!

— Mais cette prison est-elle réellement aussi formidable

que vous le dites! intervint Trois-Yeux. Je connais les chevaux, pas les prisons, moi!

— Nous aurons besoin de tes talents plus tard. Confie-toi aux nôtres, en attendant.

— C'est donc bien une sacrée geôle où nous allons? reprit la Sauterelle

— La plus forte, la mieux fermée, la plus défendue parmi les ergastules que j'aie jamais connues. Impossible de s'en évader sans complicités intérieures.

— Il a acheté le chef des gardiens, un certain Manchot! daigna expliquer Alopex au garçon.

— C'est du boulot! conclut la Sauterelle, mesurant tout ce qu'il lui faudrait apprendre pour percer dans la profession de voleur ou d'espion.

La garde de l'Etnéon appliqua la consigne. Les prisonniers furent fouillés, puis jetés ensemble dans une cellule. Une grille la fermait, dont les barreaux étaient aussi gros que les bras de Corcodis. Alopex examinait son système de fermeture, primitif, mais efficace.

— Il me faudra deux clous, dit-il. Longs. L'un d'eux, recourbé.

— Qu'à cela ne tienne, repartit Oulès qui, le danger passé, retombait dans la fatuité. Garde! cria-t-il. Holà, garde!

Un garde entendit l'appel, formulé en latin. Il s'approcha de la grille et parla sans trop de rudesse.

— Qu'est-ce que c'est, barbares? demanda-t-il. Dormez! On vous tuera pas avant deux ou trois jours. Y a les supplices, avant. Vous en faites pas, vous avez le temps.

Oulès profita de cette charitable humeur.

— Je n'ai pas vu le Manchot tout à l'heure, dit-il. C'est bien lui, le chef des gardiens?

— Non, répondit le garde. On l'a chassé hier. Il trafiquait avec les prisonniers.

***

Procope boudait depuis quelques jours. Des changements visibles s'étaient produits dans la garde militaire, et personne n'avait daigné l'en avertir. Le centurion Iskas et son second Corcodis avaient disparu, remplacés par l'hilare Gildas et un Bon nommé Quintus. Le *parèdre* ayant demandé des explications à Bélisaire, celui-ci répondit vaguement qu'il s'agissait de mutations dont seule l'armée avait à connaître. L'enlèvement de Zoé, le pillage des biens d'Antonine ne furent connus du chroniqueur que par des bavardages de la soldatesque. Il s'en plaignit à Bélisaire, qui s'emporta.

— Tu as pas à le savoir! dit-il. Tu en ferais des fables contre moi.

— Comment écrire l'histoire de cette guerre, se rebella Procope, si l'on m'en cache les détails?

— C'est pas un détail. C'est une bavure. Tu crois que je te paie et que je te supporte pour écrire des bavures? Dans ton livre, mets la vérité, c'est-à-dire tout ce que je réussis pour l'empereur. Les batailles, pas des bêtises!

Ainsi rabroué, Procope se réfugia près d'Antonine, dont il entretint hypocritement la mauvaise humeur en faisant de son époux des éloges exagérés. Du coup, la dame en dit plus long qu'elle ne l'aurait dû sur les défauts de Bélisaire. Confidences hasardeuses. Peut-être le *parèdre* a-t-il rédigé en secret quelque pamphlet contre son maître. Les siècles suivants ont bien retrouvé des écrits de sa main calomniant et diffamant cette Théodora, son impératrice, qu'il couvrait de louanges excessives dans ses chroniques officielles!

Quoi qu'il en soit, Procope suivait le train des dames et ne s'en plaignait pas. Clématis, moins libre de sa personne que sur le navire, son service d'ailleurs doublé par l'absence de Zoé, boudait. Depuis que l'on marchait, Antonine avait recruté des servantes, que gouvernaient Zara et Rhys. Toute cette féminité distrayait le *parèdre,* puisqu'on ne voulait pas l'instruire des manigances d'état-major. On en était à cette période inévitable des guerres, la marche en pays ennemi, bien fastidieuse quand aucun pillage ne vient l'égayer.

Le quatrième jour après le départ de Grassé, Procope fut arraché brutalement à son rôle de confident des dames. Un des Bons vint le chercher de la part du général en chef. On était en route depuis l'aube, et l'heure du premier déjeuner approchait. Procope, gourmand comme beaucoup de maigres, suivit de mauvaise grâce celui qui le requérait alors que l'armée s'arrêtait, allumait les feux pour cuire la viande.

— Pourquoi marchons-nous vers l'avant des troupes? demanda-t-il au prétorien. Bélisaire, si je ne m'abuse, commande l'arrière-garde. Ou ne me dit-on plus rien?

Le bon, un ancien de Dara nommé — ou plutôt surnommé — l'Enclume, répondit en imitant un bruit de pet. Il n'avait pas l'admiration qu'on doit aux hommes de lettres. Traversant d'un bon pas les trois légions d'infanterie, il guida Procope vers un lieu dégagé. Une centaine de Bons y entouraient quelques hommes réunis. On voyait à peu de distance briller l'armure des cataphractaires de pointe, qui s'étaient repliés. Repliés également, les Huns barraient le sud d'une ligne sinistre.

— Là, dit l'Enclume. Bélisaire t'attend.

La garde privée du général, comme il est d'usage sous beaucoup de grands chefs, appelait par son nom celui qu'elle vénérait. Pour ces soldats farouches, Bélisaire restait « Bélisaire » comme Dieu est Dieu, sans formules de politesse.

Procope rajusta sa tunique de toile et se dirigea vers ce qu'il reconnut pour l'assemblée de tous les chefs importants de l'armée. Même Solomon était là, qui ne menait encore que les chariots, et Koraclès, dont les subordonnés couraient sur quatre pattes.

Le secrétaire redoutait une nouvelle rebuffade. Il fut rassuré par le sourire du général, rayonnant comme le soleil.

— Approche, Procope, dit Bélisaire. Mes amis, nous allons livrer une bataille, ce qui est notre métier, et la gagner, ce qui est notre devoir. Voici mon Procope, mon *parèdre,* mon *assessor,* qui mettra par écrit pour la postérité ce que nous ferons avec nos épées. S'il vous questionne, répondez-lui loyalement. Le glaive ne fait que gagner les guerres. Les écrits nous forgent la gloire.

Dès que Procope entendit ce titre d'*assessor* [1] que son maître lui contestait parfois, il fut certain d'avoir retrouvé l'oreille de Bélisaire. Avec son cynisme habituel, il songea : « Je rentre en grâce : c'est bon signe pour le succès de la journée! » Chaque pli de son visage répondit par un sourire à ces gracieusetés.

— Ça va, continuait Bélisaire. Consuls, chefs de légion et de corps, écoutez-moi bien. J'aime pas me répéter, ni être mal entendu. Cette nuit, un officier déserteur carthaginois, conduit par deux de nos espions, m'a confirmé clairement le plan de l'ennemi. Ce plan, savez-vous ce que je vais en faire?

Barbatus, dont nous avons déjà dit qu'il manquait de

1. Conseiller financier et juridique.

subtilité, fit une suggestion tout à fait choquante. Des rires s'élevèrent, qui se turent bientôt : le chef de guerre gardait son sérieux et secouait la tête.

— Ce plan, dit-il nous n'en ferons pas ce que propose notre barbe de bronze. Au contraire. Nous allons nous y prêter. Comprends-tu cela Pappus?

— Pas bien.

— Nous allons nous trouver exactement à l'endroit où ils nous attendent. Qu'en dis-tu, Martin?

— Ça serait une connerie, général, si c'était pas vous qui le disiez.

— Très juste. Vous voyez ce défilé? L'ennemi à tout fait pour que nous y engagions l'armée. Nous y enverrons seulement cent cavaliers légers, commandés par Jean l'Arménien. Il est volontaire pour cette mission périlleuse.

Paul d'Antioche secoua la tête avec accablement. Comment empêcher son ami de réaliser ce qu'il aurait fait à sa place?

— Par là-bas, continua le général en chef en montrant la ligne des Huns, va nous arriver le propre neveu de Gélimer, nommé Gibamond, avec le meilleur des cavaliers vandales. Aigan, est-ce que tes hommes jaunes pourront s'en charger?

— Combien seront-ils, général? Trois contre un? C'est faisable.

— Pas autant. Six à sept cents, m'a-t-on appris. Vous les prendrez homme contre homme.

— Alors, ils sont perdus, dit Aigan avec un rire terrible. Chaque Hun vaut au moins trois Vandales d'élite.

— Je te crois. Tu mets en fuite ce Gibamond. Sur les pentes du défilé, il doit y avoir des rouleurs de rochers, des jeteurs de pierres. Les cent hommes de Jean, en courant comme le vent, les surprendront. Quand les roches auront roulé, le défilé sera libre.

— Alors, s'écria Pappus, nous y jetons notre cavalerie!

— Non, répondit Bélisaire. Pas tout de suite. Nous attendrons de voir ce que Jean aura fait avant de se replier. Ensuite, nous attendrons ici, en formation de combat et de pied ferme, le frère de Gélimer, Ammatas. Quand il aura engagé ses chevaux dans le défilé, alors seulement nous le chargerons : il y courra autant de risque que nous.

Procope notait tous ces ordres dans sa mémoire. Cent cavaliers en enfants perdus, six cents Huns contre Gibamond.

L'attaque du gros des Vandales dans le défilé. Il avait déjà en tête le récit bien balancé de la bataille telle que Bélisaire la préparait. Pour son compte personnel, il se promettait de ne pas quitter son maître durant le combat. Les généraux en chef meurent rarement sous les armes. L'Histoire affirmait déjà par maint exemple. Toussotant, le *parèdre* attira l'attention sur lui :

— Puis-je, excellentissime, vous demander comment s'appelle l'endroit où nous sommes? Pour la postérité, je dois nommer cette bataille.

— Cette borne que tu vois est la dixième miliaire romaine. C'est là que nous sommes, *ad decimum lapidem.* Invente autre chose, ça ira toujours.

Procope n'inventa rien. La bataille qui commença le lendemain à l'aube porte dans sa chronique le nom de *Decimum.* Elle n'alla pas tout à fait aussi bien que l'espérait le général de Justinien.

Elle alla mieux. Elle alla si facilement que Carthage fut conquise dans les journées suivantes, et la puissance vandale ébranlée sans qu'un Byzantin sur cent fît usage de ses armes. Le Maure Sélim avait eu raison dans ses propos : les Vandales n'étaient plus des hommes!

## VII

# OÙ JEAN L'ARMÉNIEN MET SON ÉCHARPE BLEUE

Sur un ordre qui ressemblait au hurlement d'un loup, les Huns se déployèrent selon leur ordre de bataille ordinaire : une longue ligne marchante, chaque cavalier faisant face à l'ennemi. Cette disposition n'était possible qu'en terrain plat. Ils la préféraient à toute autre : ainsi, pas un guerrier ne se trouvait en arrière de ses compagnons et ne cédait à d'autres l'honneur de la première place. Sinnion, chef et porte-parole de la horde par droit héréditaire, chevauchait au centre de la formation.

Ce peuple, jadis, avait établi un empire du Pacifique à l'Oural. Il éclata sous les coups conjugués de ses ennemis d'Asie et d'Europe. Il fonda des royaumes éphémères, ou voués au mélange de races. Le plus tristement célèbre de ses chefs, Attila, « le fléau de Dieu », faillit se rendre maître du monde chrétien tout entier. Aétius et ses alliés le battirent en cette journée des champs Catalauniques où se jouait le sort de notre civilisation. Depuis, autour du Pont-Euxin, des Huns nomades vivaient par tribus et par bandes, instables alliés qui louaient leurs services à qui leur donnait belle guerre et bonne occasion d'assouvir leurs instincts féroces.

Sinnion et Balas menaient les six cents Huns que Bélisaire avait acceptés comme summaques dans la campagne d'Afrique. Leur groupe sauvage, éclaté en hordes, vivait au jour le jour, ignorant sans doute que ses frères colonisaient encore de grands États. La guerre était leur métier, le cheval leur ami, ce petit cheval d'Asie, robuste et infatigable, qui a fait souche jusqu'à nos jours.

Les Huns, dit la légende, ne descendaient pas de leur monture pour manger. Ils étaient vêtus de casaques en peau de bête. Ils se tenaient toujours penchés en avant, leur énorme tête avancée sur l'encolure des chevaux. Qu'ils fussent terribles au combat, personne n'en doutait. Pour eux, la paix n'était qu'une ennuyeuse trêve entre deux bonnes guerres. Bélisaire, en revanche, n'ignorait rien de leur esprit versatile : alliés un jour, prêts le lendemain à changer de camp pour se trouver toujours du côté du vainqueur. Aigan, demi-Hun civilisé, persuada le général en chef que la troupe de Sinnion et Balas le servirait bien, sachant la valeur des armes de Byzance. Dès le début, il avait fallu s'imposer à ces soldats farouches. Le voyage par mer les indisposa. L'interdiction de piller faillit les faire déserter. Mais enfin, ce jour du 13 septembre 533, cent ans après l'avènement d'Attila, on leur donnait ce plaisir qu'entre tous chacun d'eux chérissait : la bataille.

Les Huns trottaient menu, pour ne pas surmener les chevaux tarpans. Chacun d'eux était armé d'un arc, d'un poignard et d'une longue courroie. Ils avaient mission d'intercepter et de détruire le corps d'armée vandale qui, sous les ordres de Gibamond, s'apprêtait à attaquer les Byzantins avant le défilé de Décimum.

Bientôt, leurs petits chevaux passèrent du terrain rocheux à d'anciennes salines précédant des marais. Terrain propice à la bataille en ligne. Un autre hurlement de Sinnion arrêta la progression de la horde. Contournant les marais, les cavaliers vandales venaient d'apparaître. Ils virent la ligne sombre et immobile des Huns. Adoptant la même formation, ils s'alignèrent vis-à-vis d'elle, au nombre de sept cents, comme les espions l'avaient appris à Bélisaire.

Gibamond, neveu de Gélimer et d'autre part d'Hildéric le dépossédé, était un jeune homme comme on en trouvait peu chez les Vandales vautrés dans le luxe. Fier de ses ancêtres, honteux de ses contemporains, il s'exerçait depuis son adolescence à tous les rudes jeux qui endurcissent le corps. Le vieil esprit guerrier, le sang de Gundéric lui donnaient ce port de tête fier, cette envie de se battre qui n'animait plus ses compatriotes.

Il avait quitté son camp sous Carthage à l'aube, avec la légion de cavalerie qu'il commandait, et dont il prenait soin. La meilleure à coup sûr qu'on pût trouver dans les troupes de

Gélimer. Gibamond, respecté par ses hommes, les entraînait à la manœuvre, à l'assaut, aux simulacres de combat. Il les savait capables de mener une charge sans se débander, de pousser leurs avantages s'il s'en présentait, de se replier en bon ordre en cas de premier échec. Il importe de dire que, lors de ce choc contre les Huns, ce furent des cavaliers d'élite qui se trouvèrent engagés, non des recrues, ni des mercenaires sans idéal patriotique.

Voyant les Huns campés sur une seule ligne, Gibamond décida de les assaillir en deux vagues. Il commanderait la première, forte de quatre cents hommes, attaquant le centre et le flanc droit de l'ennemi. Son second n'était autre que Glucan, auquel Gibamond parla ainsi :

— Je cours sur eux, cherchant le corps à corps. Leur aile gauche va dès lors se replier derrière nous pour nous prendre à revers. Dès que tu la verras bouger, lance-toi au galop sur elle avec les trois cents hommes qui restent.

Le jeune chef vandale s'apprêtait à donner le signal de l'assaut, lorsque la ligne entière des Huns se mit en marche, au pas. Un cavalier s'en détacha au petit galop et s'en vint seul à la rencontre de la légion de Gibamond. C'était Sinnion en personne, que ses prérogatives autorisaient à venir porter un défi, au péril de sa vie.

— Ne l'attaquez pas! dit le neveu de Gélimer. Voyons d'abord ce qu'il veut nous dire.

— Mais sa troupe avance! protesta Glucan.

— Non. Regarde, ils sont arrêtés. Écoutons celui-ci.

Sinnion approchait, l'arc à l'épaule, vêtu d'une tunique en peau de rat, coiffé malgré la chaleur d'un bonnet à poils. Il se campa devant les cavaliers ennemis, à quinze pas de Gibamond. Un prisonnier capturé la veille lui avait appris à dire en langue vandale ce qu'il voulait faire entendre :

— Dieu, bon! Dieu nous donne beaucoup de viande. Votre viande!

Ayant crié ces mots, Sinnion les répéta tourné vers les siens, en idiome hunnique. Un rire féroce se propagea parmi ses guerriers. Les cavaliers de Gibamond se trouvaient un peu ébranlés par cette apostrophe, qui sous-entendait des coutumes anthropophagiques. Cela d'ailleurs était faux. Les anthropophagicologues sont d'accord sur ce point : les Huns faisaient tout à leurs adversaires, sauf les manger pour finir.

Sinnion regagna son rang au galop. Gibamond comprit qu'il ne fallait pas laisser sa troupe réfléchir. La réflexion est désastreuse pour le simple soldat.

— Au galop! commanda Gibamond. Chargez! En avant!

Les Huns, impassibles sur leurs selles où se faisandait la viande d'un prochain repas, laissèrent arriver les Vandales à moins de cent mètres. Ensuite, d'un mouvement coulé, ils lâchèrent leurs flèches, réarmèrent rapidement les arcs, tirèrent une seconde volée. A ce moment, les Vandales venaient au contact, mais la moitié au moins d'entre eux jonchaient le sol, morts ou blessés.

Courageusement, Gibamond se jeta sur le centre ennemi, cherchant Sinnion en personne. Il le trouva, immobile, attendant l'assaut. Gibamond leva son glaive en poussant un cri de haine.

Alors la longue courroie que Sinnion tenait prête siffla dans l'air, enveloppa d'une étreinte serrée les membres du Vandale. Les Huns usaient depuis la nuit des temps de cette technique du lasso, ou plutôt des *« bolas »* dont se servent encore aujourd'hui les vachers d'Argentine. Une longue lanière à laquelle est attachée une pierre s'enroule, si on la jette adroitement, autour des membres d'un homme ou d'un animal. Gibamond ne pouvait bouger; Sinnion s'approcha de lui tranquillement.

— Bonne viande! répéta-t-il en lui plongeant son couteau dans le cœur.

Pendant ce temps, garrottés par les courroies des Huns qui poussaient leurs clameurs guerrières, les autres Vandales subissaient le même sort. Pas un seul cavalier sur les quatre cents de la première vague ne réchappait de ce massacre. Aucun d'eux ne put fuir. Ceux qui le tentèrent furent rejoints, liés et massacrés. Voyant ce désastre, et que le flanc gauche de l'ennemi n'avait même pas quitté sa place de départ, Glucan ordonna la retraite aux trois cents Vandales qui lui restaient. Retraite précipitée, fuite en bon ordre sur la lisière des marais, dans un complet désespoir.

Les Huns cependant se regroupaient autour des chefs.

— Bélisaire a dit d'attendre ensuite, déclara Sinnion. Il dit aussi de ne pas piller. Or, il n'y a pas ici à piller, mais à dépouiller, ce qu'aucun chef de guerre n'interdirait. Dépouillons!

La horde se mit donc en demeure de voler aux morts ce qu'ils avaient de belles armes, de bijoux, de parures. Ils achevaient les blessés au passage, par habitude, sans haine, méthodiquement.

— Ces Vandales n'ont pas d'arcs, remarqua Balas.

— Pas de javelots, pas de courroies à lancer, poursuivit Sinnion. Des cavaliers qui ne portent que l'épée et le bouclier. Même nos Grecs en viendraient à bout!

— Vont-ils nous laisser là tandis qu'ils prendront la ville? s'inquiéta Balas.

— Le général nous a promis que nous pillerons le moment venu, répondit Sinnion. Il faut le croire. C'est un homme.

— Alors qu'il a pendu notre cousin Toura devant Périnthe?

— Non, répliqua Sinnion. *Parce qu*'il l'a pendu, nous présents!

***

Un observateur impartial qui se serait promené dans Carthage, ce même jour du 13 septembre 533, veille de la Saint-Cyprien, n'aurait remarqué aucune agitation guerrière. Son œil critique se serait d'abord porté sur les remparts. Là, mainte brèche ouverte par d'anciens assauts béait encore, envahie de plantes grimpantes. Ailleurs, les pierres de remploi restaient entassées au pied de la muraille effondrée. Elles attestaient que, si les travaux de réfection n'étaient pas encore commencés, on envisageait d'y songer.

L'observateur eût ensuite examiné les rues. Il y avait eu un grand bruit de sabots, lorsque Ammatas et ses cavaliers étaient partis en direction de Décimum. Depuis, un calme inhabituel aux villes menacées régnait dans Carthage. Les bourgeois vandales allaient à leurs affaires. Ils divaguaient sur les voies publiques, ignorant le sort de leurs armes, mais s'y fiant aveuglément. Seuls brillaient d'espoir les yeux des « colonisés » quand, du haut des murs, ils scrutaient l'horizon : « Là-bas peut-être, pensaient-ils sans trop y croire, nous verrons paraître les enseignes de Bélisaire. »

En fait, seul le palais du roi se trouvait en effervescence depuis le départ d'Ammatas, sans que cette fébrilité eût rien de guerrier. Au moment de partir, trois heures avant que Gibamond fût défait et tué à dix kilomètres de Carthage, le frère de Gélimer convoqua son chef cuisinier et lui commanda un festin splendide *pour le lendemain soir*.

— D'ici là, déclara Ammatas en substance, j'aurai fait jonction avec Gélimer sur le ventre de Bélisaire. Nous rentrerons ensemble ici et fêterons la victoire par un dîner somptueux. Je connais tes talents. Surpasse-toi! Cette réception doit être inoubliable.

Donc, les cuisiniers, mais avant eux les fournisseurs de viande, poisson, fruits, épices et denrées de bouche s'agitaient déjà comme des fourmis. Il y avait gros à gagner: les vainqueurs seraient généreux, s'ils festoyaient bien.

Un autre point de la ville, une fois sorties les cohortes d'Ammatas, se trouva jeté par ordre hors de sa routine. Personne n'en sut rien, car il s'agissait de la prison d'État. Après son cuisinier, le frère du roi avait convoqué le chambellan. Il lui fut commandé d'ouvrir les horribles cellules de l'Etnéon, et de rassembler tous les prisonniers de quelque importance dans une vaste salle aérée.

— Qu'on les nourrisse, dit Ammatas. Qu'on les rende présentables. Tous, le vieil Hildéric et sa misérable parenté, les captifs et espions de marque. Nous donnerons au peuple le plaisir de les voir exécuter. Qu'ils paraissent à leur avantage!

C'est ainsi que dans la matinée Oulès eut le bonheur, en sa disgrâce, de retrouver Zoé; Corcodis, de serrer sur son cœur la tendre Eusébine. Alopex, qui rongeait son frein depuis trois jours en cellule, reprochant à l'investigateur d'avoir établi son plan sur le seul Manchot, abrégea les embrassements.

— Oulès, dit-il, pense d'abord à nous sortir de là. S'ils nous rassemblent en troupeau, c'est sans doute pour nous égorger. Y songes-tu?

— Je ne songe qu'à cela, dit le maître espion, essayant d'enlacer complètement l'ample taille de son adorée. La Sauterelle!

— Patron?

— Le remplaçant du Manchot. Ce gros rougeaud, là-bas. Amène-le par ici. Tu as retenu la leçon que je t'ai faite dans le cachot? Attire-le vers moi.

— Sûr. Le coup du sorcier et du diamant.

— Moi, dit Alopex, puisque nous sommes libres de nos mouvements, je vais tâcher de trouver un couteau.

— Chez ces pauvres hères? demanda Trois-Yeux en désignant un groupe lamentable, femmes et enfants entourant un vieillard.

— Ce pauvre hère est le véritable roi des Vandales, répliqua Oulès. Sa famille l'entoure. Il est presque aveugle à la suite de tortures.

Ce détail toucha Trois-Yeux. Il s'avança vers Hildéric et fut rabroué par ses compagnons. Corcodis et Eusébine restaient pâmés dans leur étreinte de retrouvailles. Alopex faisait un petit tour, accompagné du fort Modestus. La Sauterelle n'eut pas de mal à s'approcher du nouveau chef geôlier, nommé Satis. Apparemment, on avait décidé d'accorder un répit aux prisonniers. Deux agents d'Oulès, capturés en service, s'appliquaient à ne pas reconnaître leur chef. Quatre marchands « romains », accusés d'avoir triché sur les fournitures de l'armée, se lamentaient sur leur sort. Telle était la troupe de « notables » que Satis, selon les instructions, préparait en vue d'une exécution collective. Il fit apporter et distribuer du pain et des écuelles de fèves.

Fidèle à sa consigne, la Sauterelle s'approcha de lui, faisant nonchalamment sauter dans sa main le diamant qu'Oulès avait récupéré par les voies naturelles.

— Saint Papaver! Sainte Futuine! s'écria le geôlier ébahi, en regardant la pierre brillante dans les doigts du garnement. Sais-tu ce que tu as là?

Les ariens vandales, plusieurs savants l'affirment encore, honoraient des saints d'une authenticité douteuse.

— C'est un diamant, répondit la Sauterelle. Mon maître l'avait fabriqué.

— On ne t'a donc pas fouillé?

— Si, mais je l'avais caché dans mon oreille.

Satis s'empara de la pierre avec avidité.

— M'en fiche pas mal! dit le gamin. Le maître m'en fera un autre, plus gros.

— Il *fait* des diamants? Le maître, hein? Farceur!

— Quand il veut. Le chauve, là-bas. C'est son truc. Il fait des diamants avec des rayons de soleil. C'est un grand sorcier. Il prédit aussi l'avenir.

La ruse paraît un peu grosse à nos esprits technologiques. Mais l'imagination restait fraîche en ces siècles obscurs. Satis se gratta le crâne.

— *Kraloula cric!* vociféra Oulès.

— Tu crois qu'il pourrait en faire pour moi? demanda le geôlier avec un bizarre sourire.

— Ici, non. Dehors au soleil, je dis pas. S'il est d'accord. Si vous le prenez pas à contre-poil, même qu'il ait pas de poils.

— Hum! dit Satis. Ça ne coûte rien d'aller y voir. Il y a six gardes à la grille!

***

— Théodora, merveille du monde! murmura Jean l'Arménien. Soleil de mon cœur, splendeur de mon âme, je ferai tant de choses aujourd'hui que l'on te parlera de moi!

Tout en adressant, une fois ses prières faites, cette vibrante invocation à son inaccessible idole, le jeune chef passait en revue les cent cavaliers que Paul d'Antioche et lui-même avaient choisis entre mille, la veille. Cette journée du 13 septembre était commencée depuis quelques heures. Une file de guetteurs venait de transmettre la nouvelle attendue par Bélisaire et ses lieutenants: Ammatas, las de battre pays sous Carthage, perdait patience au point de s'engager lui-même dans le défilé de Décimum, dont il dégarnissait les hauteurs.

— A toi, Jean! dit Paul. Que Jésus te garde, et la Théotokos. Prends soin de ta vie, qui est à l'empereur.

— Et à Théodora! dit Jean, heureux de pouvoir dire tout haut ce nom qui lui brûlait le cœur.

Puis, tourné vers les cent cavaliers d'expérience, supérieurement montés, qu'il allait jeter sur l'ennemi:

— Sur deux colonnes!

A ce moment, Bélisaire parut. Un Bélisaire concentré, qui venait d'établir ses forces, d'envoyer les Huns vers les marais.

— Jean, dit-il, n'enfreins pas mes ordres. N'attaque aucune troupe qui surpasse la tienne par le nombre. C'est compris? Pas de folie.

Procope, qui accompagnait son maître par prudence, mais aussi pour tout savoir de la bataille, hocha la tête comme s'il s'entendait en ces matières militaires de contact et de décrochage.

— Jean? répéta Bélisaire avec impatience.

— Je suivrai vos ordres, excellentissime. Si plus de cent cavaliers m'attaquent ensemble, je me replie.

— Brave gars. Va, petit! Fais du pâté avec leurs...

Le dernier mot de cette phrase se perdit dans le piétinement des sabots. Jean avait levé son glaive. Sa troupe partait au grand trot vers le défilé.

Ce qui se passa ensuite devrait nous être conté non dans la froide prose de Procope, mais par les poètes épiques. La chevauchée des Cent, à Décimum, mérite d'être citée parmi les plus hauts faits militaires de tous les temps. A peine peut-on croire ce qu'accomplit en quelques heures la brigade légère de Jean l'Arménien. Faisant mieux que celle dont Lord Tennyson devait chanter la gloire treize siècles plus tard, cette admirable troupe non seulement accomplit l'impossible, mais revint à ses bases presque intacte. Elle sema la consternation dans le camp vandale, tua des centaines d'ennemis — des milliers, assure Procope —, parvint sous les murs de Carthage, et aurait pris la ville sans difficulté s'il lui avait été commandé de le faire.

Tels sont les faits, incroyables mais authentiques. Certes, la veille, tous les généraux de cavalerie avaient été d'accord pour prêter leurs meilleurs hommes. Plus qu'une action d'éclat, ce devait être une démonstration. Les Cent galoperaient dans le défilé, pour narguer et démoraliser l'adversaire. Pour l'y attirer ensuite en faisant retraite. Leur progression par pelotons dispersés éviterait que beaucoup ne soient écrasés par les pierres et rochers jetés des escarpements. Quant aux flèches — encore que ce fait paraisse incroyable —, les Vandales n'en usaient pas, ni de javelots, comme les Huns le remarquaient de leur côté.

— Pour charger! commanda Jean l'Arménien.

Il était vêtu de la tunique rouge à plastron d'écailles de fer des chefs de corps, mais portait autour du bras une écharpe bleue : la couleur de Théodora.

— Arme au poing! cria-t-il.

— Arme au poing! hurlèrent à leur tour les chefs de peloton.

On trouvait dans cette troupe, en avant-garde, des cavaliers de Pappus, rudes patrouilleurs des frontières du nord. Des vétérans de la guérilla sur les marches d'Arménie. Derrière, trois douzaines de lanciers prêtés par Barbatus. Les autres avaient des glaives et des javelots. Chacun s'abritait derrière un bouclier solide.

— En avant! cria Jean.

Ammatas, en cette journée funeste pour ses armes, donna la mesure de son incapacité. Il était sorti de Carthage à l'aube avec mille hommes de troupe. Assez, s'il l'avait décidé, pour fermer le défilé contre tout assaut, en serrant les rangs. Au contraire, le frère de Gélimer dispersa ses forces sur un vaste périmètre, par groupes de trente hommes. Il voulait à la fois garder Carthage de près, et la protéger de loin. Cela le conduisit à ne faire ni l'un ni l'autre efficacement. Le temps était passé où les Vandales, en formation innombrable et serrée, dédaigneux de leurs pertes, écrasaient l'est de l'Europe comme un rouleau à blé.

Les officiers, gens de Cour pour la plupart, ne firent qu'aggraver l'indécision d'Ammatas par de mauvais conseils. Chacun donnait son avis, et s'attachait surtout à contrarier les autres. Bientôt la plaine sous Carthage grouilla de groupuscules sans ordre ni dessein.

C'est alors qu'Ammatas commit la dernière folie. Lassé d'attendre un assaut qui ne venait pas, dépité de ne pas voir Bélisaire dans le piège, il s'y engagea lui-même en franc-tireur, avec sa garde personnelle, soixante hommes peut-être. Il ordonna que des groupes échelonnés, de la même importance, le suivent de mille en mille pas.

A peine Ammatas et ses prétoriens de luxe étaient-ils au milieu du défilé de Décimum que tomba sur eux la foudre, je veux dire Jean l'Arménien. L'amoureux de Théodora évalua du regard les forces adverses : moins de cent. On pouvait aller!

— En avant! cria-t-il à nouveau.

Parmi les voix des chefs de peloton qui reprenaient cet ordre, une forte basse dominait : celle du Gaulois Stentor. L'ancien décurion, à la prière de Koraclès, avait été retenu pour commander dix vétérans.

— Il s'ennuie, plaida le Corbeau auprès de Paul d'Antioche. Il dit que c'est sa dernière guerre, qu'on lui doit sa chance. C'était un soldat comme on n'en voit plus. C'était...

— Il y a quinze ans! répondit Paul. Si on nous le tue, sa femme Nysa nous arrachera les yeux.

— Je recommande que les meilleurs, insista Koraclès. J'y

vais pas, moi. Je saurais pas bien. Mais Stentor le mérite. Prends-le, donne-le à Jean. Il en a besoin.

Sitôt que les premiers coups tombèrent, il apparut que le colosse gaulois n'avait rien perdu de son savoir guerrier. Il commandait dix Galates, c'est-à-dire des gens issus de sa propre race, et savait s'en faire obéir comme d'un seul homme.

Ammatas et sa garde tentèrent de résister à cet assaut furieux. Jean avait donné des instructions que ses braves suivirent : ne pas attaquer en ligne, mais par groupes et de tous côtés. Le choc fut terrible, la mêlée apparemment confuse, mais conduite par les Byzantins pour désunir l'adversaire, isoler ses soldats.

Les Vandales, courageux, ne cédaient pas de terrain. Dispersés en effet, attaqués bientôt de toutes parts, ils se battirent jusqu'au dernier homme. Au plus fort du combat, Stentor et ses Galates isolèrent deux emplumés qui se battaient avec furie. L'un d'eux tomba sous un javelot : ce n'était rien moins qu'un général d'armée, qui mourut. Stentor attaqua l'autre, évita son assaut désordonné et lui enfonça son glaive sous les côtes. Ainsi périt Ammatas, frère du roi Gélimer, de la main d'un décurion à la retraite.

Voyant leur chef tué, les douze ou quinze survivants s'enfuirent au galop.

— En avant! hurla Jean l'Arménien.

Les fuyards rejoignirent les pelotons vandales qui accouraient et leur apprirent la mort d'Ammatas. Cette nouvelle aggrava la confusion de troupes déjà désordonnées. Les cent galopeurs de Byzance allaient toujours, attaquant de petits groupes, semant la mort et la terreur. Aucun officier n'eut assez d'autorité pour regrouper ses forces. La mission de reconnaissance tournait au succès inespéré. Les glaives et les bras des chevaucheurs, rouges de sang, se levaient sans cesse pour d'autres coups fatals. *Jean et les siens en tuèrent tellement que, sur soixante-dix stades, on aurait cru, au nombre de morts, à l'action de vingt mille hommes,* écrira Procope [1].

Pour finir, l'Arménien parvint sous les murs de Carthage, qu'il trouva en mauvais état et sans défenses véritables.

— Nous prenons la ville? demanda Stentor en rejoignant son chef.

---

1. *La Guerre contre les Vandales*, livre I, *op. cit.*

Le Gaulois rayonnait. Le sang coulait de son épaule déchirée. Ses cheveux dénoués pendaient sur ses épaules. Jean sourit à ce brave, qui couronnait là, après des années sans gloire passées aux écuries, sa carrière militaire.

— Non, dit-il. C'est fini. Nous rentrons.

Les Vandales en effet commençaient à se regrouper. Obéissant aux ordres, l'ami de Paul d'Antioche *n'avait jamais attaqué plus de cent hommes à la fois.* Mais il en avait tué, blessé ou mis en fuite sept à huit cents, selon des estimations raisonnables.

— En retraite! commanda-t-il. Ménagez les chevaux!

Jean l'Arménien repassa le défilé et se rendit aux ordres de Bélisaire. Dans cette action militaire incroyable, il avait perdu vingt-deux hommes seulement. Lui-même n'avait pas une égratignure.

Or, la journée de Décimum, si bien gagnée d'un côté par les Huns, et face à Carthage par Jean, faillit mal tourner pour l'arrière-garde.

Contre Gélimer en personne, Bélisaire envoya deux colonnes distinctes. La première vit débouler des collines trois cents cavaliers : la réserve de Glucan, le reste des troupes de Gibamond qui n'avait pas attaqué les Huns. Rendus fous par le massacre de leurs amis, aiguillonnés par leur chef, ces hommes fondirent sur les cavaliers du Byzantin Ruffin. Ces derniers prirent peur et s'enfuirent sans combattre.

Pendant ce temps, la légion de Barbatus, lancée contre Gélimer par une autre route, tombait sur le gros des forces armées du roi vandale. Selon ses ordres, elle se garda d'attaquer seule et se replia. Le malheur voulut qu'en se repliant elle vît arriver sur elle les fuyards de Ruffin. Leur panique gagna la légion de Barbatus. Rien de plus contagieux que cette peur qui forge les déroutes. Plus de mille cavaliers, déconfits sans avoir combattu, se replièrent sur Bélisaire.

Dès lors, si les Vandales avaient eu un chef de guerre aussi doué que le mari d'Antonine, *ils pouvaient renverser le sort de la journée!* Il aurait fallu que Gélimer d'un côté poursuivît les fuyards byzantins. Que de l'autre côté, par le défilé, l'armée décimée par Jean, mais encore nombreuse, chargeât à son tour. Bélisaire du coup devenait fragile, sur une position mal assurée.

Gélimer resta indécis. Au lieu de poursuivre, il s'arrêta. Les hommes du défunt Ammatas, que commandait désormais Abéral, n'osèrent prendre le défilé. Ils se retirèrent à quelques kilomètres au-delà de Carthage.

Pendant ce temps, Bélisaire, Pappus, Barbatus, Martin et les autres chefs de légion reprenaient en main leurs troupes fuyardes. Arrêtés soudain par la cavalerie piétée et décidée, les cohortes égaillées s'arrêtèrent, se reprirent. Les officiers hurlaient des ordres. La voix tonnante de Bélisaire commandait la manœuvre. Barbatus et Martin repartirent charger Gélimer. Au passage, ils attaquèrent et débandèrent la troupe de Glucan puis s'arrêtèrent, attendant les ordres.

Cette fois, c'était au tour de Gélimer de voir se replier sur lui des cavaliers fuyards. Ses officiers s'apprêtaient à les arrêter et à les calmer, comme Bélisaire l'avait fait de ses débandés. Peut-être y seraient-ils parvenus...

Hélas! Gélimer s'entendait mieux au luth qu'aux choses de la guerre. Il jetait des ordres contradictoires et mit tous ses effectifs démoralisés dans une pagaille effroyable.

Bélisaire sut cela. Le défilé était libre. Il y fit passer l'infanterie, ordonnant à son chef, Ian d'Epidamne, d'établir un camp retranché non loin de Carthage, en un lieu sûr. Il fit ensuite replier Barbatus et Martin, pour laisser Gélimer parvenir jusqu'au cadavre de son frère et de ses prétoriens.

Des courriers venus de tous les horizons donnèrent de bonnes nouvelles au général de Justinien : Abéral et sa troupe quittaient les lieux, cherchant sans doute renfort sur la côte. Les Huns, n'ayant plus d'adversaires, demandaient la permission de rejoindre l'armée. Seule force encore au contact des troupes byzantines, la cavalerie de Gélimer attendait des ordres qui ne venaient pas. Le roi venait de découvrir le corps de son frère, ordonnait qu'on l'enterre avant de reprendre le combat, se laissait aller en public au plus exhibitionniste des désespoirs.

Si l'on ajoute aux tourments de ce monarque en larmes le récit de Glucan dépeignant les Huns, l'épopée des Cent qui devenaient vingt mille dans la bouche des transfuges d'Abéral, on conçoit que le moral des troupes de Gélimer cédât complètement.

Aussi, lorsque Bélisaire envoya pour finir toute sa cavalerie contre ces déprimés, il n'y eut pas de combat. A peine sonnées les trompes, parus les aigles et la croix, l'armée du roi vandale prit la fuite sans combattre, déroutée au galop dans toutes les directions. Le roi lui-même, accompagné de sa famille, d'Ortolan et de quelques fidèles, au nombre d'une trentaine, s'enfuit vers les collines.

Ainsi prit fint l'étrange bataille de Décimum. Six cents Huns d'une part, les Cent de Jean l'Arménien par ailleurs furent les seuls à tirer l'épée pour l'empereur et son chef de guerre. Près de mille morts chez les Vandales, vingt-deux chez les Byzantins.

Glucan, abandonné par la plupart de ses cavaliers, revint se jeter dans Carthage. Il savait bien, le brave capitaine, que lui et ses rescapés des Huns avaient failli faire basculer la victoire. Si Gélimer et ses troupes fraîches l'eussent aidé, il transformait en panique la fuite de quelques cohortes romaines!

A Carthage, tout stupéfait, il fut reçu portes ouvertes, au milieu des acclamations. Il ramenait soixante-sept hommes. Les rues étaient fleuries. Le chambellan du palais avait préparé un discours. Tout cela de bonne foi, naïvement.

— A l'Etnéon! dit Glucan à son lieutenant Eubide. Nous n'avons plus d'armée, mais au moins un otage : Hildéric!

Tandis que le chambellan restait court, que la populace changeait ses vivats en murmures inquiets, quelqu'un osa demander à Glucan où se trouvaient les forces ennemies.

— Vous verrez leurs feux sous nos murs, quand la nuit tombera. Ce feu, il prendra demain à vos maisons! répondit le capitaine.

Il eut tort d'être aussi franc. Le plus belliqueux des bourgeois, le plus arianisé des chrétiens sentit tout à coup que Justinien ne serait pas mauvais maître, ni le Christ mauvais Dieu, si l'on accueillait bien les vainqueurs.

Glucan, Fradéar et leurs hommes galopèrent jusqu'à l'Etnéon. Leur dessein? En tirer Hildéric, l'échanger contre une promesse de trêve. Il fallait gagner du temps. Faire revenir les armées de Libye, la flotte de Sardaigne, retrouver Gélimer. Il fallait...

La solide porte bardée de fer de l'Etnéon *était ouverte.* A l'intérieur, personne. Ni geôliers ni prisonniers, seulement six cadavres de gardes. Hildéric avait disparu lui aussi.

— Mais comment, comment ont-ils fait? s'écria Glucan dans un transport de désespoir.

***

Bélisaire rassembla son armée entière dans le camp établi par l'infanterie. Notons au passage un étrange détail de cette campagne insolite : Ian d'Epidamne et ses milliers de fantassins ne s'étaient pas encore battus et ne se battraient pas cette fois. Deux raisons principales expliquent ce fait rare : d'abord les Vandales n'avaient aucune infanterie, ensuite celle de Bélisaire lui paraissait à peine suffisante pour protéger sa femme et ses biens. En cas d'urgence, il va sans dire que les légions de pied eussent chargé, bouclier sur la tête comme au bon vieux temps. Mais il n'y eut ni urgence, ni nécessité, ni occasion de marcher, pour ces braves, si ce n'est au jour du pillage, où ils coururent.

L'armée cantonnée et pourvue par les soins de Solomon, Bélisaire réunit ses chefs en conseil. Il ne ménagea pas les éloges à Jean l'Arménien, ni à Aigan, représentant les Huns. Il gourmanda en revanche Ruffin, Barbatus et Pappus, qui avaient laissé un mouvement de peur se propager dans quelques cohortes, manquant renverser le combat.

— Nous passerons la nuit ici, poursuivit le général de Justinien, et n'entrerons à Carthage que demain dans la journée. Premièrement, parce que tout cela me semble trop facile. Nos espions fouillent déjà la ville, pour savoir s'il n'y a pas de troupes cachées, si quelque piège ne nous est pas tendu. *Secundo*, l'armée ne prendra ses quartiers que lorsque tout sera prêt pour la recevoir dans des casernes. J'interdis en effet que l'on pille Carthage!

Cette déclaration inattendue, si contraire aux lois de la guerre, souleva des exclamations, des clameurs même de dépit.

— Excellentissime, dit Aigan qui eut la parole le premier, je ne réponds pas de mes Huns, si on leur interdit de mettre à sac une ville prise. Ils ont massacré aujourd'hui, mais ce n'est que la moitié de leur plaisir.

— Aiment-ils l'or? On peut leur en faire donner. Cela achète bien des choses.

— Non, général. Les Huns n'achètent rien. Ils prennent.

— Alors, nous les parquerons dans un quartier désert, bien nourris, bien abreuvés, bien munis de femmes. Dis-leur que je suis le maître. Que le jour du pillage approche, le plus énorme pillage qu'ils aient connu. *Mais je reste le maître*, et je dirai le jour. Cela suffira-t-il à les calmer?

— Sans doute, dit Aigan d'un air qui parut étrange à Procope. Sans doute!

Les ordres particuliers donnés à chacun, les consuls de Carthage furent introduits. Bélisaire les reçut avec une bonté qu'ils n'espéraient pas. En apprenant que leur ville ne serait pas pillée, l'*éparque* carthaginois n'en crut pas ses oreilles.

— Dès ce soir, reprit le général, j'envoie mes bons et cinq cents hommes pour préparer les logements de l'armée. Demain, quand nous entrerons, quelques mouvements d'insubordination restent à craindre. Que seules restent dans les rues les filles vénales, ou celles qui ne détestent pas être prises d'assaut. Les autres, ainsi que les enfants, cachez-les dans les maisons et les églises, à la grâce de Dieu.

— De Dieu le Père, *le Fils*, le Saint-Esprit, tonna l'évêque Alexis. Répète cela, hérésiarque!

— De Dieu le Père... le Fils, le Saint-Esprit, soupira l'*éparque*, nommé Jonas.

Cela ne lui coûtait guère. Cet homme encore jeune, intelligent, laid, avait la disgrâce de ne pas attacher d'importance aux nécessités de la religion, en dehors des cérémonies officielles.

Tout étant dit, Bélisaire rompit le conseil. Solomon se mit à la tête de ceux qui accompagneraient à Carthage l'*éparque* et les consuls pour préparer l'arrivée de l'armée.

— Allons, Procope, viens! dit le général. Nous dînons chez ma femme. N'as-tu pas envie d'écouter les aventures d'Oulès? Qu'as-tu à faire la grimace?

— Aigan! Voilà ce que j'ai, mon maître. Il avait un air faux. Méfiez-vous des Huns!

— Rassure-toi, déclara Bélisaire en riant. Je ne te laisserai pas seul parmi eux, surtout quand ils auront faim.

***

Depuis que Glucan s'était replié dans Carthage avec ses soixante-sept cavaliers, que la déroute de l'armée et la fuite de Gélimer étaient connues, le peuple vandale, résigné, se préparait au pire. Le rusé Jonas, afin de limiter l'horreur en amadouant l'armée victorieuse, précéda plus qu'il ne les suivit les réquisitions de Solomon. Une file ininterrompue de chariots chargés de nourriture et de vin encombrait le chemin qui reliait la ville au camp des vainqueurs. Si l'armée byzantine ne put piller, du moins bâfra-t-elle à sa guise, et but-elle enfin à sa soif. Il vint aussi des charretées de filles sans morale.

On juge par là du dîner que put offrir Antonine à son époux et à ses invités. Flanquée de Clématis, de Zoé et d'Eusébine les biens retrouvées, elle houspilla si fort servantes et esclaves que ce repas de bivouac, sous les étoiles, devint un agréable entracte dans la guerre. La générale y avait prié les époux des captives délivrées, Oulès et Corcodis, ainsi que Paul d'Antioche, Jean et Koraclès. Bélisaire parut, et l'on commença à manger des mets exquis, en écoutant le *parèdre* raconter la bataille de Décimum. Avec fougue, il fit revivre la victoire écrasante des Huns, la folle équipée des Cent contre une armée.

— Sait-on, demanda Bélisaire en se léchant les doigts, qui a tué cet Ammatas, frère de Gélimer?

— Le Gaulois Stentor, répondit Jean. En combat singulier, glaive contre glaive!

— Mille foutres! s'écria le général. Tu aurais dû l'inviter à dîner, Antonine. Le vieux moustachu! Je me souviens de lui, à Byzance, quand il avait cogné une centaine de Verts avec dix palefreniers. Ça, c'est du soldat d'autrefois!

— C'est drôle que vous en parliez, excellentissime, fit Koraclès. A tout hasard, je l'ai mis de garde là-bas, au bout du pré.

— Va le chercher, excellent Koraclès, dit Bélisaire.

— M'appelez pas... J'y vais, général dit le Corbeau, épanoui.

Stentor parut donc, bien embarrasé devant ce beau monde. On le mit à l'aise. Il s'assit, et par contenance déchiqueta un gigot de mouton.

Comme l'ont fait de tout temps les vaniteux, déclarés ou non, Oulès n'avait encore rien dit. Il attendait d'être interrogé sur ses exploits. Car enfin, à peine Bélisaire avait-il regagné le camp qu'Oulès paraissait sur la route de Carthage, chevauchant auprès de Corcodis devant Trois-Yeux, Modestus, la Sauterelle. Précédé de Zoé et d'Eusébine, qu'il amena à la tente des dames sous les acclamations de l'infanterie. Héros rien moins que modeste, il attendit que Jean, Stentor, les Huns même eussent reçu leur part de compliments. Antonine, fine mouche, profita du premier silence voué aux volailles rôties. Elle réclama l'histoire d'Oulès. Il se récusa, affirmant que c'était peu de chose. Il fallut que la société tout entière se résolût à le prier pour lui faire dire comme à regret :

— Si ces actes insignifiants peuvent vous intéresser...

Après quoi il se lança dans un récit qui dura bien une demi-heure et fit de lui ce qu'il désirait toujours rester modestement : l'objet d'une admiration unanime.

Nous omettons la première partie de son histoire, que nous savons déjà : la constitution de son équipe, la façon dont elle se fit arrêter et jeter dans la prison d'Etnéon, la réunion des prisonniers dans une vaste salle voûtée, le remplacement par le nommé Satis d'un geôlier acheté.

De fait, toute la fin de l'aventure tenait dans les répliques qu'échangèrent Satis et Oulès, quand la Sauterelle conduisit le premier au second. Elles stupéfièrent les compagnons du maître espion de Byzance. Ces derniers, la Sauterelle plus que les autres, s'attendaient à entendre parler de magie, de diamants fabriqués avec du soleil, de sottises enfin à la mesure d'un gardien de prison demeuré.

— Dieu vous forte, sous-secrétaire Oulès! dit Satis en un grec irréprochable.

— Et la mère de Dieu... Secrétaire Druzon! repartit Oulès, impassible.

Les yeux de Trois-Yeux en revinrent presque à la place qu'ils auraient dû occuper : Satis, qui d'ailleurs n'était pas Satis, connaissait par son grade l'inconnaissable Oulès, et en était connu!

— Élémentaire, excellentissime! contait le maître espion le soir même, pendant le repas d'Antonine. Je savais que personne n'aurait pu renvoyer le Manchot, ce gardien-chef que j'avais acheté. Il touchait par sa famille au chambellan de Gélimer. On ne pouvait le remplacer que par plus grand que lui. Pourquoi? Parce que le roi déchu était à l'Etnéon, et que Bélisaire, le bras de Justinien, approchait. Par qui le remplacer? Je songeai tout de suite à celui qui occupe près du roi des Vandales la même position que moi au palais impérial. Le chef des Services de l'espionnage. L'homme est adroit. J'ai souvent reconnu sa main dans des embûches. Il a failli empêcher le proconsul Godas de se révolter en Sardaigne. Il a introduit deux traîtres dans votre état-major, excellentissime. Inoffensifs, puisque je les connais. Je l'ai aperçu une fois, visage découvert, à Alexandrie. Je m'étais laissé reconnaître sur le port par ce marchand syrien. Bref, il m'appela Oulès, je lui donnai du Druzon. Dès lors, l'affaire était faite!

— Si vite? s'étonna Bélisaire.

— Certes. Sans être de ma force, Druzon est d'une intelligence exceptionnelle. On lui avait donné pour mission d'égorger aujourd'hui les prisonniers de l'Etnéon, et d'abord le roi Hildéric. Action folle, alors que vous, le grand Bélisaire, protecteur d'Hildéric, paraissiez près de Carthage. Il prévoyait la défaite des siens, et fut bien aise de me voir arriver, contrefaisant le prisonnier. Il nous libéra tous, non sans que, pour la vraisemblance, nous ayons égorgé ses six gardes. Hum... Je veux dire qu'Alopex, Corcodis, Modestus et Trois-Yeux en ont étranglé un chacun.

— Druzon et toi les deux autres, alors? demanda Paul.

Oulès cligna ses petits yeux dépourvus de cils et de sourcils.

— Les deux autres, dit-il, osaient porter la main sur les dames. Si bien que la douce Eusébine dut tordre le cou au premier.

— Tendre brebis! soupira Corcodis tandis que son épouse rougissait.

— L'autre me toucha la poitrine, rugit Zoé. Que peut une honnête femme? Je lui pris son poignard et le lui rendis dans le cœur. Ensuite, cet honnête Druzon nous fit sortir de l'Etnéon. Trois-Yeux nous trouva des chevaux convenables.

Tout le monde applaudit, rit et fit rumeur, sauf Bélisaire.

— Mais Hildéric? s'écria-t-il. Ce roi Hildéric, que je dois établir vassal de Justinien, patrice de l'empire? Où l'as-tu mis?

— Hélas! répondit Oulès. Il était sur sa fin, presque aveugle, usé par le régime des prisons. A peine avait-il fait trois pas vers la liberté qu'il tomba mort. Nous l'avons laissé aux mains pieuses de sa famille, qui a emporté le corps.

— L'imbécile! s'écria le général. Être assez bête pour mourir! Qui mettrai-je à sa place, moi? Que dira l'empereur? Il croira que j'ai tué cet âne!

L'éloge funèbre d'un roi malheureux ainsi prononcé, Bélisaire continua, toujours de mauvaise humeur :

— Et Alopex, dans tout ça? Qu'est-il devenu, Alopex? J'aurai besoin de ses bateaux bleus, quand nous tiendrons la ville.

— Il est justement parti vers la mer, répondit Oulès, afin d'avoir des nouvelles de sa flottille.

A ce moment, l'officier de garde militaire, qui n'était autre que l'ancien subordonné du malheureux Iskas, l'hilare Gildas, parut. Il prit la position réglementaire, glaive abaissé.

— Qu'est-ce que c'est? grogna Bélisaire, enragé par la sotte mort d'Hildéric. Qu'est-ce que tu veux, toi? Pourquoi tu ris, d'abord?

— Excellentissime, répondit Gildas sans s'émouvoir, je ris pas. C'est ma figure qui est comme ça. Le nommé Alopex désire être reçu. Il dit que c'est urgent.

— Qu'il vienne, qu'il vienne! s'écria le général. Vite! Ce brave ami!

Puis quand survint Alopex, élégant comme à l'ordinaire :

— Alors, Renard? poursuivit-il. Belle évasion, hein? Viens casser la croûte avec nous. Bonnes nouvelles?

— Non, général, répondit sombrement Alopex. Nouvelles désastreuses. Le stratège Calonyme a forcé l'entrée du port de Carthage et jeté au pillage les équipages de la flotte!

*VIII*

## OÙ CLÉMATIS DÉDOUBLE SES TALENTS

Archélaos regardait avec aversion le visage épanoui de Calonyme. En temps ordinaire, le questeur ne pouvait supporter qu'avec peine la suffisance du stratège-amiral, les vantardises qui dissimulaient sa nullité, sa sordide avarice. Après ce qui venait de se passer la veille, l'inimitié d'Archélaos tournait à la haine, et sa froideur en mépris.

« Il ressemble à Jean de Cappadoce, son Bœuf Couronné de cousin! » songeait le questeur.

Quand on se souvient qu'Archélaos avait occupé naguère les fonctions élevées de ce Bœuf-là, on comprend que l'amertume se mêlait à cette hostilité. Archélaos, ancien préfet du prétoire, se trouva destitué et pour finir subordonné à ce Calonyme abominable.

« Jésus et la Théotokos savent ce que j'endure depuis Byzance, pensait encore le questeur. Pour le bien des équipages, j'ai accepté les ordres imbéciles de ce porc. Sans mes conseils répétés, il aurait perdu dix fois la flotte. Dans chaque péril, il me confiait le commandement et se glorifiait ensuite de mes bonnes décisions. Cela n'est rien, puisque Bélisaire le sait, que j'ai sa confiance. Comment expliquerai-je au général que ma bonne foi a été surprise, que je suis victime et non complice d'un acte monstrueux de désobéissance?

Le monstre désobéissant, je veux dire Calonyme, examinait deux coffres dont le contenu se trouvait répandu sur le pont arrière du vaisseau amiral. Des sacs d'or, des bijoux, de l'orfèvrerie, cent objets précieux : sa part de pillage.

La veille, Calonyme avait récusé l'ordre formel de Bélisaire : rester mouillé au large de Carthage. Le port en effet passait pour peu sûr par grand vent. De plus, il convenait que le général prît la ville avant que l'amiral ne débarquât lui-même.

— Archélaos, ordonna Calonyme, plus qu'à moitié ivre selon son habitude, nous allons mener au port mon navire et quelques bateaux de service. Les gens que j'avais envoyés aux nouvelles sont formels : Bélisaire a la victoire en main. Les Carthaginois sont prêts à nous accueillir sans résistance.

— Les ordres, amiral, sont de ne pas s'approcher du rivage, sauf par embarcations de reconnaissance.

La grosse figure rouge de Calonyme fonça d'un ton. Le stratège n'était pas seulement sodomite comme l'avait remarqué Clématis : glouton, ivrogne, obèse, suant, il montrait par son corps et sur son visage l'exemplarité de ses vices.

— J'ordonne d'aller, déclara-t-il. *Mon* navire, que *je* conduirai, Archélaos ! A ce détroit, sous Mandrace, il y a des chaînes qui barrent l'accès du port. Tu t'y présenteras d'abord sur une petite embarcation, revêtu de tes insignes. Tu annonceras ma venue, priant qu'il me soit fait honneur.

Le tort d'Archélaos fut de croire que son supérieur désirait seulement parader à terre, faire embrasser ses gros genoux par les vaincus, encourager quelques adolescents à l'éventer durant sa sieste. De plus, la flotte mouillée au large depuis quelques jours avait besoin de vivres frais. Le questeur fut trompé et s'en faisait plus tard reproche.

Les chaînes de Mandrace tombèrent. Une douzaine de dromons pénétrèrent dans le port naturel derrière le questeur. Ensuite, majestueux comme croyait l'être le stratège, le navire amiral tout seul.

Les espions étaient formels. Archélaos ne s'aventurait pas à la légère. Les quais, d'ailleurs, se trouvaient tapissés de fleurs et de guirlandes. Des barques accouraient au-devant des Byzantins. Ce n'était pas apparaître en envahisseur, mais en libérateur. Toute cette joyeuse populace savait assez de latin pour crier *Vive Bélisaire !* Tout à fait rassuré, Archélaos prit terre. Tandis que le gros navire, tenu loin du bord par les hauts-fonds, mouillait son ancre, les douze dromons armés par le stratège venaient au plus près du rivage. Une quarantaine de canots s'en détachèrent, qui portaient des hommes en armes. Soudain glacé malgré la chaleur de l'après-midi, Archélaos reconnut les proyers de la flotte, sauvages matelots de proue, terreur des honnêtes capitaines, dont Calonyme faisait ses préférés. Sans les ordres du général en chef, cette pillarde racaille, spécialisée dans les débarquements hasardeux, eût déjà en Sicile constitué ce que nous appellerions de « l'infanterie de marine ». Mis en garde par Archélaos, Bélisaire leur intima de rester à bord, et en tout cas de ne jamais s'éloigner des rivages. Bande à part sur chaque navire, ces proyers ne frayaient pas avec les équipages, qui les méprisaient et les redoutaient. Archélaos remarqua souvent la bénignité de Calonyme à leur égard et l'attachement que ces brigands, au reste matelots d'élite, avaient pour l'amiral.

Les proyers de toute la flotte, massés sur les douze dromons sans que le questeur en eût été avisé, prenaient terre, armés jusqu'aux dents. A peine eurent-ils débarqué qu'ils se ruèrent sur les maisons du port et commencèrent le pillage. Six d'entre eux, armés de piques, obligèrent Archélaos à retourner sur son bateau.

La rage au cœur, l'honnête questeur entendit les clameurs, vit les scènes atroces qui accompagnent toujours un pillage sans retenue. On avait dû leur interdire de mettre le feu partout, car un seul incendie éclata, qui fut ensuite maîtrisé. De toute évidence, la cible des pillards n'était pas le port même et ses marchandises, mais les palais princiers qui le bordaient. Des hurlements étouffés par la distance s'en élevèrent bientôt. Au passage, les misérables assassinaient tous ceux qu'ils trouvaient sur leur route, ou s'attardaient par petits groupes autour de quelques malheureuses. En vain Archélaos essaya-t-il de briser le cercle des piques.

— On fait qu'obéir! répondit le chef de ceux qui le gardaient.

Leur abominable besogne accomplie, les proyers revinrent, chargés de ballots et de caisses, couverts de sang, puant le vin, emmenant avec eux des femmes et des enfants captifs. Pour éviter les reproches qu'il méritait, Calonyme fit enfermer Archélaos. Il ne le libéra que le lendemain matin. Le questeur, portant au front le rouge de la honte, regardait les deux coffres apportés au stratège par ses coupe-jarrets : la part du lion.

— Vous avez été bien léger, Archélaos, dit Calonyme. Je vous envoie à terre pour faire des vivres et de l'eau. Or, que me dit-on? Vos matelots se déchaînent, volent, violent, tuent? Bélisaire saura cela, et que je n'y suis pour rien.

Archélaos ne daigna pas répondre. Le navire amiral, entouré des dromons d'assaut, était revenu se nicher dans la flotte. Assurément, le stratège essaierait de conter des fables à Bélisaire. Mais croirait-il ce porc qui n'avait même pas la décence de cacher ses trésors pillés? Il s'y résolut pourtant, jeta pêle-mêle les bijoux sur les sacs d'or, ferma les coffres.

— Ma parole contre la tienne. Mon grade contre le tien! s'écria Calonyme. Par le rang, je vaux Bélisaire. Seul l'empereur tranchera entre nous!

Tandis qu'Archélaos cherchait une réponse cinglante, une voix qui semblait venir du ciel articula ces mots :

— L'empereur Justinien, Calonyme, n'est pas sur la liste des voleurs de Byzance!

Un homme tombait non du ciel, mais de la fenêtre du luxueux logement de l'amiral. Un homme maigre, élégant, souriant :

— Alopex! s'écria Archélaos. Par quel miracle...

— Dieu fait les miracles, répondit le transitaire. Il n'y a rien que de très humain dans cette affaire. Calonyme, au nom de notre chef suprême Bélisaire, je vous ordonne de me suivre.

— Vous suivre? s'écria avec hauteur l'amiral. Un misérable pouilleux qui conduit cinq barques de bas bord? Holà, ma garde, mes servants!

Deux silhouettes tout à fait jumelles parurent à la porte. Deux hommes très grands, très blonds, aux yeux d'un bleu très pâle.

— Kelso, Kolse! s'écria Archélaos revigoré. Je croyais que vos navires étaient en patrouille lointaine!

— Ils sont tout près, déclara Kelso.

— Et nos hommes à bord, avec ceux d'Alopex, continua Kolse.

— Votre équipage, reprit Kelso, s'est mis avec nous, quand nous lui avons déclaré nos ordres supérieurs.

— Sinon, expliqua Kolse, nous aurions dû les massacrer, comprenez-vous?

Le gros visage de Calonyme virait au blanc malsain.

— Si quelqu'un ose porter la main sur moi, déclara-t-il, il en répondra sur sa vie.

— Que t'en semble, frère? demanda Kelso.

— C'est un risque à prendre, répondit Kolse. Alopex?

— Prenons-le! répondit l'ancien chef de voleurs.

Profitant de la nuit fermée, les deux *pards* des frères norrois et les cinq *fils du Renard* d'Alopex venaient d'investir le vaisseau amiral. Les premiers comptaient parmi les meilleurs corsaires qu'on ait jamais vus sur les trois mers. Les seconds passaient pour des aigles de la contrebande. Jamais un navire ne fut plus vite ni mieux abordé, envahi, maîtrisé que celui de l'amiral. Seuls les proyers tentèrent de résister. Les Goths de Kelso en tuèrent cinq au couteau de jet, ce qui calma les autres. Quant à l'équipage proprement dit, il reçut en amis ceux qui venaient. Les honnêtes matelots de rang, et jusqu'aux rameurs, s'indignaient contre le pillage de l'après-midi, vite connu de tous. Ils le blâmaient sévèrement : d'abord parce qu'il allait contre la volonté de Bélisaire, ensuite parce qu'aucun d'eux n'en avait profité.

— Marche, Calonyme, dit Alopex. Ou sinon, par sainte Monochrême et saint Pétulidas, je t'égorge sur place!

— Il vaudrait mieux l'éventrer, plaida Kelso.

— Oui, commenta Kolse. Que peut contenir toute cette panse? Ouvrons-la!

Calonyme jugea qu'il fallait se rendre à tant d'empressement. Il regarda la porte. Le second du bord et le capitaine d'armes s'y tenaient, visiblement acquis aux Norrois et à leurs alliés. Alopex se tourna vers les officiers :

— Voici l'ordre de Bélisaire, que je vous lis, et vous laisserai pour décharge. Il est bref : *Les capitaines Kelso et Kolse sont priés de saluer le stratège Calonyme, protecteur de l'empire. Ils lui demanderont respectueusement de rejoindre le général en chef au palais royal de Carthage. Signé : Bélisaire.* Officiers, vous êtes témoins que nous exécutons ces ordres.

— Certes! s'écrièrent le second et le capitaine d'armes en riant.

— A la lettre! sourit Archélaos, soulagé d'un grand poids.

— Donc, nous te prions de nous suivre! dit Kelso en poussant du poing l'amiral.

— Respectueusement! appuya Kolse en le poussant du pied.

***

Le cuisinier se débattait entre les mains de l'Enclume. Ce dernier, qui n'avait pas pour mission de le molester, se fit aider par deux autres Bons de ses amis. Les trois prétoriens soulevèrent le maître-coq de Gélimer et l'emportèrent hors de ses cuisines souterraines. La brigade des gâte-sauces gronda bien un peu, mais n'osa pas affronter ces colosses silencieux. A travers couloirs et escaliers, l'Enclume et ses camarades gagnèrent la grande salle d'audience des rois vandales. Bélisaire, vêtu de drap d'or, siégeait sur le trône de l'ancien conquérant Géiséric. Antonine, pompeusement parée, se tenait sur une chaire plus modeste. Tous les chefs de l'armée entouraient leur général. Les dames d'honneur Eusébine et Zoé dominaient de la tête le siège de la générale. Clématis était lovée à ses genoux.

Tant de force et de grâce auraient touché le cœur de plus d'un guerrier. Mais le cuisinier de Gélimer n'eut pas un tressaillement.

— A genoux, lui cria Paul d'Antioche, à genoux, hérétique, devant le représentant de l'auguste empereur Justinien!

Le cuisinier resta debout et secoua la tête. C'était un petit homme coquet, rondelet, coiffé d'un bonnet plissé, vêtu d'une tunique à fronces de couleur prune.

— Parles-tu latin? reprit Paul, qui décidément faisait office de chambellan.

— Je parle le latin, le grec, le goth de l'est et de l'ouest, sans compter quelques autres dialectes. Chaque roi en effet arrache à son voisin Fastafasta, le meilleur cuisinier que Dieu mit sur la terre, répondit le rondelet. Je suis Fastafasta, ajouta-t-il pour dissiper les derniers doutes.

— A genoux donc, intima Paul, et salue ton nouveau maître.

— Je ne m'agenouille, répondit le fier Fastafasta, que lorsqu'on me commande un repas, non autrement. Je m'agenouillerais pour mourir si l'on me reprochait une sauce, si l'on me contestait un entremets.

— Celui-ci est Bélisaire, général en chef des armées byzantines! reprit Paul, étonné et amusé par le personnage.

— Je te salue, fit le cuisinier. Je l'avise que, selon les ordres reçus, le dîner de gala sera servi à la première veille, dans le delphique. Si le général en chef et ses hôtes sont en retard, je lui retire mes services.

— Mais ce repas, s'écria Antonine émerveillée, qui te l'a commandé?

— Mon maître, sans doute défunt ou en exil, puisque vous êtes là. La reine mère des Goths d'Italie, Alamafride, m'avait cédé à Gélimer. J'acceptai, car il est gourmet. Je quittai naguère le roi Théodoric, qui n'aimait que grillades, légumes bouillis et autres viandes de soldat. Ammatas ordonna avant-hier ce grand dîner qui va être prêt dans deux heures. Il devait le partager avec son frère le roi, pour fêter une victoire militaire.

— Ammatas est mort, dit Paul d'Antioche. Gélimer en fuite. La victoire est à nous.

— Alors, répondit Fastafasta sans se troubler, vous dînerez à leur place. Tout a été mis en œuvre pour que ce festin soit digne d'un roi et de moi.

Bélisaire n'y put tenir. Représentant Justinien, assis sur un trône conquis, il devait se taire et trôner, mais ce soldat de fortune ne pouvait se plier aux usages de Cour.

— Attends un peu, Fastafasta, dit-il. Tu veux dire que depuis deux jours tu mitonnes ton gueuleton, sans même savoir qu'on a pris la ville?

Le cuisinier laissa paraître un air de supériorité :

— Agenouillé, dit-il, j'ai pris les ordres. Sept services, trois entremets, cinq desserts. Pour poisson, de la daurade, quand la saison en est passée. Pour rôti, une gazelle, alors que cette viande demande tant de soins. Allais-je me préoccuper, moi et mes douze seconds, de ces bagatelles de guerre? Il y avait à pourvoir, à préparer, à mariner, à cuire, à élever des sauces, à mijoter. Il va y avoir à saisir. Les ordres donnés, le repas vient à l'heure. Que m'importe celui qui le mange? Apprécie mon génie, général de Justinien, je resterai à ton service. La cuisine n'a pas de patrie. Ma broche et mes couteaux sont à qui me mérite.

Bélisaire hocha la tête. Les assistants, amusés ou médusés, s'entre-regardaient.

— Va, Fastafasta, dit enfin Paul d'Antioche sur un signe explicite de son maître. Le général est content de toi. Nous espérons tous êtres dignes du cuisinier des rois. L'Enclume, reconduisez à ses fourneaux cet homme de talent, avec les honneurs qu'on lui doit.

Fastafasta, trouvant ce congé à son goût, sortit majestueusement, escorté cette fois, non emporté de force. Quand le bruit de ses pas se fut éloigné, Bélisaire, Antonine et toute leur suite éclatèrent de rire.

— Ma foi, dit le général, voilà un mercenaire peu commun. Nous tâcherons de le mériter. Mais qu'est-ce que « le delphique » dont il parlait? Jonas?

L'*éparque* aux yeux fuyants expliqua qu'il s'agissait de la salle à manger royale, où se trouvait un trépied.

— Le trépied de la pythonisse de Delphes, intervint aussitôt Procope, toujours désireux de montrer son savoir. Cette devineresse païenne...

— Bon, coupa Bélisaire. Tu nous raconteras ça plus tard. Faites avancer les officiers vandales prisonniers. Donne-leur mes ordres, Paul!

Une dizaine de capitaines appartenant à l'armée défaite ou à la maigre garnison de Carthage furent amenés devant le trône. Jonas et les consuls carthaginois les rejoignirent.

— Vous êtes vaincus, leur déclara Paul d'Antioche. Des vainqueurs moins cléments que nous vous passeraient au fil de l'épée. Mais le Christ, notre Dieu, commande la clémence. Voulez-vous servir librement dans notre armée en qualité de fédérés?

— Le Christ, *créature de Dieu*, répondit fièrement Glucan, ordonne la fidélité aux serments. Tuez-nous, c'est votre droit. Nous ne porterons pas vos armes.

Tous les prisonniers, sauf Jonas et un consul nommé Laurus, montrèrent qu'ils suivraient Glucan. Le visage de Bélisaire s'assombrit. Il aimait combattre, non massacrer.

— Excellentissime, s'écria Oulès en s'agenouillant, oserai-je formuler une proposition?

— Parle, Oulès! dit Paul sur un signe de son maître.

— Vandales, dit le maître espion, admettez-vous votre défaite?

— Toute provisoire! s'écria Glucan.

— Alors, acceptez-vous, en signe non de connivence mais d'humiliation chrétienne, de vous tenir debout dans la salle delphique, tandis que Bélisaire mange le repas de votre roi?

Le groupe des Vandales discuta à voix basse. Jonas et Laurus semblaient exhorter vivement les indécis.

— Soit, dit Glucan. Nous devons expier notre légèreté. Par

ailleurs, votre armée est entrée en ville dans l'honneur et le respect des gens. Que cette humiliation nous soit infligée. Nous l'acceptons.

Ce modeste compromis exaspéra les uns, tel le féroce Barbatus. Il fit paraître un sourire de dédain sur le visage d'Aigan. Les autres, surtout les femmes, trouvèrent noble cette vengeance clémente. Bélisaire fit rompre l'assemblée. Il se retira avec Antonine dans les appartements royaux, se mit au bain avec elle, et de fil en aiguille lui fit l'amour, ce qui les mit de belle humeur. Antonine se retira dans les chambres de la reine : Gélimer, poète et libertin, avait aussi une épouse un peu grosse, un peu laide, et quantité d'enfants petits, que des mains pieuses avaient fait disparaître. Avec dépit, Antonine s'aperçut que la reine s'habillait mal, et comment figurer dignement au repas de Fastafasta dans de pitoyables atours? Par chance, Eusébine et Zoé, désormais amies de cœur aussi bien que jumelles par les formes, découvrirent les appartements de Didon, Briséis, Lesbie et autres créatures de divertissement chères à Gélimer : là abondaient bijoux de prix, toilettes éblouissantes, soie et drap d'or. Il y avait de quoi parer Antonine, satisfaire Clématis — qui aimait les voiles transparents — et orner deux dames d'honneur faites chacune comme quatre.

De son côté, Bélisaire laissait ses habits de cérémonie pour de riches mais commodes vêtements. Au début de la première veille, des marteaux résonnèrent sur des lames de bronze, emplissant le palais d'un bruit profond et harmonieux : l'illustrissime Fastafasta faisait savoir à l'excellentissime Bélisaire qu'il pouvait passer dans le delphique et manger le festin commandé par Ammatas pour Gélimer.

***

— Prenez une mine triste! avait demandé Alopex à Kelso et Kolse.

Les frères norrois s'y efforçaient donc, sans succès. le mensonge et l'hypocrisie, attitudes civiles que les byzantins suçaient avec le lait maternel, leur répugnaient par éducation païenne. Ils ne parvenaient qu'à se composer des visages outrés. Le Renard leur conseilla donc de reprendre leurs figures naturelles. Après tout, un air de franchise irait avec le discours que ceux-là devaient tenir à Bélisaire.

Les trois vieux amis, annoncés par l'Enclume qui se trouvait de garde, furent promptement reçus. Bélisaire avait son air des bons jours. La vie de palais, les honneurs du proconsulat temporaire mettaient Antonine d'humeur plaisante de jour comme de nuit. Cela épanouit les maris, même grands.

— Alors, railla le général, que me veulent ce matin les chefs corsaires et le maître pirate? Un droit de prise? Nous ne dépouillerons les trésors que plus tard, prenant notre temps.

Alopex, lui, savait donner à son maigre visage l'expression qu'il désirait montrer. Bélisaire y lut la confusion :

— Qu'est-ce qui t'inquiète, Renard? fit-il toujours plaisantant. Est-ce que les Vandalesses...

Puis, voyant le regard sérieux des Norrois :

— Sainte Bibule! s'écria-t-il. Votre prisonnier s'est échappé! Calonyme s'est enfui!

Les trois hommes firent de la tête d'énergiques signes négatifs :

— C'est pire, général! soupira Alopex.

— Y a rien de pire! S'il s'échappe, il fuit vers Byzance, il chauffe son cousin le Bœuf, et tous deux montent l'empereur contre moi!

— Impossible, général! déclara Kolse.

— Il ne fuira pas! confirma Kelso.

— Il est mort! jeta Alopex tout à trac.

Bélisaire se mit à secouer la tête de haut en bas. La nouvelle avait ses bons côtés : plus de stratège imbécile et prétentieux à endurer. La flotte commise au bon Archélaos. Le retour au calme des Carthaginois pillés par les proyers. Cette médaille pourtant avait un revers : sans estimer Calonyme au-dessus de ses mérites, l'empereur demanderait compte de sa mort, que seul *Lui* pouvait ordonner.

— C'est pas malin, dit Bélisaire. J'aurai de gros ennuis, moi! Un pourri, un salaud, bon. Mais devant Justinien, comment charger un mort? On m'accusera de ses crimes et de l'avoir pris comme bouc émissaire. Non, c'est pas malin! Ça m'étonne de toi, Renard. Il est mort comment? Abattu pendant une tentative de fuite?

Cette fois, le visage d'Alopex montrait l'honnêteté outragée :

— On ne fuit pas, quand ce sont les Goths de Kelso qui

vous gardent. On ne tue pas un prisonnier que Bélisaire vous a confié. Vous devriez mieux me connaître, excellentissime.

Ce terme de révérence montra au général que le Renard était blessé, ou du moins faisait semblant de l'être. Il flaira une byzantinade.

— Parle! ordonna-t-il. Dis-moi tout.

— Calonyme, expliqua Alopex, était un gros homme violent. Il mangeait et buvait à l'excès. Cela, tous les médecins vous le diront, prédispose à ces attaques de sang dont on meurt. Votre médicastre syrien, excellentissime, a vu le corps. Procope a dressé un constat, pour mettre la vérité par écrit.

La bonne humeur de Bélisaire s'épanouit à nouveau. Il rit de plaisir. Calonyme mort de mort naturelle! Quelle admirable solution! Un peu trop bonne, lui souffla la petite voix de sa conscience.

— Kelso, dit-il, est-ce vrai, ce que dit Alopex?

— Calonyme est mort sans qu'aucun des miens ni moi-même l'ayons touché, général.

— Kolse?

— Je l'ai vu gisant, le médecin et Procope auprès de lui, général.

— Jureriez-vous tous deux qu'Alopex dit la vérité?

— Par saint Pétulidas, fit Kelso gravement.

— Par sainte Monochrême, ajouta Kolse sérieusement.

Bélisaire, comme Alopex, savait le peu de révérence que les frères norrois portaient aux saints respectés. Il doutait même de la parfaite orthodoxie des deux corsaires. Ceux-ci menaient leurs équipages en invoquant un certain Thor, un nommé Odin, qui ne figuraient pas au calendrier. Mais enfin, il fallait les croire. Bélisaire fit chercher Procope et le médecin. Tous deux, avec la plus entière bonne foi, confirmèrent la version d'Alopex. Calonyme avait eu une attaque, s'étouffant avec sa langue. Le médecin en était sûr par ignorance, et Procope par crédulité.

Tout à fait joyeux, maintenant, Bélisaire donna congé à ces honnêtes gens et ne retint qu'Alopex.

— De toi à moi, Renard, fit-il. La vérité! Juste pour mon plaisir. Qui l'a tué?

— Un de mes spécialistes, dont je tairai le nom par discrétion professionnelle. Il possède un tour pour les morts naturelles. Deux de ses aides tiennent le patient. Lui-même, d'une façon qu'il connaît seul, lui fait avaler sa langue. Il avait beaucoup de clients à la Cour : des femmes dotées d'un vieux mari, des politiques encombrés d'un rival... Vous n'avez rien entendu, n'est-ce pas?

— Entendu quoi, ami? Je n'ai rien demandé!

Puis, reprenant son sérieux après avoir bien goûté cette plaisanterie.

— Alopex, dit-il, j'allais te convoquer pour te donner des ordres. Rappelle les Norrois. Cela concerne aussi les corsaires.

Kelso et Kolse, que le Renard avait priés par gestes de l'attendre dans l'antichambre, parurent. Bélisaire cessa dès lors de se divertir et redevint grand chef de guerre. Les *pards* des Norrois et tous les vaisseaux corsaires s'échelonneraient entre Carthage et la Sardaigne, se repliant dès le premier contact avec la flotte carthaginoise.

— Les espions d'Oulès, dit le général, ont su que le jour même de Décimum un chef vandale, nommé Abéral, s'est embarqué. Il ira sans aucun doute rejoindre Tzazon, autre frère de Gélimer, qui combat en Sardaigne le proconsul Godas. Tzazon a cent vaisseaux, cinq mille hommes. La flotte d'Archélaos — puisque ce cher Calonyme n'est plus — doit essayer de leur barrer la route. Allez, maintenant!

Nous retrouverons ces braves gens. Pour l'instant notons ce que le chroniqueur Procope retient du méchant Calonyme. Il conte le pillage indigne exécuté par les proyers et conclut : *Le stratège fut châtié, peu de temps après, par la justice divine. Il eut une apoplexie, perdit l'esprit. Il se coupa la langue avec ses dents, et mourut désespéré* [1].

Ces détails montrent bien le souci d'exactitude commun aux historiens. Plutôt que de se fier à sa propre intuition, Procope note ici l'admirable diagnostic du médecin, ce qui — sainte Bibule en soit bénie — demeure encore la règle.

***

L'armée byzantine prenait du bon temps à Carthage, dans ce mois de septembre qui épanouissait les fruits. Même sans piller, il est doux pour un soldat de se conduire comme en pays conquis. Agréable d'investir les belles Vandalesses, dont les genoux se dérobaient devant les vainqueurs. Plaisant de voir

1. *La Guerre contre les Vandales,* livre I, *op. cit.*

une fourmilière de Carthaginois reconstruire en hâte les murailles démolies. Koraclès et ses amis, qui se rendaient un jour à l'*Auberge de l'Éléphant*, admirèrent cette prodogieuse activité des maçons.

— Ils en mettent un coup! dit le Corbeau.

Les amis l'approuvèrent. Il y avait là Trois-yeux, Bel-Œuf et Moraïde. Ils se rendaient au déjeuner offert par des guerriers heureux, promus après la chevauchée des cent. Stentor d'abord, je veux dire le décurion Argérix, élevé au grade de centurion. L'Enclume, nommé décurion. L'Hérule Xamas enfin, honoré du même grade. Après son exploit, Jean l'Arménien reçut les insignes de chef de légion. Il fut convenu qu'à la bataille il reconstituerait et renforcerait son groupe par des volontaires. Hors du combat, chacun retournait à son corps. Mais l'équipée des Cent forgea des amitiés nouvelles. Ainsi l'Enclume fraternisait-il avec les maîtres de chevaux, contrairement à la plupart des Bons, troupe repliée sur elle-même. Ainsi Xamas, qui parlait grec, apprit-il à Koraclès qu'il peut y avoir du bon chez les Hérules, même en dehors du combat.

L'*Auberge de l'Éléphant* se trouvait dans la banlieue est de la ville, non loin du camp où les Huns restaient assignés. Pourvus de tout, ils demeuraient toujours isolés dans une indifférence hautaine, attendant la prochaine bataille, et surtout le jour du pillage.

Stentor, l'Enclume et Xamas traitèrent fastueusement leurs amis. Stentor, qui en homme rangé ne buvait guère, abusa quelque peu du vin. Chacun comprenait sa joie. Quitter le service après quinze ans, gagner en tout ce temps une décurie, et se trouver centurion après un seul jour de combat! Certes, il n'était là que pour la campagne et retournerait aux haras ensuite. Mais avec quel honneur, pourvu de cet avancement!

Le Corbeau, lui, parlait chevaux avec Bel-Œuf et Moraïde. Ces deux hommes si différents, l'homme de Thrace et le Noir égyptien, partageaient la passion de Koraclès pour les bêtes de course. Il fut longuement question de l'hippodrome de Byzance, des exploits fabuleux des auriges, dont Paul d'Antioche avait été l'aigle. Bientôt, le vin aidant, chacun trouva incommode d'attendre pour parler que les autres eussent fini. Aussi parlaient-ils tous ensemble, ce qui n'allait pas sans vacarme.

— Ô Xamas! hurla Stentor de sa voix de tonnerre. Tu rêves? Tu écoutes les anges?

Le Hérule secoua sa longue figure, montra du doigt le plafond et mit un doigt sur ses lèvres. Il mima une scène que tous comprirent : quelqu'un les écoutait à l'étage supérieur.

Encourageant par l'exemple la compagnie à continuer son bruit, le Corbeau fit signe à Xamas de le suivre. L'hôte, un Carthaginois chafouin, eut soudain le poignard de Moraïde sur la gorge. Tandis que persistaient les cris et les rires pour donner le change, le Corbeau se glissa dans l'escalier. Xamas sortit dans la rue, pour garder les fenêtres. Il eut raison. Un homme sauta du premier étage dès que Koraclès s'y montra. Empoigné par le Hérule, il fut amené dans la salle.

— Qui es-tu? lui demanda brutalement le Corbeau. Que faisais-tu là-haut?

— Il espionnait, par saint Ripert! maugréa Stentor. Il essayait de surprendre nos propos.

L'assemblée essaya de se souvenir : on avait parlé de chevaux, de filles, un peu de religion, d'autres chevaux, d'autres filles, plus du tout de religion, et enfin de l'Hippodrome. Maigre butin pour un espion.

— Lui pas écouter, dit l'hôte. Lui habiter là. Lui cousin de moi.

L'explication fut acceptée avec méfiance et le « cousin » prié d'aller aux remparts. Le train du repas reprit son cours assourdissant. Un peu plus tard, les convives se séparèrent, tout à fait pris de vin et très contents les uns des autres.

Koraclès pourtant n'avait pas oublié le « cousin ». Il se fit annoncer chez Oulès et conta l'incident à l'investigateur. Ce dernier, loin de prendre la chose à la légère, secoua la tête avec préoccupation.

— Nous aurions dû étrangler ce Druzon à la prison de l'Etnéon, dit-il. Le laisser vivre était imprudent. Quant à sa liberté, il l'a reprise! Il dirige un réseau serré d'informateurs qui épient en tous lieux. Veux-tu un exemple?

D'abord sérieux, puis riant malgré lui, le sous-secrétaire raconta la dernière fantaisie de Clématis. Après leur entrevue avec Bélisaire, les deux frères norrois passèrent la nuit au palais royal. Clématis s'avisa que, si Kelso possédait un nez parfait, celui de son frère Kolse ne lui cédait en rien. Impartialement, elle proposa donc aux deux Norrois de dormir ensemble avec elle, ce qui était civil, car ils n'avaient pas de logement au palais. On se doute bien que ce superbe trio, ayant dîné de compagnie, ne gagna pas le lit sans arrière-pensées. Ils se mirent d'abord tout nus, ce qu'explique la chaleur de septembre en ces contrées. Selon Oulès — porté par son tempérament de conteur — ils s'adonnèrent ensuite à toute espèce de jeux qui, déjà interdits par l'Église à des couples non mariés, deviennent impensables quand on augmente le nombre des participants. Bref, ils s'élevaient peu à peu vers ces régions du plaisir, dont on rougit d'imaginer la variété, lorsque Kelso siffla d'une certaine façon. Kolse arrêta aussitôt ses désordonnements.

Ensuite Clématis stupéfaite vit ses partenaires quitter ensemble sa couche d'un bond et se précipiter vers la chambre voisine. Ils en ramenèrent un petit homme qui se débattait et ne put expliquer sa présence. Le devoir commandait de le remettre à la garde. Les Norrois tirèrent au sort celui qui s'en chargerait, l'autre devant présenter à Clématis les excuses de la famille. Kolse perdit et s'en fut, le petit homme poussé devant lui. L'officier des Bons arrêta ce misérable, assurément un espion placé là pour recueillir les confidences d'oreiller. Durant son absence, Clématis offrit à Kelso tout ce qu'il souhaitait recevoir et reçut tout ce qu'il sut donner. Kolse de retour, cette industrieuse le récompensa de son abnégation, lui dévoilant avec zèle l'étendue de ses talents. Ainsi, abeille appliquée, butina-t-elle l'un et l'autre jusqu'à l'aube et les laissa partir mal assurés en leurs genoux.

— Ne rions pas, Corbeau, conclut Oulès après ce beau récit. L'homme avoua être appointé pour écouter aux portes. Ils sont cent et plus comme lui, qui peut-être surprennent mieux que des râles amoureux et des éructations d'ivrognes.

* * *

Dans la confusion qui suivit la prise de Carthage, le maître espion Druzon s'était évadé en effet. En peu de jours, il mit en place une légion d'écouteurs indiscrets dans le palais royal et les casernes. Chaque conversation ayant trait à la guerre devait être rapportée. Druzon par ailleurs s'occupait d'affaires plus importantes : réunir les chefs carthaginois et leur redonner courage. Par ailleurs, tenter de semer la discorde parmi les forces de Bélisaire.

Pour commencer, le maître espion vandale s'établit dans

un repaire à peu près inexpugnable des bas quartiers. Ce lieu, une taverne mal famée, était doté de plusieurs entrées donnant soit dans les maisons voisines, soit dans un lacis de ruelles. Là, on se trouverait à l'aise pour comploter, à moins que le commandement byzantin n'effectue un ratissage impitoyable. Oulès recommandait de fouiller partout, et de patrouiller jour et nuit par escouades fureteuses. Bélisaire s'y opposa. Il avait besoin des Carthaginois pour une tâche qui primait les autres : rebâtir les murailles. Persécuter les gens dans leur domestique les dresserait contre l'envahisseur. Tout au contraire, le général distribua largement des vivres, assura la liberté des personnes. Dès le premier jour de l'occupation, les Vandales réfugiés dans les églises et les caves sortirent timidement et furent bien reçus. On leur proposa des salaires élevés pour travailler aux remparts. Cela coûtait peu à l'empire, puisque l'on payait avec de l'argent saisi dans les palais. Mais enfin, il n'était pas question de détruire ces bonnes façons par des perquisitions excessives.

Carthage tomba, ou plutôt s'offrit, le 14 septembre. Dès le 16, Druzon s'installait dans son antre, envoyait partout ses guetteurs et ses messagers. Le 18, il réunit en grand secret ceux des seigneurs sur lesquels il pouvait compter, soit pour jouer le double jeu, soit pour quitter la ville et relancer la guerre.

Les soi-disant collaborateurs à qui il savait pouvoir se fier étaient le consul Laurus et l'éparque Jonas, habitués aux contorsions de la politique, capables tout deux de sourire par-devant et de poignarder par-derrière. D'autres, tels le fier Glucan ou son ami Fradéar, seraient plus utiles et plus sûrs en mission.

Quand les conjurés furent réunis, au nombre d'une dizaine, Druzon rappela d'abord les furtifs qui les escortaient : tous affirmèrent qu'aucun des convoqués n'avait été suivi par les sbires d'Oulès.

— Mes amis, mes seigneurs, déclara Druzon, nous sommes ici pour continuer le combat. Nous avons perdu la première bataille, nous gagnerons la guerre. Étant parmi vous le plus élevé dans la hiérarchie civile, et accoutumé aux routines du secret, je prends le commandement de la résistance intérieure. Y voyez-vous obstacle?

Chacun jugea légitime cette décision.

— Notre premier devoir, poursuivit Druzon, est de rapatrier l'armée de Sardaigne. Abéral, vous le savez, est déjà en route vers Tzazon pour le presser de revenir. Le nouveau stratège byzantin, Archélaos, essaiera de s'opposer au débarquement. Les vaisseaux qui nous restent sont cloués au port par l'envahisseur. Mais écoutez la prodigieuse nouvelle qui vient de me parvenir : Tzazon, en Sardaigne, a écrasé le proconsul Godas et l'a tué. Le corps expéditionnaire de Cyrille, envoyé à son secours par Justinien, arrivera trop tard. Rien ne s'oppose plus au retour de Tzazon et de ses cinq milles hommes, qui reprendront Carthage.

— Rien sauf la flotte d'Archélaos, intervint Glucan. Archélaos qui n'est pas un imbécile, lui, comme ce Calonyme pillard.

Laurus, qui s'entretenait à voix basse avec Jonas, intervint alors :

— La guerre, dit-il, se gagne avec de l'or. Pour l'instant, Bélisaire s'installe au palais royal et s'amuse à être roi. D'ici peu, tout en nous caressant, il essaiera de s'approprier le trésor de Gélimer. Permettrons-nous cela?

Druzon, presque aussi vaniteux qu'Oulès, esquissa un sourire supérieur :

— Il essaiera, dit-il, si ce n'est déjà fait. D'ignobles traîtres parmi nous auront tôt fait de lui indiquer l'emplacement de la chambre aux trésors de notre roi. L'un de vous l'a-t-il visitée?

— Moi, dit Glucan. J'y escortai Gélimer un jour. Je fus émerveillé par toutes ces splendeurs.

— Comment empêcher Bélisaire de s'en emparer? soupira Jonas accablé. Cela représente...

— Soixante-dix-sept chariots, répondit froidement Druzon. Qui ont été chargés par mes soins le jour même de Décimum. Qui ont quitté la ville par des voies détournées et sont en sûreté actuellement dans la tour Perthe, près de la ville de Tricamarum.

Cette étonnante nouvelle emplit de joie les assistants. Le plus réaliste d'entre eux, Glucan, réfléchit pourtant.

— Bélisaire le saura, dit-il. Les conducteurs de ces chariots...

— Restent enfermés dans la tour avec le trésor. La tour est gardée par ce qu'il restait de troupes à Abéral, avant qu'il n'aille par mer chercher Tzazon. Notre devoir est d'avertir Sa Sublime Grandeur le roi Gélimer, qui campe quelque part à l'ouest, de rallier avec ce qu'il a de fidèles la tour Perthe. Nous y enverrons, par petits groupes, tout ce qu'il se trouvera de braves dans nos provinces. Glucan, Fradéar, je vous demande de quitter la ville, de trouver notre roi, de l'amener vers Tricamarum. c'est là, lorsque débarquera notre armée de Sardaigne, que Tzazon la conduira. Laurus, Jonas, Bélisaire vous tient déjà pour des amis. Ne le laissez pas chercher la chambre au trésor du palais royal : indiquez-lui le chemin qui y mène!

Jonas cligna ses étroites paupières.

— Agréable mission! s'écria-t-il. Quand Bélisaire trouvera la chambre vide, il passera sa colère sur nous.

— Il nous fera pendre! renchérit Laurus.

Druzon se mit à rire :

— Suis-je assez fou pour avoir laissé le trésor vide? Avais-je le temps d'emporter les barres d'or, les sacs de pièces d'argent? Cela semble beaucoup. Cela n'est rien à côté de ce que nous avons sauvé dans la tour Perthe. Quant à vous, continua le secrétaire vandale en s'adressant aux autres officiers, quittez la ville un par un, discrètement. Allez dans les provinces recruter des fidèles. Armez-les comme vous pourrez, sans que leurs armes paraissent. Conduisez-les au lieu du grand rassemblement, pour notre victoire finale.

Les conjurés se dispersèrent, chacun allant à sa tâche. Quand ils furent partis, Druzon quitta son repaire. Travestissant son apparence pour n'être pas reconnu, il se rendit en un autre lieu secret pour rencontrer l'un des notables « colonisés », nommé Léonce. Ce dernier, qui aimait l'or et les honneurs, trahissait à la fois la confiance des siens et la mémoire de ses ancêtres romains. Dire qu'il était d'ascendance grecque n'enlève rien à son infamie. Léonce avait baisé les genoux de Bélisaire, l'appelant libérateur. Il conquit l'estime de l'évêque Alexis en pleurant de joie aux offices désormais orthodoxes. On parlait de lui pour une ambassade à Byzance. Or, Druzon savait que ce monstre servait le plus offrant, et lui offrait beaucoup.

Les admirateurs du sous-secrétaire Oulès, qui restent nombreux, trouveront peut-être que tous ces comploteurs en prennent à leur aise dans Carthage conquise. Quoi, tant d'oreilles derrière les tentures, tant de résistants réunis, de missions proposées, de traîtres non découverts?

Il faut répondre à ces allégations. Certes, Oulès goûtait les douceurs de la victoire, paradait au palais, honorait la tendre Zoé de ses soins attentifs. Il n'oubliait pas cependant de remplir ses fonctions mystérieuses. Ses effectifs, limités quant aux hommes tout à fait sûrs, opéraient davantage hors de Carthage que dans les murs. Il voulait tout savoir des mouvements d'Abéral, de Gélimer, de Tzazon, du comportement des villes de la côte, aussi bien au sud qu'au nord. Cela lui occupait beaucoup de monde, mais utilement.

Ainsi devait-il apprendre fin octobre que Tricamarum, à trente kilomètres de Carthage, devenait le centre d'une agitation insolite. Ainsi les deux espions vandales qu'il avait décelés mais non démasqués dans l'armée, Amien et Firmin, subordonnés de l'intendant général Solomon, le conduisirent-ils rapidement à Léonce, qui lui devint suspect.

La guerre pourtant n'était pas gagnée. Bélisaire s'établissait dans Carthage où régnait un calme apparent, mais il faudrait sous peu soit défendre la ville, soit assurer les armes de Justinien par une autre bataille décisive.

## IX

## OÙ ISKAS RETROUVE SON PLUMET

— Corcodis mon ami, dit Procope, il est avéré que les grands sont ingrats. Cette guerre m'aura persuadé que l'ingratitude infecte aussi les classes inférieures.

— Il est vrai, appuya l'épicier chef de cohorte, qu'il y a parmi le monde toute sorte de monde. Qui est injuste envers vous, excellente Procope?

— Merci de me donner ce titre que précisément l'injustice me refuse, Corcodis. Qui est ingrat? Chacun, mais un surtout que toi et moi avons aidé au péril de nos vies, en Sicile, il y a peu. Qui, sinon le sous-secrétaire Oulès en sa laide personne?

— Ce cœur parfait, cet ami sûr? Ah bah!

— Ce cœur parfait, siffla Procope avec dépit, est fermé comme un coffre d'or. Cet ami sûr ne veut rien révéler à moi, qui écris tout de cette campagne, de ce qu'il fait depuis notre entrée à Carthage.

— Ah bah!

— Mais je l'en punirai. J'avais préparé sur lui des pages laudatives, exalté sa personne et ses actes. Je le retrancherai de mon ouvrage.

— Et vous aurez raison, répondit Corcodis en achevant de dévorer son en-cas, constitué par un jambon entier. Il vous en saura gré. De même, vous devriez l'estimer tout à fait d'être discret à votre endroit.

— Si j'étais Corcodis, dit Procope vexé, je répondrais : « Ah bah! »

— Mais vous êtes Procope, homme savant, doué d'une intelligence sans pareille et d'une plume arrachée à l'aile d'un ange. Vanter dans vos récits un maître espion dont l'obscurité favorise les plans? Ce serait lui nuire. Attendre qu'il vous dévoile ce qu'il trame à Carthage? C'est le mésestimer. Le secret, cher Procope, telle est l'arme de ce grand homme, comme l'indiscrétion est la vôtre. L'amitié n'en souffre pas.

Procope promena une main maigre sur les aspérités de son visage.

— Tu as raison, fit-il. Le dépit seul me fait parler. Mais que fait Oulès, depuis ces dix jours que nous sommes établis en cette ville? Son va-et-vient, ses airs mystérieux...

Corcodis éclata de rire.

— Voilà donc où le bât vous blesse! Cher Procope, vous restez un homme de palais. A Byzance, les secrets, les mystères ne restent obscurs que dans les couloirs du Palais Sacré, entre personnes retenues. La rue en sait tout. Interrogez la rue, qui ne fait pas d'embarras, ajoute deux à deux pour faire quatre, et découvre simplement les réponses au lieu de s'embrouiller dans les questions. Stentor!

Le nouveau centurion, qui passait sur la place ombragée où se déroule cette scène, s'approcha avec un sourire dans la moustache.

— Dieu vous forte, amis! dit-il. Ces remparts s'élèvent prodigieusement vite.

— ... Et la mère de Dieu, Gaulois, répondit Corcodis. Procope et moi-même, vois-tu, nous interrogions sur un sujet que tu connais peut-être.

— Les chevaux?

— Non. Oulès. Sais-tu ce que fait Oulès depuis quelques jours?

— Tu plaisantes? L'armée — je veux dire ses officiers — ne parle que de cela. A mots couverts, bien entendu. Il cherche le trésor de Gélimer.

La dignité du *parèdre* lui commandait de prendre un air blasé, mais la surprise lui arracha une exclamation.

— Qui t'a dit ce secret d'État, centurion?

Cette fois, Stentor se sentait un peu inquiet. Aurait-il mal répondu?

— Mais... je ne sais pas, moi! Demandez aux autres!... Bel-Œuf!

Le gros maître de chevaux se joignit au groupe et salua.

— Sais-tu ce que fait Oulès en ce moment? demanda Stentor.

— Il cherche le trésor de Carthage, voyons!

— Qui te l'a dit?

Le Thrace gratta son crâne chauve :

— Iskas je crois, à l'écurie. Pauvre Iskas! Il faudrait...

— Iskas! s'écria Procope dépassé. A l'écurie! Un secret impérial!

— Que voulez-vous, cher ami, susurra Corcodis d'une voix apaisante, les secrets ont des ailes, chez nous. Même à l'étranger, Byzance sera toujours Byzance.

A cinquante pas de ce groupe, mais cheminant sous terre dans un étroit couloir, Oulès justement, portant une torche, pénétrait dans une vaste salle creusée à flanc de colline. Celle précisément d'où les Carthaginois avaient déménagé les objets précieux et les objets que Gélimer tenait du pillage ancestral. Koraclès était là, surveillant deux hommes qui comptaient les pièces d'argent négligées au cours du déménagement.

— Trente sacs de mille pièces, dit le Corbeau. Ils ont fini.

— Prenez ce que vos mains pourront tenir et partez! dit Oulès aux deux hommes, agents sûrs de ses services.

Les espions essayèrent d'étirer leurs doigts, d'agrandir leurs paumes pour prendre davantage. Ils s'en furent dans le noir, furtifs et comblés.

— Tu es certain qu'ils ne reviendront pas? demanda le Corbeau.

— Certain. D'ailleurs, Bélisaire connaît déjà le montant de cette monnaie. Je l'avais estimée à l'œil. Il donnera deux pièces à chaque soldat, dix aux officiers. Ce petit tas y suffira.

— Petit tas! Je m'en contenterais pour la vie! s'exclama Koraclès.

— Tu n'aimes pas l'or. Tais-toi! Parle! Tu vois cette vaste chambre?

Éclairée par trois torches résineuses, la salle du trésor, creusée sous l'ancien oppidum de Carthage, ne révéla rien à Koraclès qu'il ne sût déjà qu'Oulès l'y avait conduit. Trente sacs et beaucoup de poussière.

— Tu songes à la poussière, déclara l'investigateur. Regarde donc mieux. Est-elle étalée en couche régulière comme elle le devrait?

— Non. Y a des traînées partout.

— Des traînées partant des murs, convergeant vers l'endroit où nous sommes. Un enfant en déduirait que ce local contenait de nombreux coffres qui ont été emportés. Si trente mille pièces n'en sont que la monnaie laissée en place pour nous berner, tu peux juger de leur contenu.

— Tu veux dire que les Vandales nous ont roulés? fit le Corbeau.

Oulès approuva de la tête :

— Sitôt la ville investie, ils ont emporté le meilleur du trésor de Gélimer. Cela n'a pas d'importance.

— Dis ça à Bélisaire!

— Je le lui ai dit. Je lui ai expliqué que ces merveilles soustraites ont dû être apportées à Gélimer lui-même, qui les entourera de son armée rassemblée. Nous battrons l'armée, nous reprendrons les coffres. Élémentaire! La vraie difficulté demeure. Corbeau, je suis déshonoré.

— Toi?

— Moi. Ce que je cherche, c'est le trésor de Constantin, tu le sais. Tu as élevé Paul d'Antioche, tu es le frère de lait de la divine Théodora, tu connais le secret depuis le début.

— Appelle pas « divine » ma Dora. C'est qu'une femme, même si elle est couronnée. Tu veux dire que tu comprends pas le second rouleau, celui où le trésor était expliqué?

Nous avons déjà entendu parler de ce « second rouleau », inclus dans le trésor trouvé à Byzance par Paul. Nous savons que ce dernier et Bélisaire en savaient seuls le contenu, même si Koraclès et quelques autres en connaissaient l'existence. Oulès pour sa part en avait eu la transcription sitôt Carthage prise. Je veux dire que Bélisaire et Paul avaient couché pour lui sur un parchemin les deux moitiés de leur secret. Après avoir étudié le document, Oulès l'avait brûlé pour trois raisons. D'abord par prudence. Ensuite, pour montrer qu'il possédait une excellente mémoire. Enfin, *parce qu'il le connaissait déjà*, ayant à l'époque levé et remis le sceau sur ce document confidentiel. Paul en était sûr, Justinien et Théodora s'en doutaient, Bélisaire l'aurait juré, mais enfin ils avaient en Oulès toute confiance.

— Le second rouleau, Koraclès, dit l'investigateur, était facile à comprendre dans sa première partie. Il nous envoyait dans la cave où nous sommes, creusée dans le roc dur avant

Annibal. Les rois vandales y ont mis leurs trésors personnels.

Koraclès sursauta, serra les poings.

— Tu veux dire, s'écria-t-il, que le trésor de Paul... je veux dire du grand Constantin, a été enlevé par ces salauds avec leurs autres pilleries?

Oulès secoua son crâne sur lequel la lueur des torches mettait d'étranges reflets.

— Non, dit-il, je ne le crois pas. Celui qui a pris tant de précautions pour cacher les merveilles trouvées à Byzance et tracer une piste si bien couverte n'aurait pas jeté les prodigieuses possessions des empereurs romains dans ce lieu accessible et connu depuis longtemps. Un lieu suffisant à Géiséric et à ses successeurs. Pas au serviteur de Constant, cet Oulès d'un siècle passé, dont je salue la mémoire. Je suis déshonoré, Corbeau. Remets des torches neuves, il y en a plusieurs que j'ai fait apporter par mes agents. Je suis déshonoré! Le second rouleau m'a conduit ici, et j'y demeure coi, ne sachant aller plus loin.

Sans s'émouvoir, Koraclès mit des torches neuves dans leurs antiques supports, et revint à Oulès qui se tordait les mains.

— Si *toi* tu trouves pas, personne le fera! déclara-t-il.

Cet hommage rendit un peu de force à l'investigateur.

— Viens, dit-il. Je veux te montrer tout ce que j'ai découvert.

Traversant la salle, il se plaça près du mur et enfonça une cheville de fer rouillé qu'on y voyait. Une ouverture apparut dans la paroi, un pan de mur se rabattit.

— C'est par là, continua Oulès, que les Vandales ont emporté leurs coffres. Ce couloir mène à un autre, puis à d'autres, puis à une porte bien cachée, dans un lieu désert, hors les murs. J'ai pourtant trouvé autre chose.

Poussant la cheville de fer, Oulès remit en place le pan de pierre qui masquait l'entrée secrète de la cave. Il prit ensuite une torche et emmena Koraclès vers un coin resté dans l'ombre de la voûte. Le Corbeau vit une niche assez large, pavée de petits carreaux luisants.

— Des carreaux d'or! remarqua-t-il avec plus d'étonnement que d'avidité.

— Lis-tu ce qui est gravé au-dessus d'eux?

— *GB pepulit, BG pellet*, épela le Corbeau. On connaît ça! C'est écrit sur le vieux mur du palais. C'est un oracle que tu as traduit, et qui a mis par terre le moral des Vandales, en ville. Ça veut dire : *G a chassé B, B chassera G*. Autrement dit : *Géiséric a chassé Boniface. Bélisaire chassera Gélimer*. C'est pas ça?

Oulès approuva de la tête.

— Je croyais bien que c'était cela. Élémentaire! Mais vois-tu, cette formule : *GB pepulit, BG pellet* figure aussi sur le second rouleau. Elle a sans doute le sens que je lui ai attribué. *Elle en a un autre*. Un autre qui dissimule le secret que je cherche. Ce B et ce G, voilà toute l'affaire, et je reste court. A toi seul, mon plus ancien ami, je puis confier mon déshonneur.

Koraclès passa le dos de la main sur son front, non pour mieux réfléchir, mais pour chasser une araignée.

— B ou G, moi, tu sais, les lettres... Y en a un qui pourrait peut-être t'aider. C'est pas que je l'aime. Je peux pas le blairer. Il pince les narines quand il respire un cheval. Mais enfin, c'est un homme de lettres, à ce qu'on dit [1].

Oulès poussa un cri aigu :

— Procope, n'est-ce pas! Ce grammairien! Ma foi, pourquoi non? Au point où j'en suis, j'interrogerais même tes chevaux.

— Ils sont pas de si mauvais conseil! répliqua Koraclès vexé.

Ainsi Oulès, toujours escorté de Koraclès, suivit les noirs corridors souterrains, émergea dans le palais, s'enquit de Procope. La garde des bons l'avait vu sortir pour se promener. Les deux amis le trouvèrent assis à l'ombre, sur la place où il devisait avec Corcodis, Stentor et quelques badauds attirés par son verbiage. Oulès n'aimait guère Procope, le devinant jaloux et arriviste. L'investigateur abrégea des salutations embarrassées.

— Procope, dit-il, homme de grand savoir, répondez à une question simple. Que représentent pour vous les lettres B et G?

— Le grand Bélisaire, l'ignoble Gélimer! répondit le *parèdre*, voyant un piège tendu à sa courtisanerie. *B-lisaire chassera G-limer!* »

Oulès secoua la tête.

1. *Litterae* en latin, comme *lettres* en français, désigne à la fois les signes de l'alphabet et les belles-lettres, d'où cette équivoque en l'une et l'autre langue.

— J'entends, dit-il. Cela va de soi. Mais allez au plus simple. Oubliez les personnes. Restez au pied de la lettre. Sans Bélisaire, sans Gélimer, que sont B et G, pour votre esprit si bien meublé?

Procope ne prit qu'un instant pour réfléchir.

— *B*, dit-il, est la seconde lettre de l'alphabet latin. *G*, la septième. Les petits enfants savent cela.

— *Kraloula cric!* s'écria Oulès avec un élan d'enthousiasme qui fit s'écarter les badauds. Ah, Procope, vous êtes grand! Vous êtes un aigle, et moi un âne... La seconde, la septième! Procope, vous passerez à la postérité! Bélisaire saura le service que vous venez de me rendre!

Ayant dit, il s'en fut courant comme si l'enfer était à ses trousses.

— Il va pas bien! jugea Bel-Œuf. Le soleil, peut-être?

Corcodis leva sur Koraclès un regard interrogateur :

— Oulès va mieux que tu n'iras jamais, Bel-Œuf, répondit ce dernier. Je crois que l'homme de lettres, là, lui a donné quelque bonne idée.

— Moi? demanda Procope interdit. J'ai seulement énoncé...

— Les uns énoncent, déclara le Corbeau. Ils énoncent des âneries sur les chevaux, mais parfois des vérités qui servent aux autres, ceux qui *trouvent*.

— Vous croyez réellement... demanda Procope, ignorant l'injure pour le plaisir d'avoir aidé un personnage influent, fût-ce par mégarde.

— Élémentaire, mon cher Procope! repartit Koraclès sans vergogne.

***

Les deux *pards*, redoutables coursiers de mer, allaient toujours de compagnie. D'abord parce que Kelso et Kolse n'aimaient pas se perdre de vue. Ensuite, parce que la chasse couplée a bien des supériorités sur la quête solitaire.

Ce soir de fin octobre, pourtant, à nuit presque close, le brouillard se fit tellement dense sous le vent de l'île Melitta que les deux Norrois se perdirent de vue. Marins d'élite et frères très unis, ils savaient bien n'être pas loin l'un de l'autre, ayant choisi leur route préalablement. Le *pard* de Kelso glissait sur les vagues molles, cap au nord-est, cherchant l'accrochage avec la flotte vandale venue de Sardaigne. Soudain, les bruits et les cris de la guerre retentirent loin sur sa droite.

— Kolse! s'écria Kelso.

Il cria ses ordres aux matelots, superbe racaille de toutes nations, choisie pour son expérience, son endurance, sa paisible cruauté. Le *pard* se dérouta en direction des rumeurs d'abordage. Le vent chassait par bonheur le brouillard et l'épandait au ras de l'eau. Kelso put donc voir clairement dans le crépuscule que son frère avait mis les dents sur un gros gibier : rien moins qu'une belle galère à deux rangs, double des *pards* quant au volume, triple sans doute par l'équipage et l'armement.

— Laisserons-nous ce gros poisson à mon frère? cria Kelso à ses marins.

Ceux-ci, qu'il convient de nommer « corsaires » puisqu'ils avaient permission impériale et bénédiction patriarcale, restaient pirates jusqu'au fond de l'âme. Rien ne leur plaisait davantage qu'aborder une proie ennemie, sinon partager ses dépouilles. L'équipage déclara que rien n'autorisait Kolse à accaparer ce beau morceau de galère.

Comment dès lors Kelso donna ses ordres, et par quelle habileté de manœuvre il jeta ses grappins sur le Vandale, je ne saurais vous le dire. Les marins ont de ces tours pour jouer avec les voiles, les vents, les courants, toutes les redoutables forces de la mer qu'ignorent le terriens. Au lieu de faire l'enseigné, je vous affirme donc simplement : « Kolse agrippant déjà la galère par le côté gauche, que certains nomment bâbord, Kelso fit si bien qu'il crocha dans le côté droit, appelé tribord par quelques-uns. »

Dès lors, l'ennemi n'avait plus une chance. La horde de Kelso se précipita sur le pont avec les hurlements d'usage en pareilles circonstances. A sa grande surprise le capitaine norrois, qui aborda en tête, vit l'équipage de son frère au repos, non au combat. Les siens cessèrent de crier.

— Qu'y a-t-il? demanda Kelso. Ce bateau transporte-t-il des moines?

— Même pas! répondit Kolse en venant à sa rencontre. Pas un soldat. Seulement les marins qu'il faut pour manœuvrer cette vieille baille. C'est un bateau de diversion, frère. Fait pour nous égarer loin du vrai chemin de la flotte de Tzazon.

— Reste, dit Kelso, la possibilité de faire parler le capitaine.

— Hélas! fit Kolse tout penaud. Il a essayé de résister, ce sot, quand nous sommes montés à bord. Si bien qu'il est mort de ma main.

— Frère, déclara Kelso, en ma qualité d'aîné je te déclare ceci, que tu oublies souvent : tu es trop impulsif! Avez-vous aussi massacré l'équipage?

Par bonheur, il n'en était rien. Les vaincus furent réunis sur le pont. Tant de figures farouches les épouvantaient. La réputation des *pards* de Byzance n'était plus à faire.

— Tu as abordé le premier. Parle-leur, dit Kelso.

Kolse déclara alors ses intentions. Il allait rouler chaque Vandale dans la poix, puis mettre le feu au navire. Ces dispositions seraient révisées si quelqu'un savait quelque chose d'utile sur la route suivie par la flotte venue de Sardaigne.

— Moi! s'écria le second du bord, un chauve basané au nez crochu. J'ai tout entendu, je sais tout. La flotte de nos... de vos ennemis vogue en trois formations. Les porteurs de troupes vont aborder la côte au-dessus de Carthage. Les vaisseaux de combat, traçant une route plus directe, rechercheront la bataille navale avec votre escadre. Les corsaires et coureurs s'éparpilleront. Nous faisions partie de la formation de combat. Une avarie de gouvernail nous a fait dériver. Allez-vous nous brûler, maintenant?

— Certes non, répondit Kelso. Nous ne sommes pas des monstres, par saint Thor!

— Mais de meilleurs chrétiens que toi, par saint Odin! appuya Kolse.

Pour appuyer ce discours, l'aîné des Norrois ordonna à ses hommes de casser toutes les rames de la galère et de briser tout à fait son gouvernail déjà faussé. Les équipages des *pards* s'emparèrent ensuite de tout ce qui leur plut, et le bateau vandale fut abandonné intact, les vies sauves. J'ai omis de dire que l'on brûla aussi ses voiles, mais il lui fut laissé un aviron de gouverne : on voit par ce geste que les frères norrois n'avaient pas été chrétiennés en vain.

Quelques heures plus tard, les deux corsaires naviguant de conserve sous toute leur toile rejoignirent les bateaux d'Alopex qui leur servaient de courriers. Le Renard lui-même, en mission ou en quête, n'était sur aucun des cinq bords, mais son adjoint

Zouba le valait presque, du moins en mer. Kelso lui raconta ce qu'avait dit le second de la galère assaillie.

— Rentre à Carthage en toute hâte, dit-il. Suis le lit du vent. Grâce à tes voiles bleues, tu éviteras et dépasseras la flotte Tzazon. Rejoins Archélaos. Dis-lui que ceux qu'on lui oppose ne constituent qu'une tromperie. Qu'il doit faire route à l'ouest pour intercepter les transports de troupes. As-tu compris?

— Suis-je un âne? demanda Zouba. Un âne noir?

On notait à cette époque certaine animosité entre les blonds et les gens à la peau foncée. Mais, entre vieux complices comme Zouba et les Norrois, cela n'était que sujet de plaisanterie.

Les *pards* se déroutèrent vers l'ouest. Peut-être, pensaient leurs capitaines, pourraient-ils intercepter et couler un transport attardé, s'ils faisaient vite.

Or, ils arrivèrent trop tard. De son côté, Zouba et les bateaux bleus d'Alopex contournèrent bien les vaisseaux vandales de diversion, mais trouvèrent Archélaos bien trop loin pour qu'il pût courir à l'ouest. Un renfort lui était arrivé : Cyrille, envoyé en Sardaigne par Justinien au secours de Godas. Cyrille trouva Godas mort, Tzazon vainqueur. Il fit demi-tour et mit le comble à son inefficacité en retardant Archélaos quand il le rejoignit.

De tous ces malencontreux hasards de mer, mais aussi de l'habileté de Tzazon, frère de Gélimer, résultèrent les faits suivants : Archélaos et Cyrille coulèrent et capturèrent sans mal une flotte vandale réduite à ses manœuvriers. Abéral rejoignit Tzazon et le fit aborder avec le gros de ses troupes à soixante kilomètres à l'ouest de Carthage. Kelso et Kolse ne prirent que du fretin et se rabattirent vers Bélisaire pour lui annoncer les mauvaises nouvelles.

Certains historiens plus rudes que Procope blâment le nouvel amiral en chef, Archélaos, d'avoir ainsi laissé route libre à Tzazon. D'autres, que j'approuve, répondent deux choses : d'abord l'ancien questeur fut retardé par l'arrivée inopinée de Cyrille et les conciliabules qui suivirent. Enfin et surtout, le sage Archélaos se souciait peu d'aventurer dans une bataille sans merci toute la flotte byzantine. Car enfin, si l'on était parvenu au pays des Vandales, encore faudrait-il quantité de navires intacts pour en revenir.

***

Depuis l'occupation de Carthage, l'heure n'était plus à guerroyer, mais à pourvoir et administrer. Bélisaire, toute sa vie le démontre, entendait moins à ces tâches qu'à conduire une armée pour frapper devant. Par chance, il avait à ses côtés deux hommes supérieurs par leur clairvoyance et leur prévoyance : l'intendant général Solomon et le sous-secrétaire Oulès.

Solomon était né à Dara, ce lieu même où Bélisaire défit les Perses en 530. Le général s'amusait de cette coïncidence, disant à son munitionnaire ce mot qui fit fortune : *Comment peut-on être Persan?* Solomon l'était, avec toutes les qualités supérieures de son peuple. Privé dès le berceau de sa virilité par un accident regrettable, il donnait aux affaires tous les soins que les dames ne pouvaient recevoir de lui. Emmené tout jeune à Byzance, il en adopta la langue et les usages, fut remarqué par ses talents, et jamais Justinien n'eut de plus fidèle sujet. Durant la campagne, Bélisaire s'était félicité d'avoir près de lui un second qui pensait à tout et pourvoyait à tout. Pour donner une idée de son estime envers Solomon, il suffit d'indiquer que le chef de guerre byzantin lui confia l'Afrique quand il la quitta.

A Carthage, donc, Solomon s'occupait d'administrer une victoire provisoire, de tenir l'armée par le ventre en la nourrissant bien et de flatter les Carthaginois par des égards dont ils étaient friands. Bélisaire se reposait sur lui pour tout travail d'intendance et d'administration.

Oulès, pour sa part, veillait aux menées souterraines, aux plans secrets des ennemis, aux machinations de leurs chefs. Or, il n'y avait pas de souterrain qu'il ne pût forcer, pas de secret dont la clé lui fût longtemps cachée, pas de machination dont il ne trouvât bientôt la machine. Solomon et Oulès, chaque jour, conféraient avec Bélisaire après le conseil des chefs de l'armée. L'un et l'autre, par prudence, firent admettre Procope à ces palabres d'importance : le premier parce qu'il souhaitait être nommé et vanté par le chroniqueur, le second parce qu'il espérait ne pas l'être — comme Corcodis l'avait compris —, ne restant efficace que dans l'obscurité.

Le dernier jour du mois d'octobre, il se dit dans cette réunion de grands esprits des choses importantes. Un courrier venait d'arriver de Byzance. L'empereur, qui ne savait encore rien des succès de Décimum, félicitait Bélisaire pour les nouvelles reçues de Zacynthe. Il souhaitait bonne chance à ses armes, le recommandait à Jésus Pantocrator et à sa mère, la Théotokos. Une seule phrase dans ces louanges inquiétait Solomon. Justinien écrivait : *Nous savons, connaissant votre valeur, que vous triompherez et rallierez à l'empire cette province qui lui appartient, et où je régnerai.*

— Ben quoi, s'étonna Bélisaire. C'est clair, non? Des compliments.

Procope approuva. Solomon regarda Oulès.

— *Où je régnerai!* dit celui-ci. Voyez-vous, général, je redoute que l'auguste Justinien, de nature très méfiante, ne craigne que le trône de Gélimer vous tente.

— Le trône, moi? Quelle bêtise!

Bélisaire — chacun sauf Procope le remarqua — protestait trop haut et ne s'étonnait pas. A vrai dire, par Eusébine et Zoé, le bruit était revenu à Oulès qu'Antonine se sentait bien au palais royal de Carthage. Qu'elle considérait avec satisfaction son mari quand il trônait par procuration. Que des prérogatives royales lui plaisaient, si ce n'est par leur caractère provisoire. En un mot, qu'elle aurait très bien vu Bélisaire roi et elle reine des pays conquis.

— Ça tient pas debout! poursuivait le général. D'abord, on a pas gagné. Ensuite vous me voyez là, planté comme une statue, à dire *kéleusaté* [1] à toute une bande de lèche-culs? L'empereur m'a dit : « Prends *d'abord* l'Afrique. » On le fera, par la Théotokos! Mais s'il y a un *d'abord,* il y aura un *ensuite!*

Un autre regard, de soulagement celui-là, passa de Solomon à Oulès, et réciproquement. Bélisaire ne souhaitait pas régner, même pour plaire à Antonine.

— Nous devions, déclara Procope, étranger à des subtilités qui auraient pu allumer rien moins qu'une guerre civile, nous devions ce jour écrire le message de victoire à l'auguste Justinien, précisément. Celui qui partit le soir même de Décimum était hâtif, son style faible, car je ne fus pas consulté pour sa rédaction.

Le chef de guerre, l'administrateur et le maître espion

1. Salut de bienvenue de l'empereur à ceux qui s'agenouillaient devant lui.

retinrent un sourire. Il est vrai que les bulletins de victoire convenablement écrits passent à la postérité, non le choc des armes et le sang versé. Le communiqué du 14 septembre était parti sur le sixième bateau préparé par Alopex et Zouba pour compléter leur flotte rapide : le plus fin, le plus véloce des *fils du Renard.* Il pouvait parvenir à Byzance en un mois, d'après son pilote. Or le pilote n'était autre que le sagace Epix, jadis capitaine du courrier d'Alexandrie. Epix connaissait la mer Intérieure, ses colères et ses ruses comme d'autres connaissent leur champ.

— Procope, tu vas nous faire un message tout ce qu'il y a de bien tourné, agréa Bélisaire. Mets dedans ce qu'on vient de dire, que le trône vandale est trop grand pour mes fesses.

Le *parèdre* manifesta par une grimace qu'il ne formulerait pas en ces termes vulgaires une si rassurante information.

— Reste le messager, dit Solomon. Nous l'enverrons sur un autre bateau. Léonce, ancien consul de Carthage, né de famille hellène, arien repenti, me semble parfait pour cela. Il est bon de faire témoigner à Byzance un vaincu de poids.

— Léonce est un homme sérieux, confirma Procope. Il m'a montré un poème qu'il fit sur les armes de Scipion. La forme en est délicate.

Oulès, à son habitude, attendait d'être interrogé pour mieux faire sensation. Bélisaire le pria de donner son avis.

— Léonce, articula le maître espion, s'est imposé à votre choix. En fait, il est désigné par la fraction rebclle des Vandales, dont les chefs se réunissent autour de Druzon dans la ville basse. Ils ont fait évader, puis dépêché Glucan et Fradéar vers Gélimer, afin de le rabattre vers l'armée de Tzazon, dont les corsaires, hélas! nous ont appris le débarquement sur les côtes. Hier, les conseillers politiques de Druzon *ont rédigé un message secret que Léonce doit donner à Justinien,* outre celui, tout officiel, que Procope rédigera.

Cette révélation, on s'en doute, fit sensation.

— Quels conseillers politiques? s'écria Bélisaire. Quels traîtres?

— Le consul Laurus. L'éparque Jonas.

— Impossible! Ces moutons!

— Des moutons noirs, général. Comme Léonce!

— Qu'on les arrête. Qu'on les pende! ordonna le général. Pourquoi secoues-tu la tête, Oulès?

— Je suggère autre chose de plus utile. Laissons partir Léonce avec votre bulletin de victoire et son second message de traître. Adjoignons-lui un homme sûr, en qui l'empereur a toute confiance. Il dira, lui, toute la vérité. C'est à Byzance, non à Carthage, que Léonce doit être pendu!

Bélisaire secoua la tête.

— Je révère l'empereur, dit-il. Personne ne l'aime plus que moi. Mais je le répète : il est méfiant. Quel est ce message tordu que doit lui apporter Léonce en secret?

— Le dirai-je en résumé ou tout orné de belles circonlocutions?

— Résume.

— Le message, jeta froidement Oulès, déclare en substance : *Bélisaire s'est emparé du trône. Il veut s'y établir et garder pour lui le trésor de Gélimer.* Cette lettre est signée d'un sceau contrefait.

— Lequel?

— Le mien! répondit Oulès piteusement.

Chacun se mit à rire en voyant les grimaces de l'investigateur sinon berné, du moins bien près de l'être.

— Ça aggrave les choses, reprit Bélisaire. Entre mon communiqué et ton faux message, Justinien hésitera pas. Il me fera assassiner. Personne pourra lui faire croire ce que tu nous racontes. Personne a assez d'influence sur lui.

— Si, répondit Oulès. Théodora!

— Théodora, fulmina Bélisaire, est plus méfiante encore que son époux. Qui pourrions-nous envoyer pour la convaincre, *elle*?

— Paul d'Antioche! répondit Oulès. Paul, le pupille de Théodora, qu'elle aime comme un jeune frère. Paul, qui pour mieux convaincre l'empereur lui apprendra une autre nouvelle que les Vandales ne peuvent connaître : *nous avons trouvé le trésor de Constantin le Grand!* Je l'ai découvert cette nuit.

Un tumulte d'exclamations et de questions suivit, tout un enthousiasme au milieu duquel la vanité d'Oulès s'épanouit avec délices.

***

Sous Carthage, la campagne ne montrait aucun signe d'activité, si l'on excepte celle des patrouilles. Ce jour-là, pourtant, tandis que Bélisaire, Antonine et Paul s'apprêtaient à suivre Oulès dans la caverne du trésor de Constant, un concours de peuple se fit aux remparts. Un nuage de poussière montait à l'horizon, soulevé sans doute par une troupe nombreuse. Marcel, qui commandait la garde aux murailles, ordonna de fermer les portes rénovées, de sonner les trompes, de mettre les soldats sous les armes. En même temps, un émissaire des Bons courait chercher Bélisaire. On se doute qu'il fut mal reçu. Le plus belliqueux des guerriers rechignerait à se battre au moment de cueillir des richesses incalculables. Le général engueula donc le messager, renvoya Antonine chez elle et s'en vint aux remparts comme tout le monde.

Du nuage, maintenant, montait un bruit de sabots par milliers. A l'oreille, le général en compta deux mille environ, c'est-à-dire cinq cents chevaux. Il appela ses chefs, ordonnant de tenir prêts les cataphractaires pour une sortie de contre-attaque. Les archers et rouleurs de pierres prirent place sur les murailles. Près de Bélisaire se tenait l'un des Bons, surnommé l'Aigle à cause de sa vue perçante. L'Aigle, à cent pas, comptait les plumes d'un oiseau que ne distinguait pas le commun des mortels.

— Attendez! cria soudain l'Aigle. Pas de pet, général! Y a point de cavaliers sur ces chevaux-là.

— Mais peut-être derrière, qui courent à l'abri des bêtes!

— Rien que des chevaux. Ah si, je vois des gens avec! Pas beaucoup. Merde!

— Qu'y a-t-il? Vois-tu ces cavaliers? De quel peuple sont-ils? Quel est leur armement?

L'Aigle semblait soudain gêné, mal à son aise.

— C'est difficile. Le soleil me gêne, déclara-t-il avec une évidente mauvaise foi. Y z'ont des boucliers. Pas d'arcs. C'est pas la peine de tirer dessus, général. Dites aux archers de pas tirer, surtout!

L'œil de Bélisaire, sans valoir celui de son guetteur, n'était pas mauvais. La troupe de chevaux, entourée par une vingtaine de cavaliers portant effectivement un bouclier rond, piquait non sur la ville, mais sur le haras du camp extérieur. Le général, tout surpris, reconnut quelques-unes des silhouettes parmi les plus notables de cette compagnie :

— Stentor! dit-il. Moraïde! L'Enclume! Qu'est-ce que ça

veut dire? Sonnez les trompes, rompez les rangs, retournez à vos quartiers.

Le troupeau de chevaux, poussé par ses bergers galopants, entrait dans les enclos de la cavalerie.

— Fin d'alerte, gronda Bélisaire. Amenez-moi ces rigolos. Ils vont en prendre pour leur grade. Promener nos chevaux à un mille des murs, sans ordres! M'obliger à mettre la ville sous les armes! Oui, amenez-les-moi. Ils vont comprendre leur douleur. M'empêcher de... Quelqu'un avait permis ça? Pappus, Barbatus, Ruffin, Marcel?

Les chefs jurèrent qu'ils ignoraient tout de l'affaire en question. Que seul un fou irait promener tant de bonnes montures dans une campagne de plus en plus infiltrée par les patrouilles vandales.

— Envoyez-les-moi! conclut le général en regagnant le palais. Pas tous. Leurs chefs suffiront. La prison de l'Etnéon va resservir!

Ayant bu deux litres d'eau pour se calmer un peu, le généralissime entendit arriver la patrouille escortant les coupables. Son sang bouillait toujours. Oulès, qui venait aux nouvelles, se fit rembarrer. Antonine entendit les cris et s'abstint de montrer son joli museau.

— Aux ordres! cria la garde. Visiteurs pour le général.

— Laissez passer, répondit le chef des factionnaires.

Quatre hommes parurent, qu'escortaient l'Aigle et trois autres Bons. Stentor, qui boitait. Moraïde, qui toussait. L'Enclume, blessé au visage, soutenant sa main gauche avec la droite. Un quatrième homme tout petit, la figure couverte d'un voile de sang. Ils prirent plus ou moins la position réglementaire.

— Au rapport! fit Bélisaire avec une froideur redoutable.

Stentor, devenu centurion, détenait en principe le grade le plus haut. L'Enclume pourtant, décurion des Bons, était élevé au-dessus de tout officier de la troupe ordinaire. Il porta donc la parole pour les autres. Ce n'était pas un très bon orateur. Son récit, dépourvu des effets que Procope y mit en ses écrits, n'en était que plus stupéfiant. Tandis qu'il parlait, Bélisaire passait de la colère à l'étonnement, puis à l'attendrissement et à la fierté. Les chevaux ramenés aux enclos *avaient été pris à l'ennemi par ces hommes-là!*

La veille, les espions vandales, de plus en plus nombreux

autour de la ville, brisèrent un enclos et volèrent cinquante montures. Leur garde était confiée au malheureux Iskas, devenu palefrenier. Quand il trouva l'enclos vide, le pauvre diable courut chez Koraclès et ne le trouva pas. Il se rabattit sur Stentor, qui dînait avec Moraïde et l'Enclume. Son récit les irrita. Cassé de son grade sous Grassé, Iskas allait maintenant encourir une peine sévère et bien méritée. Cinquante bêtes volées!

— Alors, continua l'Enclume, Iskas nous dit comme ça : « Tant pis. Perdu pour perdu, je vais les chercher, ces voleurs. Tout seul, que j'y vais! Ah, je suis un lâche? Ah, je suis pas digne de commander? Eh ben, au moins, je me ferai tuer pour quelque chose! » Alors, le voilà qui prend un cheval, une botte de javelots et qui s'en va. On était dans le camp, bien sûr, pas en ville. Les copains et moi on se regarde. Stentor me dit : « Il est fou. Il va au massacre! » Ça nous a plu. On a pas réfléchi. On a ramassé quelques amis qui étaient pas de garde, on a suivi Iskas. On pouvait pas le laisser couper en tranches, ce petit brave.

— Quitter son poste sans ordres, coupa Bélisaire en s'efforçant à la sévérité, c'est déserter!

Le quatrième inculpé, celui qui avait le front déchiré et le visage en sang, s'essuyait avec sa manche. Le général reconnut Iskas en personne, mais ne le laissa pas voir.

De sa voix tranquille, l'Enclume raconta la fin étonnante de cette équipée. Ils étaient vingt-deux en tout, avec ce qu'ils avaient réuni d'amis dans les enclos. Des cavaliers de Jean l'Arménien, pour la plupart. Arrivant près d'un village à six kilomètres de la ville, ils envoyèrent des éclaireurs. Quatre cents hommes de Gélimer occupaient la place, fêtant le renfort de chevaux qu'on leur amenait. Une troupe sans discipline, battant la campagne pour la remonte et le recrutement.

— Nous autres, dit l'Enclume, on a mis nos bêtes dans un bosquet, pas loin. Quand ces salauds ont été saouls, on s'est faufilés dans le village. Leurs quatre cents chevaux étaient mal parqués, mal gardés. On a passé toute la nuit dans une cabane auprès. Avant l'aube, c'était le moment de faire leur affaire aux sentinelles. Ensuite, on a poussé tout le troupeau devant, pour le ramener ici. Ils nous fauchent cinquante chevaux, on leur en reprend quatre cents! Y avait plus qu'à les ramener à Carthage. Tout bénéfice!

— Et les quatre cents Vandales vous ont laissés faire?

L'Enclume s'essuya le front de sa main valide. Il n'avait pas l'habitude de parler autant.

— Savez ce que c'est, général. On a joué l'attaque surprise. Ils dormaient. Ils ont cru que vous envoyiez une grosse troupe contre eux. En criant, en faisant courir les chevaux dans le village, on avait l'air nombreux. La plupart sont venus aux armes trop tard. Bien sûr, il a fallu cogner sur les moins bêtes. Mais enfin, quoi, on est passés. On ramène le bétail volé, plus quatre cents têtes. C'est pas de la désertion, général! Juste un peu de désobéissance.

Les yeux de Bélisaire s'embuaient. Vingt contre quatre cents, les prenant par surprise et ramenant tous les chevaux de l'ennemi.

— Les pertes? interrogea le général.

— Ben, chez eux, on en bien tué trois douzaines. Nous... ben, y a deux fédérés qui y sont restés. Nous autres, on a pris quelques coups, autant dire rien. On sait qu'on a mal fait. Mais c'était pas déserter, général! Pensez au profit pour l'armée, quatre cents bêtes que les Vandales auront plus!

Bélisaire se tut un moment. Les quatre « coupables » le regardaient avec résignation. Le front d'Iskas saignait toujours.

— L'Enclume, dit le général, je te blâme.

— Je m'en doute, allez.

— Je te blâme d'avoir outrepassé ce que je t'avais ordonné : rattraper les bêtes qu'on nous avait prises. Il ne fallait pas faire davantage!

L'étonnement souleva si haut les sourcils de l'Enclume qu'il eut l'air de ne pas avoir de front. Il est vrai qu'il n'en avait guère ordinairement :

— Vous m'aviez ordonné... balbutia-t-il.

Puis, comprenant que le général « couvrait » la désobéissance :

— C'est vrai, dit-il. On a outrepassé. Faut-il se rendre à la garde?

— Non, s'écria Bélisaire. Non, têtes dures, mauvais soldats! Je vous pardonne pour cette fois. Mais n'y revenez pas! Centurion Stentor, Moraïde, centurion Iskas, je vous blâme également!

— Je suis plus centurion, excellentissime, gémit Iskas, puisque je suis cassé!

— Cassé! Et il s'en va tout seul contre l'armée de Gélimer! et il me débauche vingt braves, les fait déserter! Je devrais te pendre. L'Enclume, mène-le à Marcel. Dis à celui-ci qu'Iskas est réintégré dans son grade. Sortez, maintenant, avant que je change d'avis et vous fasse tous arrêter!

Émerveillés par cette clémence, les héros de la journée s'en furent. L'armée connut bientôt leur histoire, et qu'ils avaient agi sur ordre, en patrouille perdue. Iskas promena son plumet rouge retrouvé et contait l'aventure à qui payait à boire. « Je ne sais pas ce qui m'a pris », disait-il avec sincérité.

Deux hommes, à part les morts, souffrirent de ce fait d'armes. Koraclès d'abord, furieux de n'avoir pas été averti et d'être resté hors du coup. L'Enclume ensuite. Procope, voulant nommer le chef de cette action héroïque dans ses tablettes, lui fit avouer son vrai nom. Or l'Enclume s'appelait Diogène et s'en cachait soigneusement. Mais enfin, cet exploit exalta le moral de l'armée byzantine et donna à penser aux fidèles de Gélimer.

## X

# OÙ CARTHAGE EN VIENT À MANQUER D'EAU

Le trésor de Constantin, qui dormait depuis deux cents ans dans sa crypte, tout près des richesses pillées par les Vandales, et, ironie du destin, complètement ignoré d'eux, fut découvert cette nuit-là. Découvert au sens propre, et non trouvé, puisque Oulès avait déjà violé son secret si longtemps enfoui.

La compagnie qui descendit dans les caves était peu nombreuse. Elle comprenait seulement ceux qui, depuis des années ou par devoir, connaissaient les révélations de Paul d'Antioche : Bélisaire, Koraclès et Stentor qui portaient les torches, Antonine. Les chefs de l'armée ne furent pas invités, ni Procope lui-même : dans sa chronique, il confondra les richesses de Gélimer avec ce tribut des siècles passés, mille fois plus précieux que les entassements vandales. Oulès, le maître du mystère, marchait devant.

En haut des escaliers menant au palais royal, au bout des tortueux couloirs creusés dans le roc, veillait une sélection des Bons, commise au préfet Althias. A la porte de la crypte elle-même, trois hommes, les plus forts que l'on pût trouver et les plus dévoués : Corcodis, Trois-Yeux, Modestus. Personne dans l'armée ni à Carthage ne soupçonnait cette investigation. Le trésor des ennemis? On l'avait trouvé, puisque Bélisaire distribuait l'or aux officiers et aux soldats. Quoi de plus? Ce que Gélimer avait emporté, et qu'il faudrait lui reprendre de vive force. Les gens d'Oulès disaient cela partout, et jusque chez les Huns, toujours isolés en leurs quartiers consignés.

Les crieurs annonçaient dans les rues la troisième veille quand Oulès, précédant la petite troupe, pénétra dans la crypte et se dirigea vers la niche. A la garde, il avait annoncé que le général visitait une dernière fois le « coffre-fort » de Gélimer, pour s'assurer en personne que rien n'y demeurait. Les Bons crurent cela ou non, mais s'abstinrent de commentaire. Les prétoriens obéissent et ne questionnent pas.

Vivement éclairée par les torches apparut la petite niche carrelée d'or. Oulès s'en approcha avec l'air béat de l'homme qui sait :

— Le secret de cette ouverture, dit-il, ou plutôt de l'ouverture qui va paraître dans ce mur, est emprunté aux anciens Égyptiens. J'ai eu dans ma vie à en connaître de semblables, ce qui facilita ma tâche. Tâche bien difficile, il est vrai, puisque le mystère ne fut jamais percé. Tâche à la hauteur de mon génie, si vous me permettez d'être modeste.

Malgré la fraîcheur de la cave, Bélisaire était en sueur.

— Je te permets de plus jacasser comme une pie et d'aller au fait.

— Ces carreaux sont en or! intervint Antonine avec le respect qu'ont les femmes et beaucoup d'hommes pour ce métal mou.

— Il y en a, comme vous le constatez, sept rangées de sept, soit quarante-neuf, pontifia Oulès. Un éclair d'intelligence m'apprit que B et G voulaient peut-être dire *Boniface* et *Géiséric* jadis, et devenir *Gélimer* et *Bélisaire* à notre époque, mais que B restait toujours la seconde lettre de l'alphabet, et G la septième. J'enfonçai donc au moyen d'un coin le second carreau de la première rangée : le B chassa le G, qui se souleva. Dans la seconde rangée, je frappai le septième carreau. Le second, le B, remonta. Procédant ainsi alternativement sur le second carreau d'un rang, le septième de la suivante, chaque fois le B chassait le G, le G chassait le B. Regardez, je procède!

Sous l'œil passionné de son public, Oulès frappa d'un coin de fer les carreaux appropriés. A chaque coup le carreau B ou G se soulevait avec un grincement. Quand vint la dernière rangée, Oulès frappa le B. *Le carreau G ne se souleva pas.* Un grondement de dépit roula dans les gorges.

— Un autre que moi, reprit Oulès en s'amusant de ces airs désappointés, eût perdu courage. Il se serait peut-être dit que le mécanisme, faussé par le temps, ne fonctionnait plus. Cela aurait pu se produire si les rouages qui commandent cette fermeture avaient été faits de métal ordinaire. Je sais, pour avoir ouvert plus d'une cache, que nos anciens ne se fiaient pas au simple fer, mais à des matières que le temps ne corrode pas. Il devait rester un B pour chasser ce dernier G récalcitrant. J'essayai chaque carreau de la seconde rangée : la rangée B, comprenez-vous. Puis, *tous les carreaux de la rangée B l'un après l'autre.*

Tout en parlant, Oulès frappait lentement de son coin les carreaux de la rangée B. Quand il agit sur le septième, les autres s'étant soulevés tour à tour, le quarante-neuvième carreau, le G inerte de la dernière rangée, se souleva enfin.

Un bruit de roulement se fit entendre. Une ouverture de la taille et de la largeur d'un homme s'ouvrit dans le mur. Il s'en échappa une bouffée d'air vicié par deux siècles de claustration.

— Le trésor de Constantin! déclara l'investigateur.

Bélisaire se redressa, accorda à Oulès un regard admiratif qui le paya de ses peines. Puis, se tournant vers Paul d'Antioche :

— Fils des Flaviens, dit-il, dernier vivant de leur lignée, entre le premier dans cette crypte, où ton ancêtre déposa les trésors de l'empire!

Paul redressa sa haute taille :

— Non, dit-il. Non, excellentissime. Ces trésors ne m'appartiennent pas. Je les ai depuis longtemps légués à Justinien, notre auguste maître. Il aurait pu garder mon secret et me faire tuer. Au contraire, il m'a élevé dans les honneurs, sachant que je lui resterais fidèle. Aujourd'hui, c'est au chef de guerre de l'empereur, son représentant, c'est à toi, Bélisaire, d'entrer d'abord dans ce lieu préservé.

— Vous témoignerez tous, dit le général, de la réponse que Paul a faite. On est jamais trop prudent avec César. Passe devant, Corbeau!

Koraclès grogna de surprise :

— Moi? Je suis pas le fils de personne, à peine le frère à ma sœur. Pourquoi moi?

— Parce que tu as une torche, répliqua Bélisaire avec bon sens.

Un par un, le Corbeau, Bélisaire, Paul, Antonine et Oulès pénétrèrent dans une crypte beaucoup plus vaste que la première cave. Un énorme entassement d'objets soigneusement alignés le long des murs, et en croix à travers la salle, apparut à leurs yeux.

— Corbeau, Stentor, Oulès, allez chercher d'autres torches! ordonna Antonine. Laissez-nous les vôtres. De la lumière, de la lumière!

Bientôt, une vive lueur illumina les lieux. Le général et son épouse, qui aimaient les richesses, abandonnèrent bientôt leur feinte indifférence. Paul d'Antioche qui aurait donné l'or du monde pour Anastasie sa fiancée, Koraclès qui n'aimait que sa sœur et les chevaux, Oulès qui préférait Zoé même aux pierreries se précipitèrent avec fébrilité, torche à la main, allant de merveille en splendeur.

Là, sous trente mètres de roc que couronnait l'oppidum détruit par Scipion, reconstruit par la Rome impériale, dormait non pas la rançon d'un roi, fût-il Crésus en personne, mais bien davantage : les trésors amassés par César en Espagne, en Gaule, en Égypte, par Tibère en Germanie, en Pannonie, en Dalmatie, par Claude dans les pays du Danube, par Vespasien en Bretagne : le trésor des douze Césars et de leurs pâles successeurs.

Un vertige gagnait les visiteurs du plus riche ramas jamais vu dans le monde. La pauvreté de l'air l'expliquait en partie, mais aussi le sentiment d'être en présence de l'héritage d'un empire. Un héritage qui pour des siècles et des siècles assurerait la fortune et le triomphe de Byzance.

— Partons, dit Bélisaire. Partons d'ici. Allons, Oulès. Qu'est-ce qui te fascine, là? Cette grosse torchère à plusieurs bras tordus?

— Sept, répondit Oulès. Sept branches. Le chandelier du temple de Jérusalem, pillé par le païen Titus.

— Dehors! haleta Bélisaire qui n'entendait pas à l'Histoire. C'est tout, y en a trop! Tout le monde dehors.

Lorsque Koraclès, Stentor, Paul, Antonine et le général en serre-file émergèrent dans la première crypte, ils remplirent d'abord leur poitrine d'air plus pur, puis restèrent silencieux, écrasés par cette prodigieuse découverte.

— Oulès, dit enfin Bélisaire, ça se ferme comment, ce trou?

— En repoussant le pan de mur à sa place. Les quarante-neuf carreaux retrouvent leur exact logement.

— Tu avais visité en trouvant le secret?

Pour une fois, Oulès quitta ses grands airs factices pour une expression de mélancolie.

— Je m'assurai d'abord du mécanisme. Je n'ai pas fait un seul pas vers l'intérieur.

— Curieux comme je te connais? gronda Bélisaire.

— Plus prudent que curieux, général. Paul d'Antioche, qui a dans ses veines un peu du sang de Constantin, vous a laissé passer le premier. *Vous*, c'est-à-dire Justinien! Me croyez-vous plus mauvais citoyen que lui?

— Certainement. L'un des pires, sans doute, vieux vautour!

— Mais qui tiens à mes plumes. Je n'ai qu'une vie. Elle est à l'empereur, à Zoé, à vous. A moi aussi, qui ne la risquerais pas pour une vaine curiosité.

Bélisaire approuva de la tête cet aveu assez cynique pour être honnête. Il réfléchissait.

— Bien entendu, dit-il, j'ordonne le silence absolu. Le trésor restera là jusqu'à la fin de la guerre. Personne doit en entendre parler. Koraclès, Stentor?

— Y a dix ans qu'on est au courant, dit le Corbeau. Pas de toutes ces babioles en détail, mais que c'était gros. Stentor et moi, général, on a jamais dit un seul mot. Ça nous regarde pas. On est pas bavards.

— Parler nuit! confirma le centurion gaulois.

— Donc, cette visite n'a pas eu lieu. Si quelque indiscrétion révèle la cachette, je vous fais tous tuer. Toi aussi, Paul! Toi aussi, Antonine!

— Et qui te tuera si tu parles, Bélisaire? s'écria la belle.

— L'un de vous. Vous tous. Je le permets! répondit le général. Bon. Admettons que chacun se taira. Il reste à accomplir deux besognes bien délicates. D'abord, dresser un inventaire complet de ce bordel.

— Ce bordel! s'indigna Antonine.

— Ce foutoir, quoi. Enlever la poussière, trier, compter, mettre sur des listes. Car le second travail, ce sera d'emmener tout à Byzance sans rien perdre en route. Oulès, je te charge de l'inventaire, mais il faut quelqu'un pour te surveiller. Tu prendras Koraclès et Stentor, à tour de rôle. Faites vite. Paul, tu dois partir pour Byzance porter le message officiel à l'empereur. Tu lui diras ce que nous avons vu, et que l'inventaire suit.

Compris? Raconte-lui qu'il y en a trop, le truc à sept branches, tout et bien plus.

Paul approuva de la tête à regret. Bélisaire lui avait annoncé sa décision de l'envoyer à l'empereur en même temps que le perfide Léonce. L'amoureux d'Anastasie ne s'en plaignait pas. Le guerrier en lui regrettait la guerre, mais nul n'y était indispensable. Il semblait bon que le fils des Flaviens parlât le premier à Justinien de cette fantastique découverte.

— Je partirai, dit-il. Dès demain, s'il le faut, avec Léonce. Kelso et Kolse me tailleront la route le premier jour.

Bélisaire approuva de la tête. Tzazon ayant débarqué, il n'y aurait plus de Vandales sur mer, sinon des corsaires. Aucun ne valait les Norrois.

Le groupe se dispersa en direction de l'escalier. Corcodis, Trois-Yeux et Modestus attendaient à leur poste. Le général et son épouse sortirent les derniers, à pas lents.

— Justinien a de la chance, rêva tout haut Antonine. Si tu étais malhonnête...

— Je prends tout, je rallie l'armée, je paie les Vandales, je prends Byzance. On renverse l'empereur, on met Théodora au couvent. C'est ton idée, Antonine?

— Non, Bélisaire. Et la tienne?

— La mienne, c'est qu'à la fin de cette putain de campagne, ma part de prise s'élèvera au quart. C'est moins risqué, ma belle. Et je vais te dire comme je suis bête. Même si je touchais pas une rondelle de butin, je trahirais pas Justinien.

— C'est pour ça que je t'aime, Bélisaire, répondit Antonine. Et aussi parce que je te connais : tu réclameras le quart bien compté.

— La loi, c'est la loi! répondit vertueusement le généralissime.

Oulès, prompt à tout écouter, entendit ce dialogue édifiant. Il eut presque honte d'avoir pris dans un coffre quelques modestes poignées de diamants, la main traînante, à la venvole.

***

Quand il fut avéré que Tzazon et l'armée de Sardaigne avaient débarqué au nord de Carthage, deux tactiques se trouvèrent soumises au choix de Bélisaire. Les chefs de la cavalerie, Pappus et Barbatus en tête, proposaient de porter l'armée entière en avant tout de suite. Ainsi obtiendrait-on un effet de surprise. Ainsi empêcherait-on l'ennemi de se retrancher, de se renforcer.

D'autres, tels Solomon et Ian d'Épidamne, soutenus par Jean l'Arménien, préféraient attendre. Attendre, c'était terminer la restauration des murailles de Carthage, préparer la ville aux assauts les plus rudes. C'était connaître le nombre des ennemis et se mettre en mesure d'attaquer et de vaincre non des troupes dispersées, mais la totalité des effectifs vandales. Une telle victoire n'aurait pas à être complétée par des actions militaires ultérieures.

Bélisaire opta pour la seconde solution. D'abord, parce qu'il lui répugnait de laisser derrière lui des murailles encore vulnérables. Ensuite parce que, n'envisageant pas la défaite, il tenait à en finir une fois pour toutes. Oulès, consulté non point sur l'aspect militaire de ce choix, mais sur la disposition des ennemis dès le mois d'octobre, confirma que Gélimer lui-même et les garnisons des villes de la côte faisaient mouvement pour rejoindre Tzazon.

— Comprenez-moi, petits gars, dit Bélisaire aux généraux. Supposez qu'on dérouille l'armée de Sardaigne d'abord. Ensuite, on va trouver devant nous des bandes de galeux, par cinq cents ou par mille, qui se retrancheront, qui nous prendront du temps et nous tueront du monde. C'est plus facile de piéger une armée de rats que les rats un par un.

Après quelques contestations de pure forme, les chefs donnèrent leur accord.

— Faudrait quand même pas que ça traîne des mois! grogna Barbatus en se grattant. Surtout sans piller, même si l'ordinaire est bon!

— Parole de Bélisaire, répondit le généralissime, tout sera fini avant Noël. Dites-le aux soldats. Offre-leur de temps en temps un coup de main sur les environs, comme ont fait Iskas et l'Enclume. J'ai rien contre, si vous perdez pas la face.

Cette permission fut enregistrée. Dès lors, chaque légion, à son tour de garde hors les murs, se divertissait à des excursions. Ainsi Martin brûla-t-il un village où furent découverts des Vandales armés. Ainsi Marcel s'empara-t-il d'un convoi de vivres venant de la Byzace, et destiné sans aucun doute à l'armée de Tzazon.

Novembre passait. Althias et les Bons, pour leur part, furent responsables d'une action radicale contre le couvent des sœurs de Sainte-Balbutie. Pauvre gibier, dira-t-on, pour l'élite de l'armée. Il faut répondre que l'évêque Alexis, qui avait aussi ses espions, réclamait au nom de la foi la suppression de ce nid d'hérésie. On sait — ou ne sait pas — que l'incessant travail des conciles, depuis Nicée jusqu'à Chalcédoine, mettait en place depuis deux siècles des remparts contre les chrétiens divergents. Que les fidèles en apprenaient ce que nous devons savoir des vérités éternelles pour baigner dans l'orthodoxie. Que le clergé orthodoxe enfin militait non seulement contre les diaboliques déviations spirituelles, mais aussi contre les usages répréhensibles introduits dans l'ordinaire de l'Église. Or, le couvent de Sainte-Balbutie recelait une communauté de converses condamnée en cour conciliaire : les sœurs agapètes.

Rien de sciemment diabolique pourtant dans cet ordre désormais interdit. Rien d'offensant pour le dogme ni la liturgie. Rien qui pût troubler la conscience des pratiquants. Les sœurs agapètes, comme leur nom l'indique [1], se mettaient au service des ministres de la religion pour soulager leur célibat. Leur modeste office consistait à offrir au clergé contraint à l'abstinence les services qu'une femme peut rendre à un homme, fût-il oint. Quand les sœurs agapètes n'exerçaient pas ces discrètes fonctions, quand il ne se trouvait aucun clerc pressé de recourir à leurs humbles empressements, elles se retiraient, se reposaient et priaient dans des couvents à elles destinés, tel celui de Sainte-Balbutie près de Carthage. L'intransigeance de l'évêque Alexis, appuyé sur les interdits conciliaires, décida le général en chef à dissoudre cette communauté : la loi chrétienne en effet interdisait désormais à ses bergers l'usage de telles brebis. Sans que les clercs, à l'exception des moines, eussent fait vœu de chasteté, il leur était défendu de recourir en cas de tentation à des alliées quasiment officielles. Cela faisait leur affaire ou non, mais ne regardait pas la hiérarchie : l'usage des sœurs agapètes, l'existence même de leurs communautés se trouvant interdits, il fallait disperser ces pigeonnes hors de leur colombier.

La chronique ne dit pas en détail comment Althias et les

---

1. *Agapetos* en grec signifie à la fois : *aimé* et *dont il faut se contenter.* Saint Jean Chrysostome tonna contre ces malheureuses.

Bons fermèrent le couvent de Sainte-Balbutie. Ordre avait été donné d'éviter le meurtre, la rapine, les brutalités excessives. En fait, le communiqué déclara que les sœurs, sommées par l'autorité religieuse de renier leur hérésie et de renoncer à l'acte de chair avec des ecclésiastiques, se soumirent sans grande résistance. Que cinquante militaires d'élite aient pu venir à bout de vingt-cinq victimes professionnelles, cela se conçoit sans peine. Deux faits pourtant excitèrent la curiosité de ceux qui connurent la prise du couvent : bien que ses bâtiments fussent à trois kilomètres à peine de Carthage, les Bons mirent une journée et une nuit entière à accomplir leur tâche. Ensuite — des témoins le confirmèrent — ils furent raccompagnés, acclamés, couverts de menus présents par celles qu'ils venaient convaincre d'hérésie. Les Bons, jalousés par les hommes de troupe, gagnèrent tout dans cette aventure, sauf de la popularité. Gildas, l'éternel souriant, affirmait à Iskas redevenu son chef que « l'opération Sainte-Balbutie » aurait dû revenir à la police militaire.

— C'est toujours les mêmes sur les bons coups! conclut-il amèrement.

Iskas caressait son plumet retrouvé et ne répondait pas. Cependant, les sorties armées vers la grande banlieue de la ville n'étaient pas toutes aussi paisibles. Les chefs de cohorte en mission parlaient d'armes montrées, de rassemblements suspects. Les espions d'Oulès, infatigables, l'assuraient du reflux des partisans de Gélimer autour de Tzazon. Le roi lui-même, sa famille, ses concubines, ses trésors et jusqu'à Ortolan avaient rejoint les troupes de Sardaigne. Des renforts arrivaient de toute la côte.

— Patience! répondait Bélisaire à ses généraux. Tous les rats ensemble, je vous dis! Avant la Noël!

— Faudra qu'on ait assez de chats! bougonnait Pappus.

Oulès, pour sa part, s'intéressait d'abord à Laurus, Jonas et autres ennemis de l'intérieur groupés autour de Druzon. Sans chercher à envahir par force le quartier général occulte de ce dernier, le maître espion byzantin avait assez d'agents doubles pour savoir ce qu'il s'y tramait. Amien et Firmin, les deux traîtres de l'entourage de Solomon, lui étaient utiles. Il les envoyait en mission accompagnés d'hommes sûrs. Ces derniers, au retour, disaient avec qui leurs chefs avaient pris langue. Comparant les rapports de ces fidèles à ceux de Firmin et d'Amien, Oulès gardait l'œil sur tout un réseau de complicités.

— Jonas, dit-il un jour à Bélisaire, est le plus lâche. Il garde un pied chez Druzon, mais ne fait rien pour l'aider. Laurus, général, c'est une autre affaire. Celui-là est dangereux. Savez-vous qu'il s'est lié d'amitié avec Aigan, le porte-parole des Huns? Quelque chose d'inquiétant se trame de ce côté.

— Tu y veilles? Tu m'avertiras s'il faut agir?

— *Quand* il faudra agir, général. Bientôt!

L'apparent laisser-aller de l'état-major byzantin, l'euphorie des troupes, tout poussait Druzon à un optimisme qui ne sied jamais aux comploteurs. Bélisaire ne restait inflexible que sur un point : le travail aux fortifications ne devait jamais ralentir. A part cela, il lâchait la bride. L'armée buvait, banquetait, fraternisait avec les Carthaginois, et surtout les Carthaginoises. Un air de vacances s'installait dans la ville prise. Koraclès, Stentor et Trois-Yeux, à l'Hippodrome sur la colline, montraient à Moraïde, à Bel-Œuf, à des centaines de badauds comment on conduit un char à huit guides. Le vin coulait, le rire allait, et durant ce bel automne à Carthage l'armée byzantine vivait des jours bien doux.

Le 20 novembre, le « Renard » du capitaine Epix passa le détroit de Mandrace. Il avait mis soixante-cinq jours à faire l'aller et retour Carthage-Byzance, ce qui constituait un exploit en cette saison-là. Le messager qu'il amenait était plus connu de Procope que de Bélisaire. Le *parèdre* dit tout sur cet homme, nommé Nasa : un arriviste professionnel, flatteur patenté de l'empereur, espionnant tout le palais en sa faveur. Il fut reçu avec honneur. Le message qu'il apportait indiquait la satisfaction de Justinien devant le succès de Décimum. Il couvrait Bélisaire d'éloges et lui accordait sa bénédiction, lui recommandant de poursuivre la guerre.

— Paroles de Cour! murmura Oulès. Compliments pincés!

— Il y a aussi, dit le bon Epix, un coffret pour le général Jean l'Arménien. Une dame d'honneur de l'impératrice me l'a fait remettre au bateau. Et une lettre de Narsès à Oulès.

— Bon, sourit Bélisaire. Notre Jean fait encore jaser Byzance! Va, Epix. Prends cet or bien gagné. Repose-toi, prends du bon temps. Tu repartiras bientôt.

Puis, quand le vieux capitaine se fut retiré, et qu'Oulès eut pris connaissance de la missive du chambellan :

— Eh bien, Oulès, poursuivit le général, que penses-tu de cette adresse de Justinien?

— Rien, répondit l'investigateur. Paroles de Cour, je le répète. Cette lettre de Narsès est plus préoccupante. L'inventaire du trésor, après l'arrivée de Paul, sera bien reçu! Reste à ne pas tarder, comme on nous le conseille. Démasquons enfin le complot, envoyons-en les preuves à Byzance. Laurus parlera avant d'être pendu, si on le questionne comme il faut.

Bélisaire sursauta. Il n'attendait pas cette proposition.

— Pendre le consul Laurus, dis-tu? Ce brave allié, qui vante Justinien et déteste Gélimer?

— Ce brave allié, déclara Oulès, a proposé hier à vos Huns de quitter notre armée. En échange, ils auront droit de pillage *sur nos biens*, quand Gélimer nous aura battus. Vous m'aviez demandé de vous avertir l'heure venue : c'est chose faite.

— Aigan serait fou à ce point? Nous vaincrons, avec ou sans les Huns!

— Dites cela à Sinnion, à Balas, à ces mangeurs de viande crue qui n'ont rien pillé depuis cinq mois.

— Il faut donc arrêter Laurus?

— Sans tarder. Ensuite, l'obliger à dénoncer par écrit ses complices, parmi lesquels Léonce. Cette confession ira à Justinien par Nasa sur le bateau d'Epix. Procope y joindra une proclamation aux troupes, que vous allez faire. Sur le thème : *Tout complot, tout murmure contre l'empereur, égal des apôtres, sera châtié.*

— Et nous pendrons Laurus?

— Sur la colline de l'Hippodrome, entre Amien et Firmin, ses complices.

— Sans tarder non plus, n'est-ce pas?

Oulès produisit une de ses inimitables grimaces.

— Au contraire, général. La confession, la proclamation, leur envoi à Byzance, rapidement. L'exécution des traîtres, après un signe bien particulier.

— Un prodige peut-être, maître farceur?

— Un ennui prévisible, général. Nous pendrons Laurus, nous contrerons Druzon, vous mènerez l'armée contre Gélimer lorsque...

— Eh bien?

— Lorsque l'eau manquera aux fontaines de Carthage.

***

A Byzance, ce même 20 novembre de l'an 533, la garde des Hicanates saluait le général Paul d'Antioche qui, traversant l'Augustéon, se présentait devant les portes de bronze du palais sacré. Il descendit de cheval, jeta la bride à un emplumé et s'engagea dans le vestituble d'honneur, s'appliquant à ne pas boiter. Par l'une des galeries couvertes, il chemina jusqu'au palais intérieur de Daphné, contourna la salle du trône et gagna l'antichambre d'honneur de l'impératrice Théodora.

A cette heure de la matinée, un jour de semaine, les lieux auraient dû regorger de gens de Cour admis en audience, de familiers, de dames d'honneur. En vieillissant, Théodora augmenterait sans cesse le nombre de ses servantes, suivantes, de ses eunuques et de ses pages. Elle le porta plus tard jusqu'à plusieurs milliers, nous dit-on. Mais en 533, la merveille de Byzance, la Perle des Trois Mers n'en était pas encore à vieillir. Six gardes dorés défendaient son vestibule. Aucun pépiement, aucune rumeur de dames ni de courtisans ne se faisait entendre. Théodora, ce matin-là, avait consigné sa porte à tous, sauf à Paul et au chambellan Narsès : son pupille et son vieil ami.

Narsès précisément attendait seul le bon vouloir de la souveraine, lorsque Paul entra. Les deux hommes se saluèrent avec affection. Des yeux cachés derrière les tentures avaient dû voir entrer le général, et quelque empressée rapporter à Augusta que ses visiteurs étaient là. L'étiquette voulait que la souveraine se fît attendre : un peu moins que le souverain, mais déjà beaucoup.

Anastasie parut d'abord, vivante réplique de sa sœur, avec quelques années de moins. Elle salua Narsès familièrement et dédia à Paul un de ces regards qui comblent un homme amoureux. Bon diplomate et parfait ami, le chambellan s'éloigna de quelques pas, pour laisser l'heureux couple murmurer les inepties d'usage. Le mariage de ces deux-là devrait attendre la fin de la guerre. Ils en étaient donc encore à s'émerveiller l'un de l'autre : cela reste de règle entre des personnes éprises dont l'union n'est pas consommée.

L'eunuque maître des cérémonies annonça théâtralement

l'impératrice. Il se retira ensuite, puisqu'il s'agissait ce jour-là de conversation, non de représentation. Peu à peu, le décor et la mise en scène des apparitions impériales se théâtralisaient en effet. Bientôt, approcher l'égal des apôtres ou sa souveraine épouse ne se ferait pas sans rites compliqués, sans déploiement de cette richesse et de cette puissance qui rassurent les fidèles, intimident les orgueilleux, rendent prudents les étrangers. Ainsi firent en tout temps les grands rois, et la pompe de ceux de Byzance devait surpasser ce qui s'était vu, sans parler de ce qui se verrait.

Théodora s'accommoda dans ce qui était plus qu'une chaire et moins qu'un trône. A la nuance de son sourire, Narsès comprit qu'elle se trouvait de belle humeur.

— Approchez-vous, dit-elle. Nous sommes seuls. Paul, cesse de te tenir comme à l'église. Ne vois-tu pas que cette fille va tomber, si tu ne lui prends pas la main?

Paul toussa, Anastasie et Narsès sourirent. La glace était rompue. Ils n'avaient certes pas devant eux l'ancienne petite Dora, la joyeuse et courageuse fille au parler truculent, mais enfin leur protectrice de toujours.

— Je vais au fait, dit la souveraine. Le temps presse, car il me faut bien donner audience tout à l'heure à des... à des notables des provinces.

« Naguère, songea Narsès, elle nous aurait dit : à des pécores ou à des ploucs. »

— Narsès, continuait la belle reine, mon époux t'a-t-il parlé à nouveau de Bélisaire et du trésor?

— De l'un et de l'autre, et des deux ensemble, répondit le chambellan. Cette fleur de timidité, ce savant comptable, Maxence, dépouille pour notre auguste maître l'inventaire du trésor des Césars. Il correspond, volume après volume, à celui qui dormait dans les archives de Byzance.

Théodora ne put s'empêcher d'éclater de rire :

— C'est vrai, dit-elle. Faute du trésor perdu, nous avions son inventaire, cette énumération de merveilles. Tout est là, dis-tu? Les splendeurs de l'Occident et de l'Orient?

— Tout, semble-t-il. Cela, vous pouvez le penser, change de jour en jour l'attitude de l'empereur vis-à-vis de Bélisaire.

— J'enrage, s'écria Théodora. Lorsque nous sommes seuls, il refuse d'en parler. Il me dit que mon amitié envers Antonine obscurcit mon jugement. Que Léonce... A-t-il parlé de Léonce ?

— Hier, et c'est justement la bonne nouvelle. Justinien veut te voir, Paul, et avec moins de cérémonie que les autres fois. Il m'a dit en marmonnant... Oh, mille excuses, souveraine !

— Ne fais pas ton courtisan. Il marmonne. C'est bon signe. Quand il fait cela, c'est qu'il réfléchit. Que marmonnait-il ?

— « Paul d'Antioche, me dit-il, est un homme de devoir. »

— La belle affaire ! s'indigna Anastasie.

— « Un homme de devoir, répéta Narsès. Il n'aurait pas ignoré cette trahison de Bélisaire que l'on veut me faire croire. Décidément, nous allons arrêter ce Léonce, et le garder au secret jusqu'à la fin de la guerre. »

— Il a dit cela ? s'exclama l'impératrice. Sans rien m'en laisser paraître en particulier ? Oh, je me vengerai ! Dire qu'hier encore je répétais devant son visage sceptique que le vainqueur de Dara ne trahit pas, que le sauveur du trône aux jours de Nika ne peut faillir...

Narsès esquissa une moue qui fut remarquée.

— Puis-je être franc, auguste souveraine ?

— Ne l'es-tu pas d'ordinaire ? Tu as changé à ce point ?

— *Vous* avez changé, *Kuria*. Je ne vous mens jamais, certes. Mais vous vous élevez si fort au-dessus de nous qu'il m'arrive...

— De ne pas tout me dire ? Parle. Cher Narsès, ami de toujours, tu me fais de la peine. Suis-je devenue ce que je m'efforce de paraître ? Dites-moi, mes amis, mes chéris, dites si j'ai l'air de vous aimer moins, parce qu'il me faut être l'épouse d'un grand roi.

Anastasie se précipita pour baiser la main de sa sœur. Paul s'agenouilla, la main sur le cœur. Narsès s'inclina profondément.

— Allons, dit Théodora, tu dois avoir raison, Naguère, Anastasie m'aurait embrassée sur la joue, Paul aurait pris ma main. Tu aurais ri de ma grandiloquence, Narsès. Qu'y faire ? Parle hardiment... Parlera-t-il ?

En disant ces mots, l'impératrice fronca le nez d'une certaine façon si peu royale, si semblable à ses grimaces de jeunesse que sa sœur et ses amis rirent enfin sans contrainte. Un peu étonnée d'abord, Théodora les imita. Pour une fois, l'or et la pourpre étaient abolis, leur laissant voir cette amie si chère, que Justinien éloignait d'eux en la mettant trop haut.

— Donc, je parlerai franc, enchaîna Narsès. Bélisaire vainqueur des Perses, idole de Byzance, irritait Justinien. Bélisaire sauvant le trône pendant Nika l'agaçait encore plus, puisqu'il fallait lui montrer de la reconnaissance. Bélisaire traître en Afrique, s'emparant du trône de Gélimer, du trésor de Constantin, cela délivrait l'empereur, comprenez-vous? Il avait envie d'un motif pour détester un serviteur indispensable.

Chacun médita ces paroles d'évidence et les approuva de la tête.

— Bien, dit enfin Théodora. Partez, maintenant. Tout est clair. Ah, le trésor est intact, l'inventaire exact, et cela plaît à mon seigneur? Très bien. Paul, quand il te recevra, ne dis aucun bien du chef de nos légions.

— Si vous me croyez capable d'en dire du mal... commença Paul d'Antioche.

— Non, sourit Théodora. Cela, je m'en charge. Maintenant que Justinien retrouve à regret sa confiance en Bélisaire, je vais le calomnier, moi! L'abaisser, le soupçonner en paroles tandis qu'il s'élève et se justifie dans l'esprit de mon époux.

— Mais cela est mal! s'écria l'honnête Paul. Vous ne devez pas... Narsès!

Narsès souriait, approuvant chaque mot de la souveraine.

— Tais-toi, Paul, dit-il. Augusta est une reine. C'est aussi une épouse. Tu as compris, toi, Anastasie?

La sémillante sœur de Théodora rit sans retenue :

— Je crois bien! Justinien défendra désormais Bélisaire contre les piques de Théodora. Pour la persuader que notre général est un petit saint Jean, il s'en persuadera lui-même. Tu veux toujours épouser la sœur d'une rouée, mon Paul?

— J'en prendrai le risque! répondit Paul avec son sérieux ordinaire.

Chacun prit congé et se retira. Dans le vestibule, Anastasie dut faire quelque plaisanterie, car l'impératrice entendit rire gaiement ceux qui s'en allaient. Elle se tint immobile un instant, rêveuse. Elle songeait au passé, aux fêtes du passé, à la joie sans contrainte, à la rue et aux fleurs. Elle froissa dans son poing une écharpe bleue.

— Le devoir a ses charmes! prononça-t-elle.

Puis, trouvant ridicule ce qu'elle venait de dire, l'impératrice du monde chrétien éclata d'un rire qui choqua son maître des cérémonies, reparu au fond de l'antichambre.

***

Depuis la mi-novembre, les excursions de cavalerie hors de Carthage changeaient d'aspect. Les colonnes byzantines ne galopaient plus à loisir pour prendre un convoi ou convertir un couvent de nonnes. Elles se trouvaient toujours accrochées par des détachements ennemis qui parfois venaient au contact. De ces escarmouches, les chefs byzantins sortaient immanquablement vainqueurs. Pourtant, il apparut que Carthage, désormais, se trouvait investie de toutes parts. Apprenant cela, Bélisaire interrogeait Oulès, le houspillait même.

— L'heure va venir, répondait l'investigateur. Occupez-vous d'abord des Huns, général. Cela hâtera les événements.

Le 1er décembre donc, Bélisaire dit à Aigan non de convoquer Sinnion et Balas, mais de faire rassembler leur terrifiante troupe sur un terre-plein près de la muraille. De là, on avait une vue excellente sur la colline voisine. Entre elle et le mur rénové, un fossé, une palissade, tout ce qu'il fallait pour prévenir les assauts. Solomon en effet venait d'annoncer au généralissime que la fortification de la ville était terminée.

Les Huns donc arrivèrent en deux files sur leurs petits chevaux et se groupèrent face à la colline. Ils y virent trois potences récemment dressées, une équipe de bourreaux prête à officier, et trois Carthaginois dont les liens et l'attitude désespérée signalaient le rôle de victime. A leur habitude, les Huns restèrent impassibles. Bélisaire arrivait sur son destrier, flanqué de Solomon et de Jean l'Arménien. La décurie de l'Enclume, sous les armes, constituait sa seule escorte : assez pour l'honorer, trop peu pour inquiéter. Sur un signe du chef de guerre, Aigan se plaça près de lui, pour traduire ses paroles en idiome hunnique.

— Summaques, dit Bélisaire, les hommes que l'on va pendre là-bas m'ont trahi. Ils prétendaient se soumettre à notre empereur, mais complotaient contre lui. Ils ont essayé de se soustraire à leur devoir. Voici comment je traite ceux qui manquent à leur parole.

Le général leva la main. Un buccin sonna. Sur la colline, les bourreaux firent ensemble leur office. Le consul Laurus, les citoyens vandales Amien et Firmin se trouvèrent pendus par le cou, et la mort s'ensuivit.

Une troupe ordinaire aurait frémi en contemplant ce terrible spectacle. Les Huns n'avaient rien d'ordinaire. Ils aimaient presque autant voir mourir que tuer eux-mêmes. Un vent de rires et de joyeuses exclamations parcourut leurs rangs. Sinnion et Balas s'avançaient vers Bélisaire. L'Enclume ordonna à ses hommes d'abaisser leurs lances. Sinnion parla pour les Huns.

— Chef de l'armée, traduisit Aigan, il est vrai que ceux-là que tu fais pendre ont essayé de nous détourner de toi. Ils nous ont dit que les Vandales étaient vos cousins. Que jamais tu ne nous permettrais de piller chez eux. Qu'après la guerre, tu rembarquerais en nous abandonnant sur ce sol étranger. Eux, les Vandales, prétendent avoir rassemblé près d'ici une grande armée. Ils nous ont proposé une riche alliance. Ils nous ont promis, s'ils gagnent, de nous donner droit de pillage sans réserve sur votre armée vaincue, sur tous vos alliés en ce pays.

Il va sans dire que ces paroles ne furent pas prononcées de façon ordonnée et cohérente. Aigan aménageait le texte avant de le traduire, le purgeant notamment des injures et des menaces. Mais enfin, Bélisaire entendit la conclusion du chef Hun : depuis bientôt six mois, Byzance manquait à sa parole. Ses hommes n'avaient eu qu'un seul combat, quelques victimes à dépouiller, aucun village, ville ou forteresse exposé en proie. Les Huns se considéraient donc comme libres de choisir leur camp et le feraient le cas échéant.

Préparé à cette conclusion, Bélisaire fit entendre sa réponse. Il allait partir en guerre contre l'armée vandale regroupée. Il la culbuterait, avec ou sans l'aide des Huns. A ces derniers, il permettait de rester en réserve, d'assister au combat sans y participer. S'ils désiraient rejoindre l'ennemi, qu'ils quittent la ville sur-le-champ : ils seraient alors traités en ennemis. S'ils restaient, un nouveau pacte se trouvait établi. Témoins d'abord de la bataille, ils ne s'y jetteraient qu'en cas de victoire des « Romains ».

— Sinnion demande, traduisit Aigan, si tu es certain de vaincre sans lui.

— Dis à ce loup galeux, répondit Bélisaire, que personne

n'a jamais vu Bélisaire vaincu. Qu'ils restent neutres. Il y aura dès lors pour eux, à la fin, carnage et pillage. Sinon, je mettrai les troupes qu'il faudra pour les tuer jusqu'au dernier.

Sinnion inclina la tête brièvement, et s'en fut parlementer avec ses hommes. Dans tout son fier discours, le général de Justinien n'avait fait qu'un mensonge. Les Perses l'avaient battu une fois, à Kallinicos, mais sans mettre son armée en déroute. Un général oublie vite ce genre de péripétie. Sinnion et Balas revenaient donner leur réponse : les six cents Huns marcheraient à nouveau avec l'armée de Justinien. Ils se défendraient si on les attaquait, mais ne tireraient pas une flèche avant que l'on eût gagné sans eux. Ensuite, ils parferaient la victoire.

— Il ajoute, conclut Aigan, que les Huns sont certains de la victoire de Bélisaire, qu'ils estiment. Ils le préfèrent aux Vandales.

Tout était dit. Bélisaire, ses officiers et sa garde quittèrent les lieux au petit galop, et les Huns retournèrent à leur cantonnement.

— Tu veux que je te dise, Jean, déclara le général au chef des Cent de Décimum, je suis déjà bien content de les savoir neutres, ces pouilleux-là. Il m'aurait fallu perdre mes meilleurs hommes pour les écraser sous le nombre.

Le 5 décembre, un conseil de guerre se réunit. Ultra-secret, bien entendu. Dès le 6 au matin, les différents corps d'armée furent consignés dans leurs cantonnements, les permissions supprimées. La garde militaire, je veux dire la centurie redonnée à Iskas, parcourait les rues pour repérer d'éventuels réfractaires, et en trouvèrent bien peu. Ceux qui avaient déjà servi sous Bélisaire avaient expliqué aux autres que, indulgent au temps du repos, le général se montrait impitoyable une fois les ordres donnés. Les trois chefs de ces patrouilleurs, c'est-à-dire Corcodis, Gildas et Iskas lui-même, prirent le temps de déjeuner ensemble, tant la ville semblait calme.

— Paraît, dit Gildas, que Jean l'Arménien va commander en chef la cavalerie.

— Paraît, enchaîna Iskas, qu'il faut la boucler, à cause des espions. C'est vrai, pour Jean? Qui te l'a dit?

— L'Enclume. Il est bien placé pour savoir.

— Un blanc-bec au-dessus de Pappus, de Barbatus, de Ruffin, de Martin! On aura tout vu, commenta le centurion.

— Un blanc-bec, corrigea Corcodis, qui a gagné à lui seul la bataille de Décimum, tandis que les autres béaient. Il a l'air aimable et timide, mais quel lion!

Depuis que le courrier du 20 novembre était arrivé de Byzance, le présumé lion Jean l'Arménien ressemblait plus à un poète égaré sous les armes qu'au chef valeureux de Décimum. Il gardait les yeux dans le vague, n'entendait pas les questions, à moins qu'elles ne vinssent de Bélisaire, et recherchait la solitude. Koraclès, un soir, fut surpris de le voir frapper à sa porte. Le Corbeau, qui devait rejoindre Clématis après le couvre-feu, fut modérément heureux de le voir, mais le reçut avec amitié.

— Je passais par là, Corbeau, dit Jean l'Arménien. Je pensais à Paul, qui me manque. J'ai eu envie de te dire bonsoir.

« Et de parler de ma sœur », songea Koraclès sans sourire. Ce ne serait pas la première fois. L'armée gardait connaissance des chansons qu'on faisait à Byzance sur l'amour impossible de Jean pour l'impératrice. Comment? Les espions d'Oulès, tenus au secret pour les renseignements militaires, ne l'étaient pas pour les commérages. Un peu agacé, un peu attendri, le Corbeau suivait les efforts maladroits de ce fier guerrier pour mettre la conversation sur la reine de son cœur. Il s'y prêta par charité, et aussi par affection, car Jean inspirait à chacun la sympathie. Le couvre-feu sonna. Il n'était pas pour les chefs. Clématis attendrait. D'abord par compassion pure, puis par nostalgie, Koraclès se laissa interroger sur les enfances de Théodora, ses qualités, ses goûts et ses couleurs.

— Sa couleur favorite, dit le Corbeau, c'est le bleu. Comme celui de l'écharpe que tu tiens à la main. Écoute, Jean... C'est vrai ce qu'on murmure, que tu vas conduire toute la cavalerie?

— Il paraît. Le bleu, dis-tu?

— Je dis, gronda le Corbeau, que la retraite a sonné, et que les chefs doivent donner l'exemple. Tu crois pas, ami?

— Tu as raison. Bonne nuit. Dieu te forte, Koraclès.

— Et la mère de Dieu, Jean!

Le Corbeau referma la porte. Il attendrait un moment avant de se glisser dans les rues désertes jusqu'à l'antre douillet de la belle fille. Clématis, songea-t-il, n'était pas une pute, pas même une fille dissolue. Elle aimait faire plaisir, voilà. Le plaisir vaut mieux que l'amour. Ce pauvre Jean...

Le pauvre Jean rentrait chez lui. Sa promotion inespérée ne l'emplissait pas d'orgueil, comme on aurait pu le croire. Il baisait l'écharpe bleue qu'une dame d'honneur avait remise à Epix dans un coffret, avant qu'il ne quitte Byzance. Adressé à Jean, ce paquet minuscule venait de plus haut que la dame. Il contenait l'écharpe, et provenait de Théodora, avec un mot de SA main : *Nous avons su vos exploits. L'empereur vous aime.* Pas de signature, pas le moindre encouragement, mais cette écharpe légère et si précieuse pour un cœur amoureux. Non, Jean l'Arménien ne méritait pas d'être plaint!

Le 12 décembre, l'eau manqua d'un seul coup à toutes les fontaines. Bélisaire, ayant obligé par avance Oulès à expliquer sa prophétie, attendait ce signal. Les partisans de Gélimer venaient de briser l'immense aqueduc d'Hadrien, qui alimentait la ville. Cela signifiait que les Vandales marchaient vers Carthage, décidés à l'assiéger de toutes parts.

Le 14 à midi, les portes s'ouvrirent. Toute la cavalerie byzantine en sortit, Jean à sa tête. Les Cent, devenus trois cents, formaient l'avant-garde. Les cavaliers légers fédérés suivaient, et les cataphractaires en couverture. Bélisaire restait derrière avec ses Bons et cinq cents lanciers. Fidèles à leur parole, les Huns fermaient la marche, arc à l'épaule. Ian d'Epidamne et l'infanterie restèrent pour garder la ville, dont les portes se refermèrent.

Selon les informations d'Oulès, une armée vandale forte de six mille hommes, commandée par Gélimer et son frère Tzazon, se trouvait massée à Tricamarum, ayant établi un camp retranché. Bélisaire fit sonner les trompes. Les légions de Byzance s'ébranlèrent. Tout semblait ordonné pour l'une de ces batailles qui peuvent changer le sort d'un empire, et dont l'Histoire n'oubliera pas le nom.

# TROISIÈME PARTIE

## *XI*

# OÙ LES LÉGIONS FRAPPENT DEVANT

Personne, à part les anciens combattants et plus tard les éboueurs de l'Histoire, ne s'est souvenu de la bataille de Tricamarum. Elle changea pourtant le destin de l'Afrique du Nord, la restituant à Byzance. Il est vrai que ce fut pour peu de temps, car l'étoile de Mahomet ne tarderait pas à se lever. Contrairement à Décimum, il ne s'agit pas d'une promenade byzantine accompagnée de débandade chez les ennemis. Tzazon, vainqueur de Godas en Sardaigne, portait mieux les armes qu'Ammatas et Gélimer : c'était le général de la famille. Il souffrit de cette disgrâce qui arrive parfois aux meilleurs : il trouva plus fort que lui et perdit la partie. A Tricamarum, non seulement Bélisaire vainquit les Vandales, mais il les effaça de la carte du monde. Battus, dispersés, aliénés, ils perdirent si bien leur identité que ce peuple se fondit parmi les autres et cessa bientôt d'exister. Les Maures achevèrent ce que Byzance commença en ce jour de victoire. Les Vandales ne laissèrent à la postérité ni œuvres notables, ni même langage à traduire. Leur nom, en revanche, lié aux exactions effroyables commises par leurs ancêtres en Europe, demeura, demeure encore pour désigner ceux qui saccagent sans en tirer profit.

Comment se produisit cette rapide décadence, voilà qui dépasse le cadre de notre récit. Fut-ce par manque de chefs de valeur? Même pas. Le bon Hildéric mort, un de ses neveux survécut et se réfugia à Byzance. Justinien accueillit cet homme, l'interrogea, fut charmé par son intelligence et son esprit de coopération. Ce neveu, nommé Appallaciaire, débarqua au port de Carthage le 5 décembre, le jour même du conseil de guerre avant la campagne. Bélisaire le reçut avec honneur et le prit avec lui d'abord en otage, puis en allié. Si dans les années suivantes les Maures n'avaient pas émis l'outrecuidante prétention de récupérer leur terre originelle, il est probable qu'Appallaciaire aurait occupé le trône de Gélimer. Il en fut autrement, au grand dam des successeurs de Justinien.

Donc, le 14 décembre 533, la cavalerie byzantine tout entière sortit de Carthage et marcha sur Tricamarum où l'ennemi s'était établi. Les ordres de Bélisaire étaient les suivants : prendre position devant les Vandales, n'attaquer que le lendemain à l'aube. Hommes et chevaux burent à leur soif à un ruisseau peu profond qui séparait les deux partis. Certes, Carthage avait des puits, mais la rupture de l'aqueduc, la veille, avait rendu nécessaire le rationnement de l'eau. On avait reconnu le point de rupture, envoyé des ouvriers réparer le conduit brisé, mais enfin sa longueur interdisait de le garder sur tout son parcours. Koraclès et ses subordonnés veillèrent à ce que les chevaux de toutes les légions approchent du ruisseau, et à ce que des réserves fussent faites. A ceux qui objectaient qu'on serait vainqueur le lendemain, le Corbeau répondait : « Un cheval vainqueur a soif aussi bien qu'un vaincu », et n'en démordit pas.

Cette fois encore, Procope accompagnait Bélisaire sur le terrain, c'est-à-dire à l'arrière-garde. Il assista au conseil qui se tint devant le feu de camp, une fois postées les sentinelles. Il nota de son mieux l'ordre de bataille tel que le chef de guerre l'établit. Au centre, Jean l'Arménien porterait la première charge avec les Cent de Décimum accompagnés de deux cents lanciers et des Bons en couverture. A gauche Martin, Valérian, Cyprien, Marcel et la plupart des fédérés. L'aile droite comprendrait les troupes lourdes de Pappus et de Barbatus. Les Huns, toujours décidés à ne pas combattre avant que la victoire ne fût acquise, se tiendraient vers le flanc droit, isolés sur un monticule. A Jean l'Arménien de porter et de défendre cette oriflamme qui désormais marchait près de la croix en tête des armées. On lui donnait le nom de *bandi* ou *band*, terme goth qui allait désormais être adopté [1]. Personne ne contestait cet honneur au vainqueur de Décimum. Personne non plus n'osait se

1. En français *bandière*, puis *bannière*. L'étymologie dérivée du mot *bande* est contestée, mais vraisemblable.

moquer de l'écharpe bleue nouée à son bras : ceux qui — peu nombreux — n'aimaient pas Jean le craignaient du moins. Personne, sauf Koraclès, ne savait que l'écharpe bleue de Tricamarum avait plus de prix que celle de Décimum, et que l'impératrice Théodora l'avait envoyée elle-même à son chevalier.

L'armée byzantine s'établit non loin du ruisseau et campa pour la nuit. Procope, le conseil terminé, s'apprêtait à dîner quand Bel-Œuf survint en toute hâte.

— Excellent, dit-il, Moraïde m'envoie vous chercher. Y a quelque chose qui se passe. Il dit que ça intéressera un savant comme vous.

Procope était las d'avoir chevauché sa mule. Il avait faim. Pourtant, les mots « excellent » et « savant » le décidèrent à suivre cet homme qui savait le respect. Le robuste Bel-Œuf devant le petit *parèdre* cheminèrent de feu en feu jusqu'au bivouac des lanciers de Jean. Ces derniers, rudes guerriers de Thrace, s'émerveillaient d'une amusette. Rien de plus ingénu, hors des charges et des tueries, que les guerriers professionnels. L'un d'eux avait découvert dans un trou une sorte d'eau huileuse et noire, peu appétissante et d'une odeur forte. Un de ses camarades, qui s'était battu en Perse, reconnut ce liquide. Il y trempa le fer de sa lance, approcha la lance du feu. Une flamme courut le long du fer. Cela étonna les cavaliers, qui voulurent tous essayer ce tour. Quand Procope guidé par Bel-Œuf rejoignit leur camp, chacun venait de tremper son fer dans le suintement du sol et l'enflammait avec de naïves exclamations. Procope ne savait rien du pétrole, pourtant connu jadis des dames romaines : elles s'y baignaient pour guérir leurs rhumatismes. Il ne vit là qu'un signe du ciel et nous le fait savoir. La veille du combat, du feu parut au bout des lances de Jean l'Arménien. Rien de plus significatif que ce prodige : à coup sûr, il présageait la victoire. Le *parèdre* se hâta vers Bélisaire pour lui conter ce miracle. Il fut rabroué. Un général, préparant une bataille, se trouve peu disposé à écouter des fables. Blessé en son amour-propre, Procope se retira et après dîner fit écrire par son scribe, pour la postérité, cet incident notable. Révisant plus tard sa chronique, il note que le feu parut de même au bout des lances dans une campagne suivante et que la victoire suivit ce prodige. Qui de nous, je vous le demande, contesterait l'incontestable?

Cette nuit-là, Oulès dormit peu. Il recevait de loin en loin des hommes à lui, transfuges du camp des Vandales, qui lui apportaient les dernières nouvelles. Ayant pris quelques heures de repos, il se fit annoncer à Bélisaire dès que celui-ci fut réveillé. Le général déjeunait frugalement sous sa tente. Oulès refusa poliment l'invitation qui lui fut faite de manger du pain et des figues, de boire l'eau du ruisseau. Il venait de déguster un quartier d'oie, des sardines marinées, du bœuf grillé, le tout arrosé de vin africain.

— Général, dit Oulès, le moral de nos ennemis est au plus haut. A notre arrivée hier soir, Tzazon a exhorté ses troupes de Sardaigne. Gélimer de son côté prononça un discours adroit. Son frère parlait de vaincre pour la gloire. Le roi de triompher pour survivre. Le premier promettait de nous jeter à la mer. Le second déclarait que nos forces ne devaient pas être sous-estimées et qu'il faudrait se battre à mort.

— Bon, répondit Bélisaire en happant une figue. L'un se vante, l'autre a peur. C'est pareil pour nous. Ils ont pas une chance.

— Gélimer, reprit Oulès, n'a pas exactement peur. Il est seulement conscient de l'enjeu de cette bataille. Je vous avais dit, n'est-ce pas, que tous ses trésors personnels avaient été conduits de Carthage à la tour Perthe à notre insu. Eh bien, il en a fait extraire une partie cette nuit par sa garde.

— Ses trésors personnels! s'écria Bélisaire, toujours en alerte quand il était question d'argent. Où les a-t-il mis?

— Au milieu de l'armée, dans le camp. Non pas tout, mais tout l'or et l'argent monnayé, huit chariots entiers. Cela pour signifier à ses soldats qu'ils doivent vaincre ou laisser Byzance s'emparer de tout ce que le roi possède. Un pari intelligent, puisqu'il a fanatisé la troupe : « Vos ancêtres, a déclaré le roi, ont conquis tous ces biens sur le reste du monde. Nous en sommes les gardiens. Jusqu'au dernier vivant, personne n'y touchera. »

— Et qu'ont-ils répondu?

— Personne n'y touchera, nous vivants! a crié son armée.

— Donc, estima Bélisaire, il nous faudra les tuer tous. Le gros des biens du roi est-il resté dans la tour?

— Je n'en suis pas sûr. Les meilleurs Vandales y sont, et

j'ai dû rappeler mes espions. Des sacs d'or dans le camp, c'est tout ce qu'ils ont vu. Quant au reste...

— Merci, Oulès. Va. Envoie-moi Martin.

Peu après, tandis que le général en chef revêtait son armure dorée, le chef de légion Martin parut, soufflant un peu à cause de son embonpoint.

— Martin, lui dit Bélisaire, tu as de bons soldats, n'est-ce pas?

— Des durs, répondit l'autre sans hésiter. Des esclaves libérés pour s'engager. Des cogneurs. Ils râlent bien un peu d'avoir pas encore pillé, mais...

— Viens avec moi, Martin. Je veux te montrer quelque chose.

Le général conduisit Martin hors de la tente, fit quelques pas, montra du doigt les positions ennemies.

— Tu vois cette tour, là-bas? D'après mes ordres, ta légion doit arriver dessus.

— On la contourne, ou on la prend?

— Fais-la investir par cent hommmes, si tu peux, en faisant avancer le reste. Leur boulot, ce sera d'empêcher tout Vandale d'entrer ou de sortir de la tour.

— Y a du bon, là-dedans? A propos de pillage, mes petits gars...

— Ce ne sera pas facile de tenir cet endroit, poursuivit Bélisaire sans écouter l'interruption. Essaie. Fais de ton mieux. Cette tour contient — ou contenait — les archives de Gélimer. Tu sais ce que sont des archives?

— Ouais. Des foutus rouleaux d'écriture, des saloperies de volumes mangés aux vers, répondit le chef de légion. Des trucs pour les civils.

— L'empereur y tient. Ça te suffit?

— Ton ordre suffisait, Bélisaire.

— Autre chose. Si tu réussis à prendre la tour, ce dont je doute pour aujourd'hui, qu'aucun de tes hommes n'essaie d'y pénétrer. Sous peine de mort.

— Merci, ça doit être des archives importantes! jugea Martin. D'accord, général. On essaie de prendre, et on touche pas.

A la surprise des légions, Bélisaire ne fit pas sonner les trompes de toute la matinée du 15 décembre. Chacun prit sa position de départ, chevaux et armes prêts, mais ne reçut pas l'ordre de faire mouvement. « Laissons-les venir » : telle avait été la consigne du généralissime. A midi, les vivriers distribuèrent du pain, de la viande froide, du vin. L'armée déjeunait donc lorsque les premiers détachements de cavalerie vandale descendirent de leur camp retranché vers le ruisseau.

— En selle! commandèrent les officiers byzantins.

La cavalerie de Tzazon tout entière se massait, prête à l'assaut. Portant la croix, l'aigle et le *band* impérial, la légion de Jean lui faisait face.

— A toi! cria Bélisaire. A l'assaut!

Jean l'Arménien leva son glaive. Les Cent de Décimum, deux cents lanciers, trois cohortes de Bons traversèrent le ruisseau et coururent au galop sur l'armée qui les attendait de pied ferme.

***

Hippone [1], port de la Numidie, avait jadis disputé à Carthage la première place. Le père de Massinissa en fit sa capitale. Elle ne cessa de prospérer. Trois conciles s'y tinrent du IV^e^ au VI^e^ siècle, et le regretté saint Augustin eut le bonheur d'en devenir l'évêque. C'était donc pitié, en 533, de voir cette cité aux mains des hérétiques vandales.

Tel était l'avis d'Alopex, tandis qu'il conduisait à quai son *fils du Renard* camouflé en bateau de pêche. S'aventurer dans la seconde ville du pays ennemi ne semblait pas l'émouvoir outre mesure. Il était connu sur ce bord, y possédait non un véritable comptoir — cela n'était pas dans sa manière — mais des correspondants. Les six hommes de son équipage montraient le même visage serein. Pillards de vocation, ils n'avaient d'amis nulle part et des clients partout. Quant au sixième, il s'agissait de la Sauterelle, à qui l'inconscience tenait lieu de courage.

— Borgne, dit Alopex à son second, garde une place libre à quai. Ne te laisse pas masquer par un autre bateau. Si je ne suis pas de retour dans deux heures le petit et moi serons morts, ou en fuite par les terres. Dès lors, coupe l'amarre, hisse les voiles bleues et pique au large vers les autres. J'aurai été trahi!

1. Non loin de l'actuelle Bône.

— Compris, patron, déclara le Borgne. Mais ça m'étonnerait.

Alopex et la Sauterelle débarquèrent. Rien dans la cohue ni le mouvement de ce grand port marchand n'indiquait que la guerre fît rage à quelques journées de là. Le Renard pourtant ne se risquait pas à l'aveuglette. Il savait que toute la garnison, forte de six cents hommes, venait de quitter la ville, emmenée par Abéral. Oulès lui avait affirmé que les autorités civiles, désormais sans protection armée, se gardaient de manifester un patriotisme outrancier. Mieux, elles avaient donné ce que nous pourrions appeler la mairie à un fils de colons romains orthodoxe, quitte à le chasser et même le pendre si Gélimer reprenait son trône. Seul le port restait confié à une garde maritime, mais aussi peu belliqueuse que celle de Byzance. Là aussi, ce proverbe avait loi : « Patte graissée, bouche collée. »

Le correspondant d'Alopex, copie conforme de ce Barbe-à-Poux qui l'avait fait jeter à l'Etnéon avec Oulès, était connu sous le nom de l'Arc, en raison de son dos voûté. Perclus, il s'appuyait sur une canne et semblait inoffensif. En fait, le Renard saluait en lui la plus estimable canaille de ce port de mer, où pourtant abondaient les gredins. Persuadé que Byzance gagnerait la guerre, il s'était mis à la disposition d'Alopex dès sa première reconnaissance à Hippone. Celle-ci, la troisième, avait lieu trois jours avant que les armées ne s'affrontent à Tricamarum. Bon « Romain », le Renard faisait la guerre en relevant pour Oulès tous les renseignements utiles à Bélisaire. Commerçant sérieux, il en profitait pour développer ses affaires.

— On va chez moi, dit l'Arc de sa voix grinçante. Enfin, dans un local qui m'appartient. Tu y trouveras un homme qui hait Gélimer. Il a appris des choses très intéressantes pour les tiens et très avantageuses pour nos affaires. Passe devant, petit bandit. Je veux être sûr que tu ne voles rien.

Ces derniers mots, on s'en doute, s'adressaient à la Sauterelle. L'adolescent prit donc la tête du groupe, non sans avoir chipé deux pommes dans un sac. Traversant la foule des quais, l'Arc et ses compagnons gagnèrent les ruelles du port. Bientôt, l'Hipponien poussa la porte d'une maison basse contiguë à un entrepôt et siffla d'une certaine manière. Un homme parut, qui n'avait l'air ni les façons d'un marin, d'un commerçant, ni surtout d'un subalterne.

— Renard, dit l'Arc, voici Gonademianos, ci-devant consul de la ville de Grassé. Il s'est réfugié ici avec sa femme. Gélimer en effet voulait le faire pendre. Sa femme est d'ici, apparentée du reste avec le maire actuel.

— Le cruel Gélimer, dit l'ancien consul, m'en voulut d'avoir trop bien accueilli Bélisaire.

— On peut avoir confiance en lui? demanda Alopex à l'Arc.

— Aucune. C'est un politicien. Mais son intérêt lui commande d'être avec nous, puisque l'autre parti le repousse. Par contre, si nous lui apprenions quoi que ce soit d'important, il nous vendrait aux Vandales pour rentrer en grâce.

Alopex, d'un geste de la main, apaisa les protestations du consul.

— C'est bon, dit-il. Nous ne lui donnerons pas l'occasion de trahir. Qu'as-tu à dire, Gonademianos?

Il faut plus que la disgrâce pour ôter à un politicien l'envie de pérorer. Le consul commença un discours. Le Renard en abrégea les prolégomènes.

— Ça va, dit-il. Au fait. Pas de phrases. Si tu veux rester en vie et retrouver un poste après la guerre, parle clair comme un soldat. Compris?

— Y a qu'à l'attacher, proposa la Sauterelle. Après, on fait rougir un tisonnier au feu, et on le lui enfonce...

— Tais-toi. Sors d'ici. Va garder la porte, ordonna le Renard. Alors, consul?

Gonademianos avait blêmi en écoutant la Sauterelle. Il oublia de faire des phrases, essayant toutefois de rester digne.

— En raison de la guerre, dit-il, la confusion règne à Hippone. Chacun ignore ma disgrâce et me croit en voyage. J'ai appris des nouvelles d'importance. Avez-vous qualité pour les entendre et les répéter?

— J'ai qualité, répliqua Alopex tranquillement, pour t'enfoncer un tisonnier rougi dans le fondement. Cet enfant te l'a dit. Par ailleurs, je te jure par la Théotokos que Bélisaire en personne m'honore de son amitié. Cela te suffit? Bon. Alors parle bien, fort et court.

— Le maire et le maître du port, dit Gonademianos, ont reçu un message du roi Gélimer. Il leur demande de tenir prêts trois bateaux solides, pouvant recevoir une grosse cargaison.

Trois pilotes aussi. L'équipage sera fourni en même temps que le fret et les passagers.

— Autre chose?

— Rien, sinon que Bélisaire doit connaître mon attachement à l'empereur Justinien, égal des apôtres, propagateur de la vraie foi.

— Il le saura. Trois bateaux, dis-tu?

— Ils sont déjà amarrés au quai d'honneur. Trois frumentiers bien gréés, capables de résister aux tempêtes d'hiver.

Alopex fronçait les sourcils et soudain sourit.

— Eh bien, dit-il. Sois remercié, Gonademianos. Garde bouche close sur notre rencontre. Si tu trahis, je te retrouverai. Pense au tisonnier! Si tu es fidèle, Bélisaire lui-même te récompensera.

Fort de cette promesse, soucieux de cette menace, l'ancien consul s'en fut.

— Tu aurais dû lui en demander plus! protesta l'Arc. Et nos affaires? Ce gars-là peut savoir où les marchands vandales ont caché leur meilleure marchandise.

— Interroge-le en mon nom. Je dois reprendre la mer à l'instant.

— Sans rencontrer mes associés? Sans avancer nos affaires? Mais que venais-tu donc faire à Hippone, Renard?

— Y renifler la guerre ou la paix. Dis-moi, la garnison a-t-elle quitté la ville?

— En entier.

— Y a-t-il des bateaux de guerre aux environs?

— Pas un seul, à ma connaissance.

Alopex réfléchit un instant. Ces révélations changeaient ses plans. Il fallait songer à en tirer profit et oublier toute autre affaire, pour lucrative qu'elle fût. Il serait temps plus tard de revenir commercer à Hippone.

— Écoute bien, l'Arc, dit-il. Je te connais, tu me connais. D'abord tu me dois trois cents pièces d'or sur notre dernier marché.

— Je les ai chez moi, elles t'attendent. Croyais-tu que je te vendrais à la garde? Chacun sait ce qu'il en coûte de trahir le Renard.

— Surtout quand une armée l'appuie, n'est-ce pas? Tu as eu raison d'être prudent. Maintenant écoute la suite : ces trois cents rondelles, je te les donne, moyennant un service. Bélisaire me les rendra.

— S'il s'agit d'actions de guerre, vieux et malade comme me voici...

— Connais-tu les armateurs des trois frumentiers qui attendent Gélimer?

L'Arc montra dans un sourire ses dents de chèvre.

— L'un est à moi. L'autre à mon frère. Le troisième à mon cousin. Un service dis-tu?

— Oui. Mets à chacun des voiles reconnaissables de loin.

— Toutes sont blanches. Veux-tu que je les teigne en jaune?

— Très bien, dit Alopex. Jaune comme l'or que je te donne, et qu'il faut mériter. Sauterelle, viens par ici. Nous partons!

Quand le Renard et son jeune acolyte eurent débordé le quai, l'Arc sourit derechef.

— Je comprends, dit-il. Ce démon de Renard veut que les bateaux de Gélimer soient bien annoncés, Pour pouvoir les saisir en mer. Prendre un roi, c'est recevoir une rançon de roi... Ma foi, je suis trop vieux et trop petit pour de si grandes chasses. Deux pièces d'or pour la teinture, deux cent quatre-vingt-dix-huit pour me taire... Si Gélimer embarque, c'est qu'il a perdu. Je me tairai donc avec profit, gardant l'amité du Renard.

Alopex cependant voguait vers sa flottille, que commandait Zouba en son absence. Le *fils du Renard* les rejoignit en deux heures. Deux heures de plus, et le transitaire montait à bord du *pard* de Kelso, qui l'attendait au large. Il conta son intéressant voyage à Hippone et ce qui s'était dit.

— Donc, résuma le Norrois, mon frère et moi interceptons les bateaux à voiles jaunes et les conduisons à Carthage. Le roi des Vandales, dis-tu?

— Avec sa famille, à peine occupera-t-il la moitié d'un de ces navires à blé. Tout le reste de la place...

— ... sera réservé à ses richesses. Belle prise, ami!

— Qu'il faudra remettre à Bélisaire, tu t'en doutes. Que Bélisaire donnera lui-même à Justinien, hélas!

— Alopex honnête! dit Kelso en riant. Alopex gardien des prises impériales! J'aurai vécu pour voir cela.

Au lieu de se fâcher, le transitaire rit avec le Norrois.

— Toi et ton frère, dit-il, cela sera peu si des bateaux

vandales viennent protéger la route de Gélimer. Donne-moi des lettres pour tous les corsaires que je trouverai entre ici et Carthage. Je vous les enverrai en renfort.

Ainsi fut fait. En route, le Renard put ainsi dépêcher six autres grands coureurs au large d'Hippone, pour soutenir les *pards*.

— Cela suffira bien, murmura-t-il en voyant partir le dernier. La flotte d'Archélaos entoure toujours les navires vandales. Si Gélimer prend la mer sous ses voiles jaunes, il est perdu. Un seul détail reste à régler : il faut que Bélisaire le batte d'abord, et le pousse enfin à s'enfuir!

***

Stentor se déchaînait au fort de la mêlée. Malgré la bise froide, son visage rouge ruisselait de sueur. Trois cavaliers vandales tentèrent de l'envelopper. Il fit volter son cheval pour éviter l'un d'eux, leva son bouclier pour atténuer le coup lancé par le second et pourfendit le troisième. Le second eut son tour. Le Gaulois revint au premier, le fit tourner, l'attaqua par la gauche, lui enfonça son épée sous les côtes.

— En avant! cria-t-il. Serrez les rangs!

Tel un taureau, le centurion Argérix, dit Stentor, chargeait sans se retourner, frappant de tous côtés. Il avait bien en main sa longue épée gauloise à pommeau, à lame striée, plus efficace selon lui que le glaive byzantin d'ordonnance : Stentor trouvait ce dernier trop court, trop large, trop plat. Il ne le portait qu'à la parade, préférant pour combattre l'arme de ses aïeux.

— En avant, par sainte Bibule! rugit le Gaulois.

Soudain, il eut l'impression que l'ennemi se resserrait sur ses flancs. Il jeta un rapide regard autour de lui et vit que la cavalerie de Jean commençait à décrocher.

Jean lui-même, frappant de droite et de gauche, semant son chemin de morts et de blessés, hurla un ordre. Les trompes sonnèrent la retraite, Stentor, qui en guerrier consommé avait évité de se faire encercler, exécuta un demi-tour. Son cheval numide, admirable monture de guerre, l'emporta sans dommage. Avec quelques sabreurs de son acabit, dont Xamas le Hérule et l'Enclume, il dégagea les néophytes empêtrés, qui se seraient fait massacrer en restant en arrière.

Les trois cents cavaliers de Jean l'Arménien, moins une

douzaine de morts, regagnèrent le front des troupes byzantines, devant le ruisseau de Tricamarum. Leur chef courut à Bélisaire.

— Nous voici repoussés pour la seconde fois, dit-il. Selon vos ordres, nous avons évité de nous engager à fond.

Bélisaire regarda les glaives et les bras rouges de sang, les boucliers bosselés. Il les avait vus, ces braves, monter comme des centaures et tuer dix Vandales pour un des leurs.

— Ta légion est satisfaite?

— Furieuse, général. surtout les Cent de Décimum : la décurie des Bons, celle de l'Enclume, faisait semblant d'ignorer la sonnerie de retraite. En retraite, nous!

— Faites-le venir ici, cet animal!

Un moment plus tard, l'Enclume se raidissait devant le général, dans la pose réglementaire du cavalier présentant les armes.

— Tes chefs sont mécontents de toi, *Diogène!* dit Bélisaire. Tu te crois à un combat de rue? Quel est ton centurion, aujourd'hui?

— Moebius, général. Un branque, sauf votre respect. Il y va pas droit! Il se bat sur la frange! Vous engagez pas les Bons, général?

Les prétoriens, outre le fait de ne jamais nommer leur chef « excellentissime », gardaient aussi le privilège de le questionner.

— Je n'y mets que les minables comme toi, qui as failli gâcher la retraite et me faire tuer du monde.

— Je demande à servir dans la centurie de Stentor, général. Ça, c'est du soldat!

— Tu y perdras ton grade, je te préviens.

— Mon grade, je m'en fous, sauf votre respect. Avec Stentor et Xamas, derrière Jean. C'est là que je veux être.

Bélisaire consentit et renvoya le brave, tout penaud d'avoir été blâmé. Jean l'Arménien secouait la tête d'un air soucieux :

— Deux charges pour rien, général, dit-il. Je sais : vous voulez mettre l'ennemi en confiance. Lui faire oublier Décimum. Mais j'ai perdu trente hommes dans ces deux assauts. J'ai dû tourner le dos deux fois!

Souriant de cette impatience, le chef de guerre regardait

flotter l'écharpe bleue, nouée autour du bras gauche de son second.

— A la guerre, dit-il, la ruse est meilleure que la force. A Kallinicos, c'est par la ruse que les Perses m'ont eu. Regarde cette armée, là-haut. Que pensent-ils, à ton avis? « Ces Romains, se disent-ils, frappent fort, mais se découragent vite. » Ils croient nous avoir impressionnés et que nous hésitons. Ils ne tarderont plus à nous charger à leur tour, perdant ainsi l'avantage de leur position.

— Je le comprends bien, général. Fuir me coûtait, voilà tout.

— Se replier n'est pas fuir. Rejoins les tiens. Va. Solomon!

Le munitionnaire se tenait à deux pas de son maître et ami.

— Parcours la première ligne avec tes fournisseurs. Qu'ils répètent mes ordres à tous ces généraux impatients. Pas une flèche, pas un javelot lancé, pas une bride lâchée avant que ma trompe ne sonne.

Solomon salua de la tête et s'en fut sur le flanc droit, le plus riche en têtes chaudes : Pappus, Barbatus, Aigan tout seul. Les Huns de Sinnion et Balas restaient campés entre les deux armées, attendant leur heure comme des vautours, pour aider le vainqueur.

— Assaut dès la première trompe, répétait Solomon de légion en légion. Ordre de se rabattre au centre, de le percer en négligeant les ailes.

Soudain, l'armée vandale, mise en joie par les deux « échecs » de Jean l'Arménien, oublia la prudence et tomba dans le piège de Bélisaire. Elle dévala la petite colline au sommet de laquelle un immense camp retranché se trouvait en place et se porta au-devant des Byzantins. Au pas, d'abord, puis au trot.

L'Aigle, guetteur émérite, décrivait l'ennemi à Bélisaire : bien montés, pas de lanciers, pas d'archers.

— Pas de javelots non plus, répondit le général. La tactique ancienne, le coude à coude, le rouleau. Pauvres connards! Savent rien de la guerre moderne.

Chaque corps d'armée byzantin considérait l'avance de l'ennemi avec une satisfaction mêlée d'inquiétude.

— Qu'est-ce qu'il attend? grognait Pappus. Il nous faut le

temps de nous mettre au galop pour aller au choc, bordel arien!

Répondant à ce vœu, la trompe de Bélisaire sonna, puis toutes celles de l'armée. La cavalerie byzantine à son tour s'ébranlait. Selon les ordres, la légion de Jean l'Arménien, les trois cents, se développait maintenant sur la gauche de l'ennemi. Sur la droite, Pappus et Barbatus ne menaient qu'un rideau de cataphractaires, lance baissée. Tout le reste de la cavalerie chargeait au centre, où selon l'habitude des Vandales se trouveraient les chefs.

Jean l'Arménien d'une part, Barbatus de l'autre n'avaient pas pour mission de bousculer les ailes, mais de les fixer, en se battant à un contre dix, tandis que le gros de l'armée enfoncerait le centre. Cette fois, Bélisaire chargeait en tête de ses légions. Procope avait su qu'il le ferait : aussi, sur sa demande, le général lui permit-il de rester avec l'intendance. On voit mieux les batailles par l'arrière.

Le troisième assaut ne ressembla en rien aux deux escarmouches précédentes. Les cavaliers byzantins jetèrent d'abord leurs javelots, qui couchèrent les plus avancés. Ils vinrent ensuite au corps à corps avec des cris épouvantables. Procope sut plus tard par un prisonnier vandale que ces hurlements décontenancèrent l'armée de Gélimer autant que la furie de toute la cavalerie à l'assaut.

Le choc fut bref et décisif. En moins d'un quart d'heure, le centre des Vandales était enfoncé. Les cohortes d'archers à pied tiraient flèche sur flèche, les cataphractaires brisaient les rangs serrés des manieurs d'épée. Les cavaliers, hurlant toujours, sabraient avec emportement.

— Au centre, criait Bélisaire! Ensemble sur le centre!

Jean l'Arménien à gauche, Barbatus à droite combattaient comme des démons, tenant en place les deux ailes qui s'acharnaient contre des cavaliers aussi puissants que peu nombreux.

— On perd du monde, général Jean, cria Stentor. Il nous faut du renfort!

Tout industrieux qu'il fût, le Gaulois ressentait quelque lassitude dans les muscles du bras droit.

— Voilà du renfort! cria Jean, redoublant ses coups.

Plusieurs corps de troupe en effet, ayant bousculé le centre vandale, prenaient les ailes à revers. Seul un groupe d'acharnés continuait à tenir au milieu du flot byzantin. Au milieu d'eux, Tzazon hurlait des ordres et des adjurations.

— Althias, en avant! cria Bélisaire. La réserve, en avant!

La réserve, c'étaient les Bons, sauf ceux qui suivaient Jean. C'était le meilleur des vétérans de Dara, cinq cents splendides brutes militaires. Ils balayèrent en une seule charge ce qui tenait encore debout dans le milieu de l'armée ennemie, moins une foule qui s'enfuit en désordre. Menacés d'encerclement, les Vandales des deux ailes rompirent à leur tour et prirent la fuite. Les trompes byzantines sonnèrent la poursuite. La cavalerie de Bélisaire partit à la curée.

Alors, les honnêtes Huns, toujours groupés en terrain neutre, décidèrent du parti à prendre. Sur un ordre de Sinnion, ils s'élancèrent à la poursuite des Vandales, tirant flèche sur flèche. L'ennemi eut dix fois plus de morts dans cette fuite qu'au combat. Une partie des vaincus s'enferma dans le camp retranché. Bélisaire fit sonner la retraite. Tous obéirent, même les Huns. Leurs chefs firent savoir par Aigan qu'ils servaient à nouveau Justinien. Bonhomme, Bélisaire envoya des remerciements et promesse de viande pour le lendemain. Un nuage de poussière s'élevait à l'horizon. Selon les ordres du chef de guerre, les trois quarts de l'infanterie byzantine avaient quitté Carthage pour arriver après le choc des cavaliers. Le lendemain, il faudrait enlever de vive force le camp des Vandales, très vaste et bien retranché. Des hommes de pied en grand nombre seraient nécessaires. Ian d'Épidamne et deux légions suffiraient à garder Carthage. Otenatus, Térence, Zaïde et Marcian amenaient leurs fantassins sur le théâtre des opérations, frais pour le prochain assaut.

Le chef des Hérules, Pharas, fit apporter à Bélisaire le cadavre de Tzazon, tué durant la mêlée, sans que l'on sût par qui.

— Placez-le bien en vue du camp fortifié des Vandales, ordonna le général. Gélimer, voyant que nous avons tué un autre de ses frères, perdra le moral.

Martin survenait, couvert de sang et de poussière.

— Tue-moi! Bélisaire, dit-il. Ta foutue tour Perthe, j'ai même pas pu m'en approcher. Ils ont massé autour au moins trois légions d'élite. Elles y sont encore

Les Vandales en effet rassemblaient les fuyards et les battus encore valides sur deux points : la tour Perthe et les approches de leur camp.

— Tu as fait ce que tu as pu, brave Martin, dit Bélisaire. Aujourd'hui, on les a cassés. Demain, on les balaiera et on nettoiera leur repaire!

***

Le palais royal de Carthage ne pouvait en aucune façon être comparé au palais impérial de Byzance. A côté de ce dernier, de ses dizaines de bâtiments, ses églises, ses centaines de couloirs, d'allées, de cours intérieures fleuries, la résidence des souverains vandales faisait pauvre figure. Belle et grande demeure pourtant, rebâtie depuis quatre-vingts ans pour le confort, le luxe et l'orgueil pavané de ses possesseurs. Posé sur les ruines de deux édifices précédents, ce château carthaginois bénéficiait des vestiges laissés en place par ses prédécesseurs. Ils consistaient en fondations, mais aussi en caves et galeries enterrées. Certaines restaient utilisées comme passages discrets entre les divers corps de logis. Plus tard à Byzance, quand le Palais Sacré s'étendit sur plusieurs kilomètres carrés, on y compta, selon les chroniqueurs, plus de cent corridors secrets. Il n'y en avait pas autant sous les pavements de Gélimer, mais assez tout de même pour préserver quelques mystères et ménager plus d'une surprise.

Lorsque Clématis vit un homme dans sa chambre, elle poussa un hurlement d'effroi. Ce n'était pas la rareté du fait, mais la manière dont il se produisit qui provoqua ses clameurs. Les privilégiés que l'on admettait dans cet écrin parfumé entraient de nuit par la porte, non de jour par le mur. Surtout, ils ne portaient ni poignards ni épées. La belle, dont nous n'avons souligné que la persévérante féminité, possédait d'autres qualités : le courage, notamment, et l'attachement à sa maîtresse Antonine. Au lieu de s'évanouir, elle jeta une cruche sur le laid qui sortait du mur et courut hors de sa chambre en poussant de hauts cris.

La garde se précipita. Par bonheur, la femme de Bélisaire entendait qu'on lui fît honneur, même quand son époux absent ne pouvait l'honorer. Quinze sentinelles disposées autour du gynécée, voilà ce qu'il lui fallait. Cela impliquait que quinze autres se reposassent en attendant leur tour. Aux cris de Clématis, la garde sous les armes se rua donc vers ces appels de détresse. Les soldats de repos, réveillés en sursaut, s'armèrent en hâte et accoururent bientôt. C'était le 15 décembre. A trente kilomètres de là, les escadrons de Jean l'Arménien portaient les premiers coups dans la bataille de Tricamarum.

Antonine, femme de soldat et fille du peuple, n'était pas elle non plus une oiselle prompte à tomber dans les pâmes. En deux phrases, elle eut compris la situation. En dix mots, elle envoya les soldats accourus là où se présentait le danger. Ces braves appartenaient à la centurie d'Iskas, trop peu militaire pour être emmenée au combat, assez policière pour garder un palais. Iskas lui-même, ce jour-là, patrouillait en ville, veillant à l'ordre public avec deux de ses cohortes. Il menait l'une d'elles, et Gildas la seconde. C'était donc la troupe de Corcodis qui se trouvait chargée de garder le palais. L'épicier, je veux dire le lieutenant, se trouvait presque à son poste quand retentirent les premiers appels au secours. En fait, il s'attardait pacifiquement auprès de sa douce Eusébine. Tous deux sursautèrent. Ils entendirent des bruits d'armes, chose impensable en ces lieux. Eusébine courut vers les appartements d'Antonine, Corcodis vers le cliquètement des glaives.

Hors de l'ouverture soudain révélée dans le mur de Clématis, un second guerrier vandale avait suivi le premier, puis un autre, un autre encore, jusqu'à vingt-cinq. Cet attentat avait été tramé par l'éparque Jonas, que sa duplicité larmoyante sauva de la corde, et qui demeurait libre malgré les recommandations d'Oulès. Druzon, qu'on n'avait pu saisir au nid et qui se cachait en ville, l'avait chargé de ce coup de main, l'assurant qu'il était sans danger : il s'agissait d'introduire vingt-cinq hommes sûrs dans le gynécée, de profiter de l'effet de surprise pour enlever Antonine et ses premières dames d'honneur, d'en faire des otages assurant vie sauve, fuite et richesse pour les derniers Vandales de qualité enfermés à Carthage. Jonas, qui avait vu pendre Laurus, Amien et Firmin, se laissa persuader de risquer sa vie pour la sauver : « Oulès, lui affirma Druzon, ne te laisse là que pour me prendre. Il nous tuera ensuite tous les deux. »

Sans la vivacité de Clématis, sans sa profonde expérience qui lui avait appris à ne craindre des hommes que de doux excès, le coup aurait pu réussir. A ces premières heures du jour, les esprits somnolent encore, et les yeux ne sont qu'à demi ouverts. Mais Clématis réagit en tigresse. Par ailleurs, l'entrée secrète à travers le mur ne permettait passage qu'à un homme à la fois. Quand les vingt-cinq agresseurs furent tous sortis, ils trouvèrent certes la chambre déserte, mais la porte fermée. Agir vite, tel était l'ordre qu'avait reçu leur chef, nommé Babon. Le premier, il se rua vers la porte et l'ouvrit d'une poussée. Clématis n'était pas de celles qui se verrouillent derrière des battants solides.

Un éclaireur de Babon examina le couloir désert. Au coin, l'une des escouades de la garde barrait le passage. Dix hommes furent bientôt assaillis et terrassés : ils n'étaient pas de force contre les vingt-cinq sbires de Jonas, choisis parmi les plus vigoureux chenapans des bas quartiers. Ces derniers, inquiets du silence soudain qui s'était fait dans le gynécée, coururent dans les corridors qu'ils trouvèrent vides, ainsi que les chambres. L'un de leurs éclaireurs revint les avertir que la surprise était éventée. Il faudrait agir en force : Antonine, les siennes et les siens se retranchaient dans la vaste antichambre précédant l'une des salles d'audience.

Les esprits sérieux s'accordent à reconnaître qu'il y a de l'épicier dans tout bon général : l'épicier doit ranger, établir, mettre en montre ou en provision sa marchandise, pour gagner quotidiennement la bataille du client. Ainsi le chef de guerre met en ordre, piète, expose ou place en réserve son fonds, je veux dire sa troupe. Avec une décision fulgurante, le général provisoire Corcodis décida son plan de défense. Dans le couloir de Clématis, une dizaine de bons à rien, qui retiendraient l'adversaire un court moment. Tous les autres seraient formés en carré autour des dames. Il va sans dire que les hommes de repos rejoignirent en un instant ceux qui étaient de service. Il faut ajouter un de ces détails qui parfois changent le sort des batailles. La Noire Rhys avait des bontés pour le fort Modestus, qui venait de passer la nuit chez elle. La chance voulut qu'il demeurât encore à rêvasser dans les communs ce matin-là, n'étant pas de service aux écuries. Corcodis put donc compter dans sa troupe cet ami qui valait cinq hommes, même après une nuit éprouvante.

Les vingt-cinq Vandales surgirent dans la grande pièce où Corcodis et sa cohorte l'attendaient. Antonine et les mieux animées de ses femmes portaient des poignards. La douce Eusébine, la tendre Zoé s'étaient armées de ces barres de chêne qui tiennent les portes fermées. La fermeté de Corcodis tenait ces impatientes derrière le carré des gardes, mais ce ne fut pas pour longtemps.

Les Vandales chargèrent. Nous avons dit ce qu'il fallait attendre de la centurie d'Iskas, plus apte à réprimander les militaires fautifs qu'à combattre l'ennemi. Iskas lui-même, Gildas sans doute auraient lutté jusqu'à la mort. Les policiers de Corcodis ne résisteraient que contraints et forcés. Attaqués vivement, ils se défendirent pourtant de leur mieux, et quelques-uns montrèrent de l'ardeur. Pour finir, le carré plia. Il prit la forme d'un triangle, les assaillis se trouvant acculés dans un coin de la pièce. Sur le front désormais rétréci de ceux qui rendaient les coups. Corcodis et Modestus montrèrent leur mesure. Ils y étaient poussés par les exhortations d'Antonine, leur propre valeur, mais aussi le souci d'en faire autant que les deux amazones de cette matinée : Eusébine et Zoé.

L'épicière et la femme d'Oulès, qui déjà s'aimaient dans la paix, devaient à partir de ce jour se chérir en sœurs d'armes. Si Corcodis faisait merveille, si Modestus se déchaînait, les assaillants pourtant recevaient de la main des géantes la plus cruelle leçon. Les bras bien modelés de Zoé levaient et abaissaient sa poutre avec une belle régularité. Eusébine maniait la sienne avec bonheur, de ses fortes mains gracieuses. Bientôt, l'effrayante efficacité de Corcodis et de Modestus laissa un peu de répit à ces dames. Elles purent non plus écraser indistinctement, mais choisir l'adversaire, le laisser au besoin pousser un assaut dérisoire, avant de l'aplatir sans rémission.

— Celui-ci était incommode! remarqua Zoé. Il a changé son épée de main, le lâche!

— Regardez celui-là, qui se couvre la tête d'un bouclier, continuait Eusébine. C'est offrir son ventre à un coup de bélier!

Celui-ci et celui-là rejoignirent les autres sur le pavement de marbre rose. Le silence qui avait suivi les premiers cris de guerre se trouvait maintenant comblé par les gémissements des blessés et les encouragements des femmes. Peu guerrière, Clématis veillait cependant près d'Antonine, un poignard à la main, et chacun enfin fit son devoir. Oulès, que Corcodis avait fait prévenir en hâte, arrivait avec cent hommes. Ce qu'il restait des vingt-cinq mit bas les armes. Le couloir secret, dans la chambre de Clématis, fut gardé et Babon pris vivant.

— Excellente, dit Oulès à Antonine, je suis au désespoir. J'aurais dû prévoir cela!

— Bah, répondit la générale. Nous avons gagné, non? Cela fera rire Bélisaire.

Cinq Vandales étaient morts. Huit plus ou moins blessés. Aucune de ces dames n'avait une égratignure. Chacune s'inquiétait déjà du désordre de sa toilette.

— La violence, dit Zoé en jetant sa barre ensanglantée, est une dépravation de l'esprit humain.

— Une offense à la loi divine! appuya Eusébine en essuyant un peu de cervelle qui maculait le bas de sa tunique.

*XII*

# OÙ BÉLISAIRE GAGNE, OÙ JEAN L'ARMÉNIEN PERD

Quand Bélisaire parlait de simple « balayage » pour la seconde journée de Tricamarum, c'était afin de rassurer son armée. Des généraux aux officiers, des officiers aux soldats, le bruit courut que la victoire se trouvait acquise et qu'il suffirait d'un dernier coup de reins.

Le général de Justinien pourtant faisait la guerre depuis trop longtemps pour ignorer la réalité : battus et débandés, appuyés à leur dernier ouvrage militaire, les Vandales jetteraient toutes leurs forces dans un combat désespéré. Leur camp, défendu sur un kilomètre carré environ, avait accueilli des réfugiés en nombre : non de pauvres gens, mais des bourgeois, des dames de la Cour, des femmes de notables, toutes désireuses de se cacher derrière le dernier rempart de leur fortune et de leur vertu. Peu d'hommes les accompagnaient, craignant d'être enrôlés s'ils paraissaient, croyant sauver leur famille en la mettant à la garde de Gélimer. La nuit même qui suivit la désastreuse première journée de bataille, il entrait encore des chariots dans le camp.

Outre ces naïves confiances, l'armée vandale ou ce qu'il en restait devait veiller sur de grands biens. D'abord, les huit chariots d'or soustraits au trésor royal par le roi lui-même. Ensuite, ce que Tzazon avait pillé en Sardaigne, et qui n'était pas peu. Enfin, les richesses que les réfugiés, outre leurs personnes, désiraient soustraire aux Byzantins.

Il résultait de ces faits que, diminuée d'un tiers au moins, battue sur le terrain, découragée par la force que montrait l'ennemi, l'armée de Gélimer se battrait le dos aux palissades pour sauver beaucoup d'innocents et des biens considérables.

Le roi vandale savait cela. Son égoïsme n'en avait cure. Comme Oulès le craignait, il n'avait fait sévèrement garder la tour Perthe que pour mieux la vider quand elle fut menacée. Un convoi de muletiers bien discrètement gardé cheminait vers Hippone, vers les bateaux que l'Arc venait de gréer en jaune safran.

Le parti de Gélimer était pris. Il fuirait par mer avec ses trésors, sa femme et ses enfants pour se réfugier en Espagne. Là, il trouverait des Wisigoths haïssant Justinien, qui lui donneraient les moyens de revenir en Afrique avec une armée. Le choc de la veille, la vue du cadavre exposé de Tzazon avaient conforté sa détermination. Gélimer n'aimait pas ce frère-là comme il chérissait Ammatas. Il le craignait et fut assez content de le voir mort : Tzazon en effet était bon stratège, énergique et ambitieux. Toutes ces qualités réunies chez un proche parent ont de quoi inquiéter un roi : usurpateur du trône, Gélimer tremblait que Tzazon, plus fort et plus populaire que lui, ne prît à son tour l'envie de régner. Sa mort le rassura.

Le rusé souverain, cependant, préférait surestimer l'ennemi que le mésestimer, et l'expérience prouva qu'il avait raison. Derrière le camp vandale, un parti de Maures commandé par Sélim se tenait en observateur. Non pour aider le vainqueur. Comme les Huns de l'autre côté, c'était pour juger de l'ampleur et des conséquences de la victoire. Gélimer en personne reçut Sélim en audience secrète, aux limites du camp. Un accord fut pris. Le chef maure reçut une grosse somme en or. Glucan, qui la fit transporter, crut qu'elle achetait la neutralité ou même le concours des Africains naturels. En fait Gélimer assurait sa vie et celle de sa famille : si les hasards de la bataille l'empêchaient de gagner Hippone, le roi se mettrait sous la garde de Sélim. Celui-ci s'engageait à le conduire avec femme, enfants et escorte jusqu'à une retraite inexpugnable, d'où personne ne pourrait le déloger.

Ayant ainsi assuré sa sécurité, Gélimer envoya un courrier à Hippone, où les muletiers devaient avoir embarqué ses trésors et ses équipages. Il donnait l'ordre, si les Byzantins paraissaient avant que lui-même se fût montré, de mettre à la voile, de gagner Carthagène et d'y attendre de ses nouvelles.

Ainsi, le matin du 16 décembre, tandis qu'au milieu du

camp les belles réfugiées priaient pour leur vie et leurs bijoux, tandis qu'Abéral et Glucan, sombres et décidés, montaient à cheval, Gélimer regardait-il l'esprit tranquille la colline où se campaient dédaigneusement les Maures.

— Allons! Massacrons ces laids Romains, qui font de notre Christ un Dieu égal au Père! cria-t-il à ses troupes.

Cette parole de foi fut ressentie. Durant la nuit, les légions de garde autour de la tour Perthe avaient décroché et rejoint le camp retranché. Fradéar et cent cavaliers battaient la campagne pour rameuter et ramener en ligne les fuyards de la veille. Il y en avait beaucoup : jusque-là, les Byzantins, sur ordre, laissaient fuir les vaincus sans les faire prisonniers.

Les trompes romaines sonnèrent. Le second et dernier jour de la bataille de Tricamarum commençait. Il fut moins rude que Bélisaire l'avait craint en secret. La croix et le *band* en tête, la cavalerie byzantine chargea sans tergiverser, par vagues successives. Trois fois plus nombreuse que les Vandales, elle les épuisa par cet afflux successif de cavaliers frais. Dès la seconde charge, les ailes des Byzantins menacèrent de se fermer en tenaille sur le millier d'opposants qui se battait avec l'énergie des grands désespoirs. Déjà les légions d'infanterie s'ébranlaient pour attaquer les défenses du vaste camp. Rien n'était tout à fait perdu encore. Fradéar, avec un corps de six cents hommes, restait en réserve pour prendre Bélisaire de flanc.

Gélimer n'était pas vraiment lâche, seulement prompt à se décourager. Il soutenait ardemment le combat au centre, payant de sa personne. Mais soudain il vit à sa gauche Abéral bousculé. A sa droite Glucan pressé de toutes parts. Devant lui, soudain apparue, la sinistre ligne des Huns qui avançait tranquillement au pas, tirant des flèches mortelles, usant de ses lanières lestées au combat de près. Cela en fut trop pour le monarque énervé par le luxe, les orgies et ces pernicieuses habitudes de poésie qui corrompent les hommes sérieux.

— Nous sommes perdus! cria Gélimer. En retraite, sauve qui peut!

La plupart des cavaliers engagés obéirent avec empressement. Fous de peur, ils se frayèrent un passage entre le camp et la troupe de Fradéar qui arrivait en renfort. Les larmes aux yeux, Glucan les suivit. Le bon et fidèle Abéral, qui avait permis à Tzazon de ramener sur le sol africain son armée de Sardaigne, gisait mort, percé d'une flèche. Glucan galopa d'abord derrière puis devant les fuyards. Il parvint à les arrêter devant la troupe de réserve, qui n'avait pas encore combattu. Gélimer l'avait rejointe le premier.

— Quels sont les ordres? lui demanda sombrement Glucan.

— Regarde! répondit le roi. Ces monstres sont déjà sur les parapets du camp! Que faire? J'avais payé ces Huns. N'y a-t-il plus d'honnêteté chez les mercenaires?

— Il nous reste douze cents hommes, repartit Glucan. Tout le reste est mort, blessé ou en fuite. Chargeons. Sauvons les femmes!

— Ta, ta, ta! répondit Gélimer. Donnerais-tu des ordres à ton roi? Mets les hommes en rang, Glucan. Je dirai quand il faudra charger.

Les trompes byzantines sonnèrent. Les palissades brisées, les fossés franchis, le camp se trouvait sans défense devant les vainqueurs.

— Excellentissime, murmura Aigan à Bélisaire, ne laisserez-vous pas piller, maintenant? Souvenez-vous de vos promesses.

Bélisaire acquiesça. L'occasion était belle de tenir sa parole dès longtemps suspendue : quoi de plus ouvert au pillage que ce dernier refuge des possessions vandales?

— Prenez le camp! ordonna-t-il.

Des hurlements de joie montèrent vers le ciel d'hiver. Les Maures sur leur colline, les restes de l'armée vandale sur leur éminence assistèrent à l'une des plus effroyables scènes de pillage que l'on puisse imaginer. N'obéissant plus à leurs chefs, forts de l'ordre de prise donné par Bélisaire, toute l'armée de Byzance se ruait, effectifs mêlés, unités confondues. Chaque chariot fut visité, renversé, vidé. Chaque bien de valeur âprement disputé, et que dire des malheureuses femmes? Le butin était grand, les convoitises inépuisables. Des scènes d'horreur qu'il n'est pas nécessaire de décrire en détail se multipliaient, et durèrent pendant des heures.

— Les Bons, avec moi! ordonna Bélisaire. Je vous distribuerai plus d'or qu'ils n'en prennent. Vous salissez pas les mains!

Le généralissime se retira en un lieu d'où il pouvait entendre, sinon voir, le spectacle de son armée livrée aux instincts les plus vils de la nature humaine : je veux dire à ces impulsions que cache la civilité, et que tempère la religion. Beaucoup de vrais chrétiens et d'hommes de cœur, officiers et soldats, refusaient de se comporter en vrais Huns et quittaient en désordre le camp supplicié.

— Rameute-les, Ruffin, dit Bélisaire. Il y a plus de mille Vandales là-haut. Jean, te reste-t-il du monde?

— Dix à quinze guerriers, fit Jean l'Arménien d'un air écœuré. Les autres pillent.

A ce moment, les quatre cents Hérules de Pharas, bien groupés autour de leur chef, sortirent du camp en bon ordre. Ensemble, sans hâte et sans cris, ils étaient allés au meilleur. Par un bon hasard, ils tombèrent sur les sacs d'or de Gélimer, et se servirent avant d'être bousculés par les furieux. Satisfaits, portant aux femmes un respect peu commun, ils se regroupèrent ensuite et paraissaient enfin devant Bélisaire, faisant honte par leur conduite à la sauvagerie des autres.

— Pharas, dit Bélisaire, je te mets sous les ordres de Jean l'Arménien, toi et les tiens. Tout à l'heure, j'enverrai des légions contre ce qu'il reste à Gélimer. Toi, Jean, toi, Pharas, ne combattez pas. Votre mission est de prendre Gélimer vivant, quoi qu'il advienne. S'il combat, enveloppez-le et protégez-le. S'il s'enfuit, suivez-le et rattrapez-le. Compris?

— Affirmatif, dit Pharas. A vos ordres, Jean.

— Attendez un peu, reprit Bélisaire. Qu'on en finisse avec ce bordel. Faites sonner!

Les trompes sonnèrent le rassemblement. Leur vacarme n'eut pas d'effet. Tout sentiment de discipline avait déserté l'esprit des pillards. Ils tuaient, violaient, volaient tout ce qui brillait, se déchiraient entre eux en se disputant le butin. Instruit un peu plus tard de cette sinistre chienlit, le bon Procope l'excuse en ces termes : *Les soldats sont des hommes, donc sujets aux passions de la nature humaine. Se trouvant tout à coup maîtres de trésors qui ne leur coûtaient rien, de tant de belles personnes à leur disposition, ils ne purent modérer leurs emportements* [1].

Cependant, de leur poste d'observation, les Vandales contemplaient avec horreur l'énorme saccage. Ils criaient de colère, les larmes dans les yeux.

1. Procope, *Guerre contre les Vandales*, livre II, *op. cit.*

— Gélimer, Gélimer! cria Glucan, mieux vaut mourir que voir cela. Chargeons! Allons mourir au moins, si nous ne pouvons abattre ces chacals!

— Ta, ta, ta! répondit le roi. Je dirai quand il faudra charger.

Ce « ta, ta, ta », je veux dire cette indécision, fit bien l'affaire des Byzantins. En fait, si douze cents Vandales résolus à mourir eussent chargé à ce moment, ils mettaient le désordre et peut-être la panique dans cette armée obnubilée par le pillage. Bélisaire ne pouvait plus perdre la bataille, mais du moins y laisser du monde. Gélimer hésitait toujours. Cependant, les troupes calmées par le butin et la luxure sortaient de plus en plus nombreuses du champ de honte et se regroupaient à la voix de leurs chefs. Jean, une quinzaine de ses fidèles de Décimum dont Stentor, Xamas et l'Enclume, Pharas et ses Hérules prenaient position à la gauche de Gélimer. Pappus, Barbatus, Ruffin, Martin, Aigan, leurs escadrons à peu près reconstitués, se préparaient à monter en ligne.

— En avant, chargez! ordonna Gélimer enfin, c'est-à-dire trop tard.

Le centre de Bélisaire s'ouvrit, laissant passer la charge. Les Vandales se trouvèrent encerclés et se battirent comme des démons, songeant aux horreurs qu'ils venaient de voir.

Enfin, les Huns eux-mêmes sortirent du camp, repus, un sourire dans la moustache. Les ballots qui encombraient leur selle ne semblaient pas les gêner beaucoup.

— En retraite! cria Gélimer une fois de plus. Sauve qui peut!

Il profita d'une providentielle trouée pour se dégager et s'enfuir, cette fois sans espoir de retour. Écœurés par sa lâcheté, les Vandales mirent bas les armes. Cette fois, Bélisaire ordonna de saisir les prisonniers, au nombre de huit cent cinquante. Glucan se trouvait parmi eux. On les parqua dans le camp dévasté, parmi les chariots démolis, auprès des femmes et des enfants qui avaient survécu et deviendraient esclaves.

Gélimer fuyait, accompagné seulement par une trentaine de ses serviteurs. Il piquait vers Hippone et ses navires, lorsque Jean, Pharas et les Hérules lui coupèrent la route, courant vers lui pour l'appréhender.

— Allons, soupira le roi en tournant bride. Il faut nous confier aux Maures!

Il galopa donc vers la colline où Sélim et les siens l'attendaient. Ces mercenaires-là n'avaient qu'une parole. Ils enveloppèrent la petite troupe de Gélimer et partirent au galop vers les montagnes numides.

— Suivons-nous, Jean? demanda Pharas.

— Jusqu'au bout du monde, répondit l'amoureux de Théodora. Tu as entendu l'ordre de Bélisaire : nous devons le prendre vivant.

***

La bataille terminée, le pillage continua. Non dans le camp lui-même, complètement anéanti, mais dans les villages et localités des environs. Quelques troupes en désordre, ivres de sang et de vin, battirent la campagne, s'éloignant parfois bien loin de Tricamarum. Procope, quand il nous conte cette histoire, blâme ces aventurés, qui risquaient de se faire tuer dans des embuscades. Bélisaire lui, comme d'autres généraux naguère et jadis, ne sévit pas contre ceux qui répandirent la terreur dix lieues à la ronde. Ces aveugles soudards, qu'il désavouerait officiellement, constituaient ce que nous pourrions appeler des agents de publicité. Depuis le débarquement les envahisseurs se montraient doux et honnêtes. Il n'était pas mauvais de faire savoir çà et là qu'ils pouvaient aussi obéir aux plus infâmes lois de la guerre, dans l'occasion. Le bruit s'en répandit bien vite et bien loin : ce genre de nouvelles est de ceux qui se propagent comme le feu dans l'herbe sèche.

Les chefs de légion, au Conseil, reçurent instruction de rallier ces prédateurs, sans les punir mais rapidement. La création de bandes pillardes incontrôlées devait être évitée. Pour convaincre ceux qui risquaient d'oublier la discipline, le malin général en chef usa d'un tour irrésistible : il fit annoncer que les prises de guerre individuelles allaient être dûment enregistrées au nom de leurs possesseurs, puis envoyées à Byzance sur des bateaux vandales. Cela fit plus que le sens du devoir pour ramener les excursionnistes.

Stentor, une fois passés les deux jours de bataille, rejoignit l'état-major des écuries. Il y fut complimenté par les uns, amicalement raillé par les autres, mais enfin la joie éclatait sur son visage. Il pouvait désormais goûter le plaisir de la retraite, ayant prouvé à tous et à lui-même qu'il demeurait un guerrier valeureux, un exemple pour cette molle jeunesse.

— Centurion, lui dit le Corbeau, tu fais peur aux chevaux. Tu pues le sang!

Koraclès, on le sait, n'aimait pas la guerre, bien qu'il sût s'y montrer quand il le fallait. En fait Bel-Œuf, Moraïde et lui-même eurent fort à faire entre les deux jours du combat. Leurs palefreniers parcouraient le champ de bataille, récupérant les chevaux sans cavalier, achevant les bêtes condamnées ou rassemblant celles que l'on pourrait guérir. Grâce à eux, les cavaliers démontés eurent des chevaux pour le second assaut. Quand les huit cent cinquante Vandales prisonniers parurent, leurs bêtes furent confisquées, nourries, abreuvées et parquées : elles devenaient désormais citoyennes de l'empire. Les fourriers, pas plus que les vivriers, n'avaient de difficultés à munir l'armée victorieuse. Devançant la réquisition, les paysans apportaient des provisions pour les vainqueurs, mais aussi du fourrage et du grain. Donc, tandis que les pillards regagnaient leurs unités, la remonte de cavalerie se trouva assurée.

Le soir même de la victoire, Procope fut mandé. Il vint de Carthage avec une escorte conduite par Corcodis et trouva l'armée en bon ordre. On enterrait les morts, on fourbissait les armes, bref on ôtait au succès militaire tout ce qui l'encrasse et lui donne mauvaise réputation. Procope, ayant grande confiance dans l'esprit ordonné de Solomon, se fit expliquer les phases de la bataille, en parcourant le champ pour être mieux en mesure de la décrire. Un peu plus tard, ayant tout fait noter par ses scribes, il put écrire ce que les historiens appellent « le récit d'un témoin ».

En retour, le *parèdre* conta à Bélisaire l'incident survenu au palais royal, et comment Corcodis et sa garde, plus Eusébine et Zoé, avaient mis en déroute vingt-cinq agresseurs, sauvé l'honneur des dames, pris le traître Babon. Cette anecdote courut dans l'armée. A sa grande confusion, Corcodis fut nommé dans le communiqué. Bien plus, les Huns firent savoir par Aigan leur admiration renouvelée envers Hasicoram. Ils lui envoyaient un présent, consistant en un chapelet de trente-deux oreilles coupées sur les cadavres ennemis. Trente-deux en effet était un nombre sacré pour ces gens étranges. A la vue de ce trophée, Corcodis parvint à ne pas s'évanouir; son extrême sensibilité s'émoussait un peu à la guerre.

Sur les talons de Procope arriva Oulès. Il venait de recevoir un courrier de Paul d'Antioche, assez pessimiste. Certes, Justinien, sur la foi des preuves envoyées, avait jeté en prison le traître Léonce. Les agents troubles de Druzon continuaient cependant à répandre dans Byzance des nouvelles à la fois rassurantes et fausses : *Bélisaire gagne bataille sur bataille, Bélisaire met les Vandales à genoux, Bélisaire devient roi d'Afrique.* Tous ces bruits, on le comprendra, ne servaient que de sauce sucrée à cette contre-vérité : *Bélisaire travaille à son compte.* Cela plaisait plutôt aux Byzantins, qui aimaient assez leur général pour lui octroyer une couronne. Cela, répété à la Cour, assombrissait le méfiant Justinien.

— Comme vous avez bien fait, général, conclut Oulès, de laisser Paul d'Antioche près de Théodora ! Il n'est pas de trop pour l'exciter en votre faveur et empêcher l'empereur d'écouter les ragots malveillants qui doivent bourdonner.

Bélisaire serra les poings.

— Mais enfin, mille bordels de dieux païens, qu'est-ce que je peux faire de plus, dis-moi ? Tu sais la vérité, Oulès. Je m'arrange pour concentrer ces foutres de Vandales, tandis que je rebatis les murs de Carthage. Tu trouves le trésor des Césars. On liquide l'ennemi en deux jours. Jean et Pharas vont attraper leur roi. Qu'est-ce que j'y peux, si Justinien doute de moi ? Allez, parle, vautour ! Tu as toujours de bonnes idées.

Oulès, qui avec l'hiver reprenait l'habitude de porter des perruques instables, rétablit celle qui lui tombait sur l'œil.

— D'abord, dit-il, rentrez à Carthage avec toute l'armée en ordre de parade, traînant les prisonniers et les femmes esclaves. Cela persuadera définitivement les Carthaginois qu'ils ont perdu la guerre.

— Pas besoin de toi pour penser à ça. Les ordres sont déjà donnés.

— Ensuite, faites écrire par Procope un bulletin de victoire dans lequel Justinien sera nommé vainqueur. Il a gagné. Vous n'êtes que son bras.

— Appelle Procope, dit Bélisaire à un valet. Qu'il rapplique coudes au corps. On va torcher ça. Ensuite ?

— Ensuite, nous expédions ce message par les voies les plus rapides. Cela sera bon, mais insuffisant. Il faut maintenant rassurer l'empereur par des dépouilles de qualité. Envoyer un messager de haut rang qui apporte à Byzance les richesses de

Gélimer, en attendant que nous arrivions avec le trésor de Constantin.

— Quel messager?

— Rien moins que Solomon, si vous voulez mon avis. Solomon, tandis que vous garderez Appallaciaire, neveu de Gélimer et notre allié, pour pacifier les provinces.

— Tu oublies un détail, Oulès.

— Lequel, général?

— Les richesses de Gélimer n'étaient ni dans la tour Perthe, ni dans le camp. Il ne les a pas emportées sur son cheval. Comment les enverrai-je, puisque je ne sais même pas où ce foutriquet les a mises?

Oulès rajusta sa perruque une fois de plus.

— Élémentaire, général! Il les a secrètement expédiées dans un port de la côte. Hippone semble toute désignée. Il compte s'y rendre et s'embarquer de là. Je dis Hippone, parce que c'est un grand port, éloigné de notre flotte, où l'on peut trouver des bateaux de haute mer.

— Jean l'Arménien et Pharas l'empêcheront d'y arriver, fit Bélisaire. Ils le rattraperont avant. Mais dis-moi... S'ils l'attaquent, le trésor va partir sans Gélimer, c'est sûr. Moi, je serai baisé. Qu'est-ce que Solomon apporterait à Justinien pour le convaincre de ma bonne foi? Ta langue?

— Elle vous est trop utile. Je répondrai deux choses à votre objection. D'abord, la tempête fait rage. Ensuite, selon mes informations, Alopex et ses bateaux bleus doivent être à Hippone.

Bélisaire réfléchit un instant.

— C'est bien, dit-il. Si Alopex est là-bas, je suis tranquille. Avec ou sans Gélimer, il s'emparera de la marchandise. Mais c'est un trésor de roi. Tout homme a son prix, Oulès. Et si Alopex se laissait tenter?

— Vous lui faites injure, général. Pour deux raisons. La première, c'est que s'emparer des biens de Gélimer lui interdirait d'en jouir à Byzance, et qu'il ne peut vivre ailleurs. C'est un enfant du troisième canton. Que ferait-il, tout fortuné, en Gaule ou en Bretagne?

— Et la seconde raison?

— La meillleure : ayant montré en cette affaire une honnêteté exemplaire, il pourra tirer de l'empereur des avantages commerciaux plus avantageux qu'un exil doré.

***

L'entrée de Bélisaire à Carthage, après la victoire de Tricamarum, fut aussi triomphale que Procope l'avait décrite par avance dans la lettre à Justinien. L'infanterie, bien peu malmenée, défila d'abord en longues colonnes. La cavalerie légère ensuite, puis les cataphractaires enveloppant la foule des prisonniers enchaînés. Bélisaire enfin, suivi de ses Bons.

La population des villes, cela reste constant, aime beaucoup les défilés de militaires, à condition qu'ils ne soient pas hostiles. De plus, Carthage, ville cosmopolite, considérait déjà — ou de nouveau — les « Romains » comme occupants légitimes. Glucan, la rage au cœur, marchait parmi les enchaînés, mesurant l'ingratitude de ceux qu'il avait défendus au péril de sa vie. La foule en effet huait les vaincus avec autant de sincérité qu'elle acclamait les vainqueurs.

Sur le nouveau forum, les édiles carthaginois qui avaient eu le bon sens de ne pas comploter avec Druzon accueillirent le vainqueur. On ne lui remit pas les clés de la ville pour plusieurs raisons dont je ne dirai que la première : en ce temps, les portes de la ville n'avaient pas de serrure. Selon le protocole, Bélisaire aurait dû recevoir une couronne de laurier. Suivant l'avis d'Oulès, il la refusa et fit couronner un buste de Justinien, disant :

— Peuple de Carthage, voici ton maître, qui est aussi le mien !

Six présumées vierges, vêtues de lin blanc, offrirent donc au général une couronne de fleurs, qu'il accepta. En remerciement, il débita sans trop de pataquès le discours formé par Procope, n'y oubliant que les mots difficiles et refusant les pièges du subjonctif. Le peuple, qui ne raffinait pas sur la grammaire, et du reste entendait le latin aussi mal que Bélisaire le parlait, hurla son allégresse. Il est vrai que le discours se terminait par un ordre bien venu : distribution de vivres et de vin, octroi de deux journées de fête. L'évêque Alexis fut moins acclamé quand il assortit cela de cérémonies religieuses obligatoires, mais enfin la paix valait bien une messe [1].

Les festivités, entrecoupées de pauses de révérence à la

1. La cérémonie de la consécration se divisait en *liturgie* (prière) et *synaxe* (communion).

religion orthodoxe, furent inoubliables. Les aristocrates vandales avaient trop négligé ce durable principe de gouvernement : « Faites-les danser, faites-les manger, ils paieront ensuite. » D'où leur manque de popularité et le crédit de Bélisaire.

Ceux qui payèrent d'abord furent les notables, assujettis d'office et sans tarder à un lourd impôt. Ils s'acquittèrent sans rechigner, trop heureux de sauver leur vie. Appallaciaire, homme petit mais robuste, aux yeux noirs éveillés, aux cheveux frisés, se chargea de cette collecte, dont Bélisaire n'aurait pas cette fois à rendre compte.

La question des vrais patriotes et des agents doubles se posait encore. Le malheureux Babon, dont l'action sournoise contre Antonine et ses dames avait lamentablement échoué, parvint à se suicider en prison, acte exagéré et embarrassant. Il fallait débusquer Druzon et ses affidés, pour en finir avec l'opposition. Oulès s'apprêtait à partir en chasse, mais l'éparque Jonas lui épargna cette peine. L'habile homme, certain désormais que les Vandales avaient tout perdu, risqua sa vie sur un pari.

— Excellent, vint annoncer un Iskas tout effaré, y a un homme qui sort du mur par le couloir secret qu'on a fouillé pour rien. C'est cette espèce de consul faux jeton! Le Jonas!

— Élémentaire! murmura Oulès, comprenant le jeu du politicien.

Celui-ci venait offrir, moyennant la vie sauve, de conduire les agents de l'investigateur au repaire de Druzon, et de nommer tous ceux qui lui servaient de lieutenants. Bélisaire, consulté, accepta, sachant ce que doit connaître un chef de la noirceur humaine et son mode d'emploi. Dans son repaire inexpugnable, Druzon vit un jour paraître Oulès.

— Dieu te forte, Satis! lui dit celui-ci.

— Et la mère de Dieu, Péridoulès de Sardaigne, Péridos de Sicile.

Oulès hocha la tête. Il appréciait les professionnels.

— J'ai une alternative à te proposer, Druzon, déclara-t-il.

Le maître espion vandale fit paraître le sourire franc qu'arborent souvent les coquins de qualité.

— Laisse-moi deviner. Jonas m'a trahi. Mes lieutenants sont arrêtés. Mon choix? Les mettre tous au service de Byzance, m'y engager moi-même ou bien être pendu. J'ai tort?

— Oui. Tu ne serais pas pendu, mais décapité, étant de sang noble.

Druzon éclata de rire :

— Je deviens byzantin, bien entendu. Vive Justinien, loué soit le Christ-Dieu! Gélimer était un pauvre maître. Tu peux compter sur moi. L'armée vandale?

— Détruite.

— Le roi?

— En fuite, et poursuivi par nos meilleurs cavaliers, c'est-à-dire bientôt prisonnier.

— Bon. Que dois-je faire? Pénitence et confession publique?

Oulès rit devant ce cynisme qui lui plaisait.

— Disons que tu viendras saluer Bélisaire et t'agenouiller devant l'évêque. Ensuite, je doublerai tous tes lieutenants par des hommes à moi. Tu me rendras compte de tous tes actes.

— Ta méfiance m'honore, excellent.

— Elle est à ta mesure, Parfait. Comprends-tu bien que les Vandales ont perdu l'Afrique pour toujours, que trahir ne te servirait à rien? S'il reste des fous, des désespérés, des irréalistes qui complotent encore...

— Je les traquerai. Épargne leurs vies. Compte sur moi, Oulès. Je t'admire. Je servirai ton maître, s'il me paie aussi bien que le précédent. Sinon, je me retirerai à la campagne.

Oulès éclata de rire derechef :

— Allons donc, dit-il. Un homme de ta trempe? Tu y mourrais d'ennui.

— Tu as raison. Compte sur moi. Mets-moi à l'épreuve.

— Je vais le faire bientôt, répondit l'investigateur.

Ainsi Jonas sauva sa vie et redevint éparque de Carthage. Justinien désormais n'eut pas de meilleur partisan. Ainsi Druzon resta-t-il à la tête d'un réseau d'espions retournés, qui rendit à Oulès les plus signalés services. Considérant cela, et qu'en même temps le fidèle Glucan, ses courageux seconds croupissaient dans la prison de l'Etnéon, on comprend mieux le mérite des vertueux, mal récompensés en ce monde.

Huit jours après l'entrée triomphale de Bélisaire à Carthage, tandis qu'il donnait des fêtes où étincelait Antonine, où brillaient Clématis, Eusébine et Zoé, trois beaux navires aux voiles jaunes demandèrent l'entrée du port de Mandrace. Les « *Renards* » d'Alopex allaient devant eux, et les *pards* derrière.

Le transitaire aborda le premier et se trouva nez à nez avec Iskas, qui visitait la garde maritime. Les deux hommes se saluèrent.

— As-tu autorité sur les quais? demanda le Renard. Dans le port?

— On m'y écoute, répondit le petit centurion avec un rien de suffisance. Gildas et moi-même avons substitué des gens sûrs à la garde vandale. Mes fonctions, cependant, m'assignent au palais. Faut-il...

— Donne des ordres. Les équipages de ces bateaux jaunes ne doivent pas prendre terre. Mes propres hommes les muniront. Si je raisonne juste, ces navires partiront bientôt pour Byzance sans avoir été déchargés.

Alopex attendit qu'un canot amenât à quai les capitaines des deux *pards*. Bélisaire, averti, reçut les trois hommes avec effusion. Le Renard raconta par quel subterfuge il avait assuré la prise des trois navires de Gélimer. Grâce à la couleur de leurs voiles, Kelso et Kolse les avaient arraisonnés dès qu'ils sortirent du port d'Hippone et prirent le vent.

— Nous étions appuyés par trois autres corsaires, dit Kelso. La *Sainte-Bibule* de Phlox, le *Tigre* d'Aloès, la *Simplicité* de l'Écorcheur.

— Nous espérions trouver Gélimer à bord, expliqua Kolse.

— Le consul provisoire d'Hippone, un nommé Gonademianos que je vous recommande, poursuivit Alopex, nous a mis sur cette affaire. Gélimer et les siens devaient réellement embarquer. A la dernière minute, les capitaines des « voiles jaunes » ont reçu l'ordre d'appareiller sans lui. Il doit, dit le message que j'ai intercepté, les rejoindre à Carthagène en Espagne. Ses bateaux n'iront pas!

— Ni le roi Gélimer! déclara Bélisaire, qui pensait à Jean et à Pharas.

Comme prévu, Solomon embarqua sur l'un des corsaires escortant les trois « jaunes » jusqu'à Byzance. La *Sainte-Bibule*, le *Tigre* et la *Simplicité* seraient du voyage. Archélaos bloquait toujours la flotte vandale. Seul l'hiver rendrait la traversée incommode.

Avant le départ, Solomon reçut une nouvelle lettre pour Justinien, par laquelle Bélisaire faisait offrande de ce premier gage de fidélité. Un inventaire des richesses de Gélimer incluses dans les bateaux accompagnait cette missive. Alopex l'avait dressé dès Hippone, et Oulès le contrôla par principe : rien ne manquait.

— Dis-moi la vérité, Renard, chuchota l'investigateur. Qu'as-tu gardé?

— Quelques bagatelles de pierreries, répondit le Renard. Comme toi quand tu as découvert le trésor des Césars.

— Qui te l'a dit? s'écria Oulès en blémissant.

— Toi-même, à l'instant, vieux pillard! Ne prends pas l'air vexé. Notre choix est fait, nous sommes honnêtes. Mais que paierait l'honnêteté si on ne l'aménageait pas?

Les bateaux aux voiles jaunes quittèrent le port, Solomon à leur bord. Une foule joyeuse acclama ce départ partout proclamé. Il ne s'agissait plus de messagers de circonstance comme Paul d'Antioche ou l'équivoque Nasa, mais d'un héraut de Bélisaire annonçant la déconfiture de Gélimer et la victoire de Byzance. La versatile Carthage, assez peu vandale dans son fond populaire, souhaita bon vent à Solomon, que les corsaires attendaient au large.

Les fêtes, dans la capitale africaine, devaient se prolonger longtemps. Soldats et marins fraternisèrent avec la population. Les équipages d'Alopex ne furent pas les derniers à caresser les cruches et les filles. Le Renard, en effet, gardait ses bateaux au port pour une autre phase des opérations.

***

Gélimer, quand il vit Jean l'Arménien et les Hérules de Pharas lui couper la route d'Hippone, s'était donc résolu à rejoindre les Maures de Sélim. Il galopait au milieu d'eux, accompagné seulement de quelques serviteurs, vers les contreforts montagneux.

Pendant le pillage de Tricamarum, Jean se trouvait presque seul et n'emmena de ses fidèles qu'une quinzaine. Parmi les Cent de Décimum, une trentaine gisaient morts ou blessés. D'autres, tels Stentor ou l'Enclume, devaient revenir à leurs affectations d'origine. Le reste pillait, moins une poignée de scrupuleux originaux méprisant les curées aveugles : archers montés pour la plupart, presque tous arméniens, c'est-à-dire unis à Jean par les liens les plus étroits. Xanas demeurait auprès du vainqueur de Décimum. D'abord, il y avait gagné sa place. Pharas ensuite, dont le latin était hésitant et le grec incompréhensible, s'appuyait sur cet agent de liaison entre le chef désigné des poursuivants et la troupe de ses Hérules.

Supérieurement montés, les Maures eussent gagné rapidement du terrain, si le roi Gélimer ne les avait retardés. Cette nature nerveuse et instable n'était pas du bois dont on fait les cavaliers d'élite. Comme Sélim et les siens ne pouvaient aller sans lui, il leur fallait modérer l'allure. Beaux chevaucheurs, les Hérules allaient en bon ordre derrière Pharas, précédés par les hommes de Jean. Ce dernier, qui avait chargé comme un taureau durant deux jours, prenant à peine le temps de dormir, semblait aussi frais qu'au sortir du bain. Le terrain étant montueux, chaque homme de sa troupe pouvait l'admirer dans la splendeur de sa jeunesse : le torse élancé, l'assiette parfaite, ses cheveux longs flottant au vent.

— C'est un chef, notre chef! dit en galopant Uriate à Xamas.

— Tire droit, Uriate, répondit le Hérule. Ne coupe pas ma route, crétin.

Uriate sourit. Cet homme était ce que nous appellerions un « caractériel ». Cette menue lacune n'a jamais empêché personne de briller à la guerre, au contraire. Elle prédispose même à l'avancement. Quand elle dégénère en paranoïa, elle peut amener un guerrier aux grades les plus élevés. Mais Uriate, par ailleurs, manquait de persévérance dans ses dérèglements. Imprévisible, ombrageux tout à coup et soudain euphorique, il demeurait imprévisible dans toutes ses réactions. Jean, qui l'aimait pour sa bonté naturelle, le protégeait contre les punitions que méritait souvent son comportement lunatique. Les autres le supportaient malgré son caractère, parce qu'il maniait son arc comme le meilleur des Huns, et devenait quand cela lui chantait le plus dévoué des camarades.

Cette fois, Uriate prit bien la remarque de Xamas et remit son cheval en ligne. Cependant, à la tête de la colonne, Jean levait la main et demandait par gestes de ralentir le train. Pharas dès lors fit de même. Il arrêta sa troupe et se porta au galop à la hauteur du chef de légion.

— Regarde! lui dit seulement Jean l'Arménien.

Pharas n'eut pas besoin d'interprète pour comprendre. Le chemin encaissé entre deux collines traversait un amas de rochers. Une centaine de Maures, ayant mis pied à terre, se massaient derrière cet abri naturel. Sélim, jugeant que la lenteur de Gélimer risquait de faire rejoindre ses hommes par leurs poursuivants, venait de poster cette arrière-garde.

— Les ordres? demanda Pharas.

Il acceptait, lui fédéré, chef absolu de sa troupe, l'ordre de Bélisaire qui le mettait sous l'autorité d'un autre. Jean sourit en regardant ce vétéran de nombreux combats de frontière : tête carrée, casque bas sur le front, visage ridé et bronzé où brillaient de petits yeux noirs.

— Qu'ordonnerais-tu à ma place? demanda-t-il par courtoisie.

Pharas, pour être bien entendu, parla dans sa langue à Xamas, qui traduisit.

— Toi et tes quinze, à garder le chemin. Deux de mes cohortes, à pied par le flanc des collines. Tourner cette arrière-garde, la fixer au combat. Ensuite, tes quinze et cent des miens forcer le passage. Nécessité de faire vite, ou nous perdrons la trace du fuyard.

— Exécution! dit Jean. Laisse trente archers avec moi, pourtant.

Il mit pied à terre et s'approcha le plus qu'il le put des Maures embusqués. Le terrain, encombré de hautes broussailles et d'arbustes, à peu près plat, se prêtait à cette manœuvre.

Soudain, un javelot passa en sifflant au-dessus de sa tête.

— A plat ventre! commanda Jean. Nous allons ramper jusqu'à ces buissons. Archers, tirez d'abord une volée.

Xamas traduisit l'ordre. Les archers hérules obéirent, pointant leurs arcs vers le ciel pour que les flèches dépassent l'abri des Maures et retombent sur eux de haut.

Cette manœuvre, parfaitement exécutée par des spécialistes, excita l'admiration d'Uriate. Il avait tiré droit devant pour sa part, ne faisant qu'écorner un rocher. Aussi, dans sa tête à la fois obstinée et indisciplinée, se fit jour la décision de faire aussi bien qu'un Hérule. Il mit une autre flèche sur sa corde, s'essayant, sans avoir reçu d'ordres, au tir plongeant.

La fatalité fit le reste. La volée partie, Jean l'Arménien se mit debout d'un bond, pour juger de l'efficacité du tir. Au même moment, l'indiscipliné Uriate lâchait sa deuxième flèche. Avec stupeur, avec horreur, les cavaliers byzantins écarquillèrent les yeux : Jean l'Arménien s'était trouvé dans la trajectoire.

La flèche d'Uriate venait de le frapper à la base du cou, pénétrant dans sa poitrine. Les cohortes hérules, qui n'avaient rien vu de ce drame, poursuivaient leur manœuvre d'encerclement. Les Byzantins, Uriate le premier, se précipitèrent vers leur chef, qui gisait sur le dos. Il n'était pas mort et tenta de sourire.

— Laissez... laissez-moi, dit-il. Xamas... Dis à Bélisaire... Ne pas punir Uriate. Accident. Volonté de Dieu!

— Volonté d'ivrogne, gronda Xamas! Depuis cinq jours que nous courons derrière Gélimer, Uriate boit du vin, non de l'eau! Je vais le tuer.

La troupe grogna des approbations. Les glaives se levaient sur le misérable maladroit qui sanglotait, désespéré. Jean leva faiblement la main.

— Jurez-moi, dit-il. Uriate... pas le punir. Bélisaire...

A ce moment, des hurlements avertirent la troupe atterrée par ce malheur que les Hérules venaient au contact des Maures.

— Orton, murmura Jean au chef des archers fédérés, prends... commandement. Attaquez!... Xamas, par charité... reste avec moi.

Puis, dans un dernier sursaut de volonté guerrière :

— Attaquez! dit-il d'une voix plus forte. Rattrapez Gélimer!

Xamas traduisit rapidement les ordres pour Orton. Fanatisés par la blessure de leur chef, les trente Hérules et les quinze compagnons de Jean s'élancèrent sur l'arrière-garde des Maures, que des guerriers tombés des collines pressaient d'autre part. Les Maures s'enfuirent en bon ordre, laissant trente morts sur le terrain. L'affaire ne prit qu'un quart d'heure. Alors seulement, averti par Orton, Pharas s'en revint au galop vers l'endroit du fatal accident.

Uriate hurlait de douleur, la tête dans les mains. Xamas restait agenouillé près du corps de son chef. Jean L'Arménien, l'incomparable guerrier, le vainqueur de Décimum, celui qui nourrissait dans son cœur naïf un impossible amour, Jean l'Arménien venait de mourir.

Pharas descendit de cheval. Xamas conta l'affaire et que le mourant ordonnait de garder la vie à son meurtrier.

— Ses dernières paroles, ajouta le Hérule, ont un caractère secret et sacré. Il m'a chargé d'une mission, seigneur Pharas, *que je dois exécuter à Byzance,* si tu me permets pour cela de quitter le service.

— Tout de suite, rugit Pharas. Cours à Carthage, avertis Bélisaire. Pars pour Byzance, quand Bélisaire le permettra. Nous devons cela à Jean l'Arménien.

Xamas secoua la tête :

— Nous lui devons plus, seigneur. Avant de me donner son dernier message, il m'a murmuré : « Prenez Gélimer vivant! »

— Oh, nous le prendrons, articula farouchement Pharas. Même s'il faut y passer l'hiver et parcourir derrière lui l'Afrique entière. L'honneur des Hérules est engagé. Va, maintenant, Xamas. Cours porter à Bélisaire la triste nouvelle, et mon serment.

Xamas remonta en selle, et avant de s'élancer :

— Pour Uriate... dit-il en hésitant.

— Nous le conduirons au prochain village, avec le corps de Jean. Ce dernier sera enterré décemment. Quant à ce misérable, nous le mettrons dans l'église, sous la garde d'un ministre de Dieu. En avant!

Les Hérules regroupés reprirent la chasse. Xamas courut vers Carthage en surmenant trois chevaux successifs. La nouvelle du décès de Jean l'Arménien interrompit les fêtes et fut ressentie par chacun. La popularité de ce jeune héros était immense. Mieux : on l'aimait, et tous le pleurèrent sincèrement.

Pharas, quand il promettait de prendre Gélimer dût-on y passer l'hiver, ne pensait pas si bien dire. Sélim et les Maures réussirent à conduire le roi des Vandales sur une montagne escarpée, quasiment inaccessible sinon par un sentier facile à défendre. Les Hérules ne purent verrouiller cette hauteur, appelée le mont Pappua, qu'après l'arrivée de la famille du roi, de quelques-uns de ses fidèles et d'assez d'or pour acheter une garde mauresque. Pharas ne se laissa pas décourager et entreprit un siège qui durerait autant qu'il le faudrait. Cette constance dans la parole donnée lui vaut les compliments suivants dans la chronique de Procope : *Il est vraiment très rare de trouver un Hérule qui ne soit ni perfide ni ivrogne. Aussi faut-il faire grand cas de ceux qui se montrent vertueux* [1].

1. Procope, *ibid., op. cit.*

*XIII*

## OÙ KORACLÈS PREND L'AIR DU PAYS

Le chef de légion Cyrille, malheureux en tout depuis que Justinien l'avait chargé de dompter la Sardaigne, attendait dans l'antichambre de Bélisaire. Plusieurs autres généraux conféraient avec « le patron », mais lui demeurait là, sur ordre. Cela ne présageait rien de bon. Pour couronner une série de fautes, ses hommes s'étaient mal tenus lors des pillages de Tricamarum, quinze jours plus tôt.

— Bélisaire va me les couper ! songeait tristement le pauvre Cyrille, énumérant les erreurs qu'on allait lui reprocher.

Ce vieux soldat, long et brun, maigre et chauve, commandait mieux qu'il ne discutait, étant affligé d'un bégaiement. Il sursauta. Les Bons de service rectifiaient la position. Les généraux convoqués quittaient la salle d'audience : Martin, Ian d'Epidamne, Jean Sophos. Ce dernier étant le cousin de Cyrille, celui-ci tenta de l'arrêter au passage, mais n'en eut pas le temps. Oulès paraissait, appelant au rapport le pauvre bégayeur, qui le suivit chez Bélisaire avec la mine d'un condamné d'avance.

L'époux d'Antonine, debout, buvait de cette eau qui lui gâtait le caractère, selon l'avis de l'armée. Enfin, il s'assit négligemment, et regarda Cyrille, qui s'était figé dans la position du respect, bras collés au corps.

— Te voilà, toi ! dit-il. Tu sais pourquoi je t'embrasse pas ? Pourquoi je t'ai parlé depuis Tricamarum ?

— Parce que j'ai fait des bêtises. Puis, ma légion a déconné, excellentissime.

— Bégaie pas ! Incapable de débarquer, nuisible sur mer.

Non seulement tu manques le coup de Sardaigne, mais tu retardes Archélaos, qui laisse passer Tzazon. Ensuite, à la bataille, tes gars se débandent pour piller. Compliments! J'ai convoqué des généraux, ce matin. Dis-lui pourquoi, Oulès.

— Martin et Pappus, Barbatus, dit le maître espion, viennent de recevoir l'ordre de partir pour la Libye à marches forcées. Ils y soutiendront les rebelles de Pudence et de Tatimuth contre le dernier corps expédionnaire vandale.

— Celui qui était pas en Sardaigne! expliqua doucement Bélisaire.

Cyrille courba le front.

— Jean Sophos, ton cousin, continua Oulès en pontifiant, part avec mille cavaliers vers l'Ouest. Ils ont pour mission de s'emparer de la côte et de ses villes : Ilgilgilis, Saldae, et tout au bout, Septem, qui est aux Wisigoths [1]. Grâce à ceux-là, d'ici deux mois les Maurétanies seront à Justinien.

— Oublie pas Césarée [2]! intervint Bélisaire.

— Comment l'oublier? Ian d'Epidamne et quatre mille fantassins, traversant les terres, iront s'en emparer. Oui, l'Afrique entière, Cyrille, sera nôtre grâce à tes confrères.

— Sauf les îles! remarqua Bélisaire d'un air préoccupé. Les îles, ce sont les clés d'une contre-invasion. La Sardaigne surtout, Cyrille! Les Vandales y sont toujours!

Le chef de légion malchanceux, enviant la fortune de ceux qui partaient conquérir, se fâcha soudain. Le visage rouge, il s'écria sans bégayer :

— La Sardaigne, excellentissime, j'aurais dû y arriver plus tôt, d'accord! J'aurais pas dû avoir le vent et la mer contre moi! J'aurais pas dû couper la route d'Archélaos! A Tricamarum... Eh merde, général! Cassez-moi de mon grade, mettez-moi en taule, je suis d'accord. Mais vous moquez pas de moi. J'ai cinq blessures dans le corps, vingt-deux ans de service sur les frontières. Ça mérite pas qu'on se moque!

Un silence suivit ce discours. Finalement Bélisaire approuva de la tête :

— Ça va, dit-il. Tu as lâché ta bride. J'aime mieux ça que tes airs moribonds, cette figure coupable que tu promenais.

1. Djijelli, Bougie, Ceuta.
2. Cherchell.

Écoute-moi bien Cyrille. Les erreurs, tout le monde en fait. Certains savent les réparer. Tu as envie d'une revanche?

— Moi? s'écria Cyrille avec ferveur. Une revanche, si j'en ai envie? Dites ce qu'il faut faire. Je me mets en second sous Martin, sous mon cousin, même sous Ian d'Epidamne et ses traîne-patins. Ils y perdront rien, allez! Je ferai un malheur. Je vous dois ça. Je me le dois!

Bélisaire sourit de cette ardeur guerrière.

— Tu avais raison, Oulès, dit-il. C'est agaçant, tu as toujours raison. Il faut l'employer, pas le punir. Cyrille, tu n'auras que cinq cents hommes et des bateaux pris aux Vandales. Ils valent pas les nôtres, je te préviens.

— On fera aller. Aller où, général?

— *Tu vas prendre la Sardaigne!* Y rallier les révoltés. Montrer à la garnison la tête de Tzazon, que j'ai fait embaumer à cet effet.

— Il la verront. Je prendrai l'île. Rien de plus?

— Si. Quant tu l'auras — et je crois que tu l'auras — essaie de prendre aussi l'île voisine, Cyrne, qui me serait utile.

— Compris, général. C'est tout?

— Exécution. Départ demain matin.

— Merci, général. Je veux dire... *merci*, général!

Les talons de Cyrille claquaient martialement sur les dalles de marbre. Il regarda avec délices la garde des Bons lui rendre les honneurs. Il marchait dans un nuage de joie : pardonné, réhabilité, réinvesti dans la confiance de Bélisaire. La Sardaigne allait voir ce qu'elle allait voir!

Quand le bruit de ses pas se fut éteint, le général et Oulès éclatèrent de rire.

— Bien joué, vautour! s'exclama Bélisaire. Personne ne nous prendra ces îles mieux que lui. L'amour-propre, voilà qui fait les vainqueurs!

— Élémentaire, répondit Oulès. Cependant, je ne crois pas qu'il parvienne à prendre Cyrne [1], pas plus que les Goths ne l'ont fait. Les naturels de cette île-là sont très attachés à leur autonomie.

— Nous irons sans eux. Ou bien, nous en ferons des fédérés libres. Archélaos est en retard. Est-ce qu'on me fait attendre?

---

1. La Corse, que Cyrille ne put prendre, comme Oulès le craignait.

C'est que vous êtes en avance, général. Ce pauvre Cyrille a été expédié vers la gloire en moins de temps que nous ne l'avions prévu.

Bélisaire fronça les sourcils et ferma ses gros poings.

— Le voici qui dit *nous*, maintenant, quand je donne mes ordres. Tu te prends pour qui, vautour déplumé?

— Je disais *nous* en parlant de vous seul, général. C'est ce que l'on appelle le pluriel de majesté, selon la grammaire moderne.

— Toujours réponse à tout, hein? Un de ces jours modernes...

— Voici Archélaos qui vient! déclara Oulès pour changer la conversation.

L'amiral parut, et inclina ses boucles grisonnantes. Il avait de bonnes nouvelles. Tous les équipages vandales mis à terre étaient remplacés par des matelots et des capitaines fidèles à Byzance. Des bateaux seraient disponibles pour embarquer la troupe de Cyrille. D'autres, pour suivre par mer la progression de Ian d'Epidamne, de Jean Sophos, et occuper les ports.

— Les capitaines ont les ordres? s'enquit Bélisaire.

— Certes, général. Dès que Septem sera investie, ceux qui ne garderont pas les villes maritimes seraient trop exposés, dans ce détroit que les anciens nommaient Colonnes d'Hercule [1]. Ils iront prendre les îles Baléares, Major et Minor [2]. J'espérais que les corsaires leur prêteraient main-forte.

— J'ai besoin des corsaires ailleurs, déclara Bélisaire. Alopex en revanche et ses « Renards » suivront la flotte de port en port. C'est un privilège que je leur accorde.

Archélaos et Oulès inclinèrent gravement le front, se gardant bien de sourire. Ce privilège consisterait en levée d'impôts, en saisie de biens qui reviendraient à Bélisaire sans qu'inventaire officiel en soit fait. Le Renard y trouverait son compte. L'empereur n'avait pas à connaître de ces bagatelles. Archélaos sortit. Le général médita un instant, songeant à ces armées qui partaient conquérir et pacifier, parachever son œuvre.

— Ils prendront tout sans mal, conclut-il. Ce qu'il reste de

---

1. Gibraltar.
2. Majorque et Minorque.

Vandales connaît maintenant nos victoires. Ils savent qu'aucun secours ne pourra leur venir. Avant Pâques, nous pourrons offrir l'Afrique à Justinien. Lui donner ces îles qui la protègent.

— La semaine passée, dit Oulès, j'ai encore arrêté trois voyageurs qui allaient partir pour Byzance, tous criant dans les tavernes : *Bélisaire s'empare de l'Afrique pour en devenir le roi. Vive le roi Bélisaire!*

— Bah! Solomon ne tardera pas à arriver dans notre capitale. Les richesses de Gélimer persuaderont Justinien de ma bonne foi. Qu'as-tu à branler la tête comme un âne?

— Trois qui criaient : *Vive le roi Bélisaire.* Mais combien qui le pensent, le disent, vont le dire à Byzance?

— Des espions, encore?

— Non, Bélisaire. Vos admirateurs! Il n'y a plus d'espions vandales. Druzon désormais travaille pour nous, si je puis dire *nous* à propos du moins d'espionnage.

— Mais c'est ennuyeux, Oulès. C'est grave! Tu imagines, ces gens qui débarquent là-bas, qui haranguent la foule, qui crient : *Vive le roi Bélisaire* devant le Palais Sacré? C'est pire que des agitateurs, ces admirateurs-là! Il faut envoyer quelqu'un expliquer la chose à l'empereur, et que j'y suis pour rien. Puisque Xamas va partir, on pourrait peut-être...

— Xamas est parfait, mais c'est un Hérule. Il annoncera avec dignité la mort du pauvre Jean l'Arménien, voilà tout. Pour convaincre Justinien que tous vous attribuent la couronne malgré vous, et que vous la refusez, il faut un Byzantin bien écouté de lui ou de Théodora, comme l'est présentement Paul d'Antioche.

— Paul est parti. Solomon est en route. Qui d'autre... Non! Pas Koraclès, quand même?

Oulès se remit à branler du chef avec énergie.

— Koraclès, justement!

— Il ne voudra jamais quitter ses chevaux. D'ailleurs, il leur est nécessaire.

— Allons donc! Stentor, Moraïde, Bel-Œuf, Trois-Yeux sont là. A peine sommes-nous à la fin de décembre. Vous ne rembarquerez pas avant le printemps. Le frère-cheval, comme le nomme Théodora, a le temps d'aller à Byzance, et d'en revenir pour le grand embarquement final où ses talents seront utiles.

— Il refusera. Tu connais son caractère. C'est un civil. Il suit les ordres de Justinien, je peux pas l'obliger à partir. D'ailleurs, il n'aime pas la mer.

L'investigateur rajusta sa perruque.

— Si vous ni moi ne le persuadons d'embarquer sur un bateau rapide, deux autres personnes sont capables de le faire.

— Et qui donc?

— Clématis d'abord. Sans qu'ils le sachent eux-mêmes, notre hercule chevalin et la liane caressante sont épris l'un de l'autre. Savez-vous qu'elle refuse désormais ses charmes à tous sauf au Corbeau? Instruite par moi, elle le convaincra à moitié.

— Et pour l'autre moitié?

— Koraclès se convaincra lui-même. Je lui ferai sentir combien il est inexact d'une part, et d'autre part funeste pour votre gloire, de crier : *Vive le roi Bélisaire.* Ensuite, je le promènerai de cantonnements en tavernes, de Byzantins à fédérés et à summaques. Il entendra partout crier : *Bélisaire roi!* Il comprendra le danger que vous fait courir ce naïf enthousiasme. Moi tirant, Clématis poussant, armé de l'espoir de revenir, il partira, comprenant que Xamas ni personne ne peut à Byzance vous aider mieux que lui.

— Ainsi soit-il. Mais je suis un sot, Oulès. Un sot, par sainte Bibule. D'être fidèle, je veux dire! De ne pas cueillir ce royaume que chacun m'attribue d'avance!

— Il y a d'autres couronnes, général. Si Kelso et Kolse sont bien reçus à Libybée en Sicile...

Bélisaire eut un violent sursaut d'étonnement :

— Qui t'a dit qu'ils y sont allés? Même Antonine l'ignore! Qui?

— Bélisaire, répondit Oulès avec une feinte tristesse, vous me sous-estimez. A quoi sert de me cacher un projet, puisque je devine toujours? Les Norrois et d'autres corsaires vont voguer vers Libybée, port de Sicile à demi vandale. Ils doivent prendre langue avec la population, savoir si les Goths tiennent toujours les places fortes de cette île. Cette île *qui serait la clé d'une invasion de l'Italie par vos troupes,* dans un ou deux ans. Si j'ose vous dire que je le sais, général, c'est que le Corbeau, croyez-moi, doit apporter à Byzance nouvelle de cela. Qu'il en parle à Théodora, c'est-à-dire à l'empereur.

— Crois-tu que je rôde autour de la Sicile et des Baléares sans ordres?

— Justement. Quand Justinien saura que vous préparez pour lui une autre guerre, il se rassurera sur votre ambition : conquérir, non posséder, puis conquérir de plus belle.

— Ouais, grogna le général. Mais si j'attaque l'Italie, il croira que c'est pour être roi dans Rome.

— Ce qui vous donne quelques années de triomphe et de tranquillité.

— Oulès mon frère, tu es trop malin, conclut Bélisaire. Cela te perdra, quelque jour.

— Non, car je devinerai auparavant qui veut me perdre, et pourquoi. Puis-je me retirer? Présentez mes respects à Sontania, la belle Vandalesse.

— Qui t'a parlé de Sontania? hurla Bélisaire congestionné. Sale scorpion! Si jamais Antonine avait quelque doute...

— Je suis un scorpion discret. Un scorpion à votre service. Un scorpion qui piquerait tout homme capable d'inquiéter votre tendre Antonine à propos de ragots non fondés. Car vous avez repoussé les avances de la belle, de l'irrésistible Sontania. Ce genre d'héroïsme ne doit pas être révélé aux épouses : elles n'y croient jamais tout à fait.

— Oulès, soupira Bélisaire en levant les mains, je retire le scorpion, l'âne, le vautour. Tu es le meilleur des serviteurs. Une colombe. Un ange.

— De cela, répliqua l'investigateur avec un pli au front, Dieu seul jugera, malheureusement.

***

Le Hérule, dont l'Histoire ingrate ne nous a pas conservé le nom, venait de se hisser le long d'une paroi presque verticale. Une corde attachée autour de la taille, il s'élevait le long de la falaise, accroché par les doigts et les orteils à des prises précaires. Le pâle soleil de février se levait à peine, mais la dureté des efforts produits empêchait l'homme de sentir le froid. En une heure de temps, le Hérule s'éleva d'une cinquantaine de mètres. S'il parvenait à l'épaulement de la montagne, il assurerait sa corde et pourrait faire monter avec moins de péril une vingtaine de ses camarades. Une autre cordée, et ils atteindraient le plateau qui couronnait le mont Pappua.

Après avoir lancé dix fois ses hommes sur le sentier, à cheval ou à pied, en masse ou en ligne, Pharas avait conclu qu'il ne pourrait jamais déloger Gélimer de son repaire par la voie ordinaire. Les Maures avaient conduit le roi vaincu et déchu au sommet d'une fortification naturelle, un de ces nids d'aigle imprenables qui depuis des siècles défiaient les envahisseurs. Dès lors, Pharas n'avait qu'une alternative : renoncer ou chercher d'autres voies d'assaut. Renoncer, le fier Hérule n'y songeait même pas. L'honneur lui commandait de tenir la parole donnée à Bélisaire : capturer Gélimer vivant et le livrer.

D'autres voies? Le mont Pappua, outre son côté accessible, présentait des pentes ou des surplombs apparemment impraticables. Les pentes, d'aspect moins effrayant que les à-pics, rebutèrent les assaillants dès leurs premières tentatives. Elles consistaient en effet en un entassement de cailloux précairement en équilibre. A peine essayait-on de s'y élever que les pierres roulaient, en entraînant irrésistiblement les escaladeurs.

Dès lors, Pharas se mit en tête d'essayer les parois verticales. Ses quatre cents hommes entouraient complètement la montagne, d'où personne ne pouvait descendre. On demanda des dénicheurs, des hommes habitués à grimper sur les rochers pour déloger les oiseaux. Onze se présentèrent, montagnards éprouvés. Trois se tuèrent. Deux s'estropièrent. Quatre, ayant presque réussi à gagner le bord du plateau, furent tués à coups de flèches par les assiégés. Le dixième montait ce matin-là. Il était parti avant l'aube et, tandis que paraissait le disque rouge du soleil, parvenait presque à l'épaulement. Encore dix mètres, et il prendrait pied, jetterait sa corde aux camarades. Seul Pharas et ses meilleurs observateurs surveillaient sa progression. Il ne fallait pas que d'en haut les Maures puissent voir toutes les cohortes hérules regarder en l'air, désignant ainsi une cible.

— Il y est presque, murmura le chef fédéré. Il se hisse encore. Il touche au but. Hardi, petit!

A ce moment, l'escaladeur sursauta, lâcha sa prise de main droite.

— Une flèche, commenta froidement un observateur de Pharas.

Vint ensuite une volée de flèches que les Hérules purent voir frapper le rocher autour de leur camarade. Plusieurs le touchèrent en plein corps. Avec un hurlement de désespoir, le dixième escaladeur hérule tomba en tournoyant dans le vide et s'écrasa sur les rochers, cinquante mètres plus bas.

Sur le plateau, le chef des guetteurs maures émit un grognement de satisfaction. Il donna l'ordre à sa patrouille de se retirer vers le village, ne laissant en place qu'une sentinelle. Lui-même alla rendre compte à son chef du succès de sa mission.

Le village où Sélim avait caché Gélimer n'était qu'un amas de constructions grossières. Une trentaine de montagnards et leur famille y tenaient garnison. Avant de redescendre vers son peuple, Sélim donna ses ordres à leur chef, un farouche moustachu nommé Mossa.

— Garde ce chien vandale, qui se dit roi. Sa grosse femme, ses trois fillettes, ses deux neveux, ses dix serviteurs. Je t'ai apporté assez de farine pour l'hiver, et de viande sèche. La source ne tarit pas. En bas, d'autres chiens veulent prendre celui-ci, ce Gélimer. Gélimer m'a payé. Nous lui devons asile et protection. S'il veut se rendre, laisse-le faire. Mais que personne ne l'enlève de vive force.

— J'ai reçu les provisions, répondit Mossa. Nous avons nos chèvres aussi. Mais si cet homme veut être traité en roi, nous mourrons tous de faim avant peu.

Sélim retroussa ses lèvres en un sourire dédaigneux :

— Un roi des chiens reste lui-même un chien. Lui et les siens mangeront et boiront comme vous, sans traitement de faveur. Prenez toutes leurs armes. Traitez-les sans rudesse, mais sans courtoisie. Adieu, Mossa. L'or que j'ai reçu de cet homme va m'aider à soulever les tribus. Bientôt, nous chevaucherons tous ensemble pour reconquérir notre terre.

Ce matin de février, Mossa reçut le chef de patrouille, qui lui annonça la mort de l'agresseur hérule. Il sourit de plaisir. Personne ne prendrait de force le mont Pappua. Il héla deux servantes qui versaient de la bouillie dans un récipient.

— C'est le déjeuner du roi-chien? Allez-le-lui porter. Je viens avec vous. Une bonne nouvelle arrêtera peut-être ses gémissements continuels.

Gélimer, sa famille, ses gardes gisaient à même le sol dans une hutte de torchis. L'arrivée des pourvoyeurs fut accueillie par des grognements. Les prisonniers se mirent à puiser avidement la bouillie avec leurs doigts. Gélimer avait droit à un service privé : une écuelle, une jatte d'eau. Il les vida en un instant.

Après un mois de captivité forcée, le dernier roi des Vandales ne ressemblait en rien au splendide monarque qu'il avait été. Amaigri par les privations, hébété par le malheur, vêtu d'une tunique répugnante, il ne gardait que quelques traces de sa fierté primitive : le regard vif encore, certaine hauteur dérisoire dans ses attitudes.

— Roi, annonçait Mossa dans un baragouin à peu près intelligible, nous avons tué ce matin un autre de tes ennemis. Il essayait de tracer un chemin aux autres en grimpant par la falaise. Nous l'avons percé de flèches. Personne ne peut vaincre le mont Pappua.

— Est-ce tout le déjeuner ? s'écria Gélimer. Ces enfants ont faim, cette femme, moi-même. Puis-je permettre qu'on me traite ainsi ? Ortolan, laisse manger les autres, gouliafre !

Ortolan en effet avait suivi son maître. Ce n'était pas le cas de Briséis, Didon, Lesbie et autres créatures de luxe. Celles-là, comme la plupart des Vandales sans honneur, collaboraient désormais de toutes les façons avec l'armée d'occupation.

— Nous traite-t-on ainsi, vilain ? reprit Gélimer en essayant de jeter à Mossa un regard foudroyant.

— Vous n'avez ni plus ni moins que les miens, répondit le Maure. La vie qui est sauve, de quoi vous abriter et vous nourrir.

— Il appelle cela se nourrir ! J'ai payé. J'ai donné tout ce qu'il me restait d'or à votre chef. Je veux de la viande, des lits, des soins, ce qu'on me doit enfin ! s'écria le malheureux monarque. Vous êtes des traîtres.

Mossa, impassible jusqu'alors, s'anima en entendant ce dernier mot. Il fit un pas en avant.

— Nous ne te trahissons pas, dit-il avec autorité. Nous tuerons tous ceux qui essaieront de te prendre sur le mont Pappua. Si tu veux descendre avec les tiens et te rendre à tes ennemis, tu es libre de le faire.

— Un roi vandale ne se rend pas, répondit Gélimer. Mangeons de la bouillie. Endurons le froid. Va-t'en, Maure. Va, et médite cette parole des Saintes Écritures dont la vérité me pénètre de jour en jour : *Vanité des vanités : tout n'est que vanité, et poursuite du vent !*

Mossa sortit et referma la porte disjointe.

— Que les gardes restent en alerte, dit-il à son second. On nous a payés pour garder ce fou : personne ne viendra le prendre de force.

Cependant, au bas du mont Pappua, Pharas réunissait les chefs des Hérules :

— Nous tenterons une escalade en un autre point avec le montagnard qui nous reste, dit-il. Puis un assaut par le chemin. Si tout cela échoue, nous attendrons que le village, là-haut, meure de faim ou de lassitude. Mais par Dieu qui m'entend, dussions-nous y passer des années, nous ramènerons Gélimer à notre Bélisaire.

***

Le plan d'occupation de l'Afrique du Nord, dont nous venons d'avoir des échos dans l'antichambre de Bélisaire, était un modèle du genre. Pour être juste, il faut y voir l'œuvre conjointe de deux esprits complémentaires : celui du chef de guerre, qui savait porter les armes, et celui de Solomon, admirable administrateur. Ensemble, avant le départ pour Byzance de l'intendant général, les deux hommes jetèrent les bases des opérations.

— Paille au cul et le feu dedans! déclara Bélisaire. Le corps vandale de Libye? Martin et ses gros lourds en feront de la pâtée. La côte? Des garnisons partout, chaque port pris jusqu'à Septem. Occupation, loi martiale, couvre-feu. S'agit pas que l'ennemi relève la tête, quand on sera partis!

Solomon, connaissant le caractère du général, se garda bien de contredire ces propos excessifs, cette vision maladroite de l'avenir. Il approuva d'abord ce qui lui semblait sensé : l'expédition des cataphractaires au secours de ce Pudence et de ce Tatimuth. En Libye, les deux chefs révoltés contre Gélimer fixaient toujours les forces vandales envoyées contre eux, sans victoire réelle ni défaite avérée. L'appoint des légions de cavalerie lourde serait décisif. Leur action, jointe à l'annonce de la déconfiture du roi à Tricamarum, de sa fuite, de l'occupation définitive de Carthage, briserait toute résistance. Pudence triompherait et gouvernerait la province en bon allié de Justinien.

Car — et c'est là que Solomon s'écartait des vues simplistes de Bélisaire — il ne s'agissait pas seulement de vaincre. Il n'était pas non plus question de *partir*. Se gardant de heurter de front les emportements du guerrier, l'administrateur sut tempérer sa fougue. Battre un ennemi, piller ses villes, envahir ses terres, les barbares européens ne cessaient de le faire, depuis les derniers Césars païens. Passé leur assaut, guéris les blessés, consolées les femmes, le vieil empire remettait tout doucement en place ses anciennes structures, jusqu'à l'arrivée d'un nouvel assaillant. Que fallait-il faire en Afrique, sinon effacer les traces légères d'un envahisseur sans racines et revenir à l'administration romaine? Les nobles vandales, les riches propriétaires fils de prédateurs ne demandaient qu'à changer de maître. Ils n'avaient plus cette furie qui poussait leurs ancêtres à rouler sans amasser mousse, du Danube au Guadalquivir, puis de Septem au bord de l'Égypte. A Byzance, déclara Solomon, le grand Justinien codifiait, planifiait déjà l'empire avant même de l'avoir conquis. Eux, les conquérants, devaient savoir cela, et que la guerre ne sert à rien, si elle ne laisse pas en se retirant non seulement des garnisons, mais aussi des fondations solides et des fonctionnaires zélés.

— Toi qui sais réfléchir, Bélisaire, dit cet hypocrite de Solomon, considère par exemple l'ancien consul de Grassé, désormais éparque d'Hippone la Royale...

— Ce Gonado... machin, ce petit pompeux qui se plaint de n'être pas cocu?

— Il l'est maintenant, de par le chef de notre garnison en sa ville. Tout est rentré dans l'ordre normal, sinon moral, sans viol, sans violence, sans cris. Il collabore loyalement, car nous l'avons élevé à la première place d'une cité importante. Au lieu de molester sa femme, nous l'avons laissée libre de suivre son penchant, qui l'inclinait vers les militaires vainqueurs. Comprends-tu?

Bélisaire médita un instant, puis se mit à rire.

— Ce sera pas facile de faire pareil partout, dit-il. Y aura des éparques mariés à des tarderies, ou pédés, ou qui auront des épouses fidèles. Tu me vois dire à chaque chef de garnison : « Saute la dame du maire »?

— Ne fais pas semblant de ne pas comprendre. En Libye, pour l'instant, la force est nécessaire. Mais ailleurs, remontons la côte pacifiquement. Partout, installons des troupes, mais destinées à rester en place. Non des Byzantins, mais d'anciens colons opprimés, ou des fédérés désireux de se fixer en ce pays.

Colonisons, Bélisaire! Aucun de ces loups errants qui nous attaquent depuis cinq siècles n'avait su le faire, avant les Goths de l'Est et de l'Ouest. C'est pourquoi les Ostrogoths gardent l'Italie. C'est pourquoi les Wisigoths tiennent l'Espagne et le sud de la Gaule.

— D'où je les ferai décamper dans pas longtemps! gronda Bélisaire. Tiens, voilà Procope qui vient. Explique-lui toutes tes idées. Je les comprends, bien sûr, mais ça me reste pas en tête. Ensuite, tu réuniras les généraux qui vont partir, et tu leur donneras des instructions pour coloniser, comme tu dis. Pour nommer de bons maires et faire enjamber leurs femmes.

Par cette tirade, on comprendra que Bélisaire ne pénétrait pas entièrement la question de l'avenir des conquêtes, n'assimilait pas complètement la notion d'administration des provinces conquises. Avec un peu d'étonnement, Solomon s'aperçut que le *parèdre* n'avait pas non plus réfléchi à ces bagatelles de gouvernement. Un chroniqueur sérieux s'occupe de batailles, de faits d'armes, de prodiges et de miracles, non de l'obstination qu'il faut pour gérer utilement la fortune des armes.

Solomon n'insista pas, s'en tenant aux compliments et aux bonnes paroles qui le font louer dans la chronique. Il agit seul, assortissant chaque corps d'occupation de fonctionnaires sérieux. Les quatre grandes réussites humaines de Byzance, en dix siècles, ont été l'administrateur, le fonctionnaire, le théologien et le faiseur d'icônes. Chacun d'eux a porté son art à des raffinements qui ont mérité l'admiration universelle, et gardèrent à la capitale sa singularité. Ceux-là, et quelques empereurs appuyés sur ces valeurs sûres, donnèrent à la capitale chrétienne d'Orient sa superbe identité.

Bref, Solomon décida de partir vers Justinien, tout en persuadant Bélisaire qu'il embarquait sur son ordre et presque à contrecœur. Il voyait, dans les richesses de Gélimer qui l'accompagnaient sur les bateaux à voiles jaunes, bien plus qu'un cadeau agréable à Justinien : un témoignage d'allégeance de la part d'un roi vaincu, d'un peuple défait. Il s'agirait désormais de le nouer dans le filet serré de fonctionnaires centralisateurs. Personne ou bien peu de gens eurent en 534 conscience de cela. Il fallut qu'un peu plus tard l'habile Narsès agît de même dans l'Italie reconquise pour qu'on s'avisât de ce fait : Bélisaire portait l'épée, d'autres le sceau des lois justiniennes. Le sceau garde ce que conquiert l'épée. En bonne justice,

Solomon et Narsès, l'un perse et l'autre arménien, auraient dû être plus célébrés dans Byzance que le conquérant Bélisaire, qui d'ailleurs était yougoslave. Mais le peuple, l'historien Procope, et nous-mêmes pour suivre trouvons plus d'éclat au héros qu'à l'administrateur, à celui qui brille qu'à celui qui fait obscurément œuvre utile.

Ces choses devaient être dites, qui conforteront les modernes byzantins des administrations dans leurs tâches et leurs soucis. Ajoutons une remarque : Solomon, comme Narsès, était eunuque. Cela donne à rêver de ce que tout empire devrait attendre — ou ne pas attendre — de ses grands commis aux affaires.

Quoi qu'il en soit, Solomon était parti. Les Norrois l'escortèrent un moment, puis confièrent sa garde et celle des « voiles jaunes » à dix dromons bien armés qui rejoignirent le convoi. Les risques d'agression seraient minimes. Les corsaires cinglèrent vers la Sicile.

A Carthage, des fêtes splendides se déroulèrent pour Noël, et toutes ne furent pas célébrées dans les églises. Bélisaire consentit aux bacchanales travesties dont Byzance pour sa part restait privée depuis Nika. Il rouvrit les théâtres, ferma les yeux sur bien des pétulances qui écorchaient les préjugés de l'évêque Alexis. En fait, le généralissime n'interdit qu'une chose, malgré toutes les pressions dont il fut l'objet. Il défendit d'organiser des courses de chars à l'Hippodrome. Sagement, il se rendit compte que cette gâterie refusée encore à Byzance irriterait Justinien, si on la permettait à Carthage.

Cependant, les légions allèrent. Ian d'Epidamne marchait vers Césarée avec ses fantassins. Jean Sophos suivait la côte à l'est, essaimant dans les ports des garnisons de volontaires et des scribes de Solomon. Septem, ville clé de Gibraltar, sentinelle des Wisigoths en Afrique, devait tomber au mois de mars. Au sud, Martin et les cataphractaires feraient merveille en Libye. Cyrille, de son côté, débarquant en Sardaigne après un rude voyage, montra la tête de Tzazon aux Vandales et s'empara de toute l'île en quinze jours.

***

Fin février 534. Le vieil Epix, profitant du vent, s'approchait de Byzance au milieu de la matinée. Lentement, mais à coup sûr. Personne ne lui contestait le titre de meilleur marin des trois mers. Pêcheur, puis contrebandier, commandant pour finir le vaisseau courrier d'Alexandrie, il avait accepté avec joie de mener durant la guerre le sixième coureur d'Alopex. Ce beau bateau, entre ses mains expertes, sillonnait la mer Intérieure et la mer Egée avec une vélocité inégalable, sans répit ni repos.

Malgré le vent portant, Epix entendit Byzance avant de la voir, ce qui l'étonna. Cette rumeur, un jour de semaine? Les fêtes étaient donc rétablies, ou s'il s'agissait d'une nouvelle émeute? Dans le doute, le capitaine décida de réveiller Koraclès, qui trompait les sursauts d'une traversée rapide par le vin et le sommeil, et d'annoncer son arrivée par signaux aux guetteurs de la rive.

Irrité d'abord d'être arraché au repos, le Corbeau se calma bientôt, puis s'attendrit en voyant cette côte qu'il aimait. Là-haut, la colline de Chrysopolis, où il dirigeait naguère avec tant de passion le haras des Bleus. En face, la ville apparaissait au loin. Dominant le Lycus, le vallonnement de Sykas, où se trouvait la maison du maître de chevaux.

A peine rejoignaient-ils les premiers sardiniers qu'ils furent reconnus. Le « Renard » d'Epix, cela voulait dire nouvelles de Carthage. Et cet homme debout à l'avant... Qui, sinon le grand Koraclès, orgueil du parti Bleu, joyau de l'Hippodrome? Pour rapide qu'il fût, Epix ne pouvait lutter de vitesse avec les petites embarcations. Elles se hâtaient vers le port afin de répandre la brûlante information : *Epix est de retour. Il ramène, devinez qui? Koraclès en personne!*

De pêcheur à garde du port, de flâneur à badaud, la foule fut bientôt au courant et se rua vers les quais. Une foule dense, joyeuse comme aux beaux jours d'avant Nika. Elle envahit le port, fit une ovation triomphale au bateau qui jetait son amarre.

— Koraclès! hurlait Byzance. La guerre est gagnée! Koraclès revient! Jésus soit béni, et la Théotokos mère de Dieu! Bénie soit sainte Bibule! Vive Justinien! Vive Bélisaire! Vive Koraclès!

— Ils vont pas bien! maugréait le Corbeau en sautant sur le quai. Lâchez ma tunique. Voulez-vous me foutre la paix? Qu'est-ce qui les pique? Lalos, taille-moi le passage, grand feignant!

Le bas-officier de la Maritime, qui avait refusé de suivre à la guerre son chef Iskas, paraissait en effet. Ses hommes, usant négligemment du bâton de leur pique, firent passage au Corbeau. Sans se fâcher d'être bousculée, la foule acclamait toujours l'empereur, Bélisaire et le nouvel arrivant.

— Mais qu'est-ce qui leur prend, Lalos? hurla Koraclès pour se faire entendre.

— Ben, la proclamation, voyons! retourna le garde. La proclamation de Justinien, avant-hier! Tu es tout de même au courant, puisque tu viens de là-bas! Reculez! Poussez-vous! Qu'est-ce que c'est que ce bordel?

Un détachement de cavaliers, prenant la foule à revers, se dirigeait vers eux sans ménager les badauds : aux cuirasses dorées, aux plumets chatoyants, Lalos et Koraclès reconnurent des gandins de la garde du palais, des Excubites. Ils se frayaient un chemin, et bientôt parvinrent à la hauteur du Corbeau.

— Koraclès, dit l'officier doré, au nom de l'empereur Justinien notre maître, égal des apôtres, je t'ordonne de nous suivre.

Le ton et l'ordre donné parurent déplaisants à la foule. Elle gronda. L'Excubite comprit qu'il en faudrait peu pour que lui, ses hommes et ses chevaux fussent jetés à l'eau. Koraclès? Une idole de Byzance. La garde palatine? Des fainéants, tout juste bons à prendre de grands airs.

— J'ai l'ordre, dit l'officier à voix forte, de te conduire sans tarder auprès du chambellan Narsès, qui a su ton arrivée et veut te faire honneur!

Cela changeait tout. Sans aller jusqu'à crier des louanges envers les Excubites, les badauds hurlèrent de bon cœur : *Vive Narsès!* Proprement enlevé sur un cheval de main, le Corbeau se trouvait un quart d'heure plus tard sous la voûte de la Chalcè, puis dans une antichambre privée qu'il connaissait bien, celle de Théodora. Narsès l'y attendait, souriant.

— Par le cul de tous les dieux païens, s'écria le Corbeau en colère, qu'est-ce que ça veut dire, Narsès? A Carthage, on m'embarque de force. Je traverse la mer avec un fou qui manque me noyer. Au port, une bande d'énergumènes hurleurs. Après ça me voici, tout dégoûtant de mon voyage, crevé, usé, affamé. C'est des manières, dites?

Narsès frappa dans ses mains. Des serviteurs apportaient une table couverte de viandes appétissantes.

— Lave-toi le visage avec l'eau de cette aiguière, dit le chambellan. Mange. Estiva, ôte la tunique de ce seigneur, aide-le à en mettre une neuve.

— Vous m'attendiez donc? demanda le Corbeau en se prêtant aux mains de la belle Estiva.

— La chaîne de guetteurs nous a appris ton arrivée voici une heure. L'empereur donne audience jusqu'à midi. Ta sœur voulait te voir d'abord. D'où cette hâte.

— Ma sœur! grogna le Corbeau en faisant honneur au bœuf mariné, arrosé d'un trait de vin. Voilà sa manière! Le monde entier à son service!

— C'est que, dit derrière lui une voix mélodieuse, je suis la femme de celui qui gouverne le monde entier!

— Dora! s'exclama Koraclès en avalant de travers.

Puis, ayant toussé, il se retourna et corrigea, s'agenouillant :

— Théodora!

Connaissant le caractère du Corbeau, on ne peut imaginer que ce geste instinctif de respect fût manière de Cour. Mais Théodora, au fil des années, avait su donner à sa délicieuse personne un air si royal que même un frère, désormais, voyait en elle la reine avant la femme.

— Embrasse-moi, imbécile, dit-elle. On a donc tué tous les chevaux de Bélisaire, pour que tu sois ici? Ou bien a-t-il eu la bonne idée de te chasser de l'armée?

— Tu changeras jamais! répondit le Corbeau. Je veux dire : Votre Souveraineté sera toujours la même. Une enquiquineuse, sauf votre respect! Je viens par ordre supérieur, avec des nouvelles importantes. Paraît que je suis le seul à pouvoir les annoncer.

— Solomon, intervint Narsès, est à Byzance depuis une semaine. Que peux-tu savoir de plus que lui? Apportes-tu mieux que trois bateaux pleins de richesses et l'annonce de la victoire?

— Mon époux, appuya l'impératrice, a fait proclamer dans Byzance la fin des jours amers. Ses hérauts ont parcouru la ville, criant : *Dieu a mis entre nos mains l'Afrique et toutes ses possessions* [1]. D'où cette allégresse du peuple que tu as dû remarquer.

1. Procope, *ibid.*, *op. cit.*

Koraclès, délibérément irrespectueux, se versa une coupe de vin et l'avala sans permission.

— Si je sers à rien, dit-il, pourquoi Oulès et d'autres m'ont tanné pour que je parte? Pourquoi vous m'avez fait enlever sur le port pour me voir tout de suite?

— Oulès dirait « élémentaire! » répondit Narsès. Si tu reviens, c'est que quelque chose cloche dans notre victoire. Bélisaire, n'est-ce pas?

Le Corbeau regarda l'impératrice sans répondre.

— Bélisaire! reprit cette dernière avec force. Chaque jour, des blessés, des réformés, des bateaux chargés de voyageurs arrivent d'Afrique. Tous répètent la même chose : « Oui, nous avons pris l'Afrique, et *Bélisaire règne sur elle.* » Paul a beau dire...

Koraclès gardait toujours le silence.

— Vas-tu répondre, cheval! s'emporta Théodora. Solomon a convaincu Justinien par ses belles paroles. Comme nous en étions convenus avec Paul, j'ai enlevé le doute de l'esprit de mon époux. Il a retrouvé sa confiance en Bélisaire. Maintenant, Corbeau, c'est moi qui l'ai perdue. J'entends trop de gens dire la même chose.

— O sainte Bibule, dit le Corbeau, vous savez que je voulais pas revenir. Mais maintenant, je comprends qu'Oulès et... et certaine personne avaient pas tort. Croire les ragots! Accuser Bélisaire, ton amie Antonine! J'aurais pas cru ça de toi, mauvaise! Heureusement, c'est Justinien que je viens voir, pas une amie ingrate d'honnêtes personnes!

— Koraclès, petit frère, il faut me comprendre. On n'entend crier partout que : *Vive le roi Bélisaire,* plaida Théodora d'une voix incertaine. C'est troublant.

— Si on criait : *Vivent les ânes,* expliqua superbement le Corbeau à Narsès, l'auguste impératrice croirait sans doute qu'un âne veut se faire couronner. Oui, Narsès, je viens trouver l'empereur. Je lui dirai que Bélisaire n'est pas seulement un héros, mais un sujet fidèle. Je lui expliquerai ce qu'il commence déjà, ailleurs, l'Afrique étant prise, le roi Gélimer fichu.

— Ce qu'il commence? demanda Narsès alerté.

— J'en ai déjà trop dit. Je sais qu'il faut demander la permission de se retirer, Augusta. Tu me la donnes, ou je la prends? Fais-moi mettre en prison, ce serait pas la première fois. Mais Justinien t'en demandera compte!

Le visage de Théodora, durant ce discours passionné, avait montré tour à tour l'hésitation, la colère, l'embarras enfin.

— Corbeau, dit-elle, ne nous fâchons pas. On arrête pas de se fâcher! Tu sais comment est Byzance, pendant les guerres. Des récits, des rumeurs. Quant toutes les rumeurs concordent... Je te crois! Je ne demande qu'à te croire. Bélisaire est donc irréprochable?

— Demande-le aux Perses.

— Ils l'avaient battu, ceux-là!

— Il les a mis à genoux. Et Nika? Qui a sauvé Justinien au temps de Nika? Tu es trop ingrate, Théodora. Tu me fais honte.

— Une souveraine, repartit l'impératrice, a le devoir de s'inquiéter, à tort ou à raison, de la gloire de son époux. Que disais-tu? Bélisaire commence quelque chose?

— J'ai un message pour l'empereur, répliqua Koraclès avec dignité. J'ai aussi une nouvelle rumeur à jeter aux bavards de Byzance : *Bélisaire veut revenir.* Voilà tout ce que tu dois savoir. Le reste, Justinien te le dira lui-même, s'il en a envie.

— Attends, Corbeau. Ne fais pas ta tête de mule. Essaie de me comprendre!

— On se reverra si tu veux, répondit le Corbeau. Quand tu auras réfléchi à la justice qu'on doit. Cette justice que j'essayais de t'apprendre quand tu étais petite. Mais dépêche-toi! Le temps de voir l'empereur, d'aller faire un tour dans ma maison, d'embrasser Expédit, et je reprends la mer avec Epix. Le roi Bélisaire a encore besoin du vice-roi de ses chevaux. En attendant, y a un petit gars qui est venu avec moi de là-bas, et que tu dois recevoir, au nom de Dieu qui te gouverne. C'est un Hérule nommé Xamas. Il te racontera la mort d'un brave que tu connais bien et dont tu riais. Dont les jacasses de la Cour riaient avec toi.

— Un brave? Pas... Jean l'Arménien, n'est-ce pas? Oh! je savais! Au fond de moi, j'étais sûre qu'il allait mourir.

— Xamas! répéta Koraclès implacablement. Un bon fédéré du roi Bélisaire!

Le Corbeau s'en alla sur ces mots. Le même jour, baigné, rasé, il attendait les ordres de l'empereur dans l'épicerie d'Expédit, rue de l'Apôtre-Jean. Le général Paul d'Antioche vint l'y chercher, l'arracha à ses amis Casca et Tisane, qui se faisaient conter les exploits de Stentor. A Expédit lui-même, tout glorieux des hauts faits de Corcodis, son associé.

Justinien reçut Koraclès en privé, dans son cabinet secret, flanqué de Solomon et de Narsès. Le Corbeau n'avait pas de lettres à donner, seulement un récit à faire. Il conta les mésaventures de Gélimer, enfermé dans un nid d'aigle, sans soutien ni confort. Cela fit rire Justinien. Paul, puis Solomon l'avaient tout à fait rassuré sur les intentions de Bélisaire. Koraclès fit mieux : il expliqua le maladroit enthousiasme des troupes, des vaincus eux-mêmes, qui voulaient couronner le général. Il insista sur la colère dudit général, qui ne rêvait que d'une chose : quitter l'Afrique. Selon les ordres reçus, le Corbeau conclut en parlant de l'expédition des *pards* et d'autres corsaires vers Libybée en Sicile.

— *Pour la suite,* auguste souverain! Bélisaire m'a chargé de vous dire seulement : « mes bateaux vont là-bas *pour la suite* ». Je comprends pas, mais je répète!

— Moi, je comprends! dit l'empereur tout réjoui. Koraclès, sois le bienvenu à Byzance. Prends du bon temps. Solomon va rembarquer. Je le nomme proconsul d'Afrique, si Bélisaire lui abandonne cette fonction : elle convient mieux à un secrétaire qu'à un combattant.

— Et comment, qu'il abandonnera! s'écria le Corbeau avec plus de fougue que de respect envers le protocole.

Théodora cependant avait reçu le Hérule Xamas. Celui-ci lui raconta la mort de Jean, et lui remit une écharpe bleue tachée de sang.

— Il m'a demandé de vous voir en personne, de vous répéter ses derniers mots, auguste souveraine. Il vous supplie de répéter à une dame qu'il n'a pas nommée, mais que vous connaissez : *Je meurs fidèle à mon serment.*

Xamas parti, Théodora demeura assise sur son trône d'or, froissant entre ses mains l'écharpe maculée. Elle pleurait sans retenue.

— Fidélité! murmura-t-elle. Koraclès, pauvre aveugle, que puis-je ignorer, moi, de la fidélité?

## XIV

# OÙ LES VOILES QUITTENT CARTHAGE

Ce fut au milieu du mois de mars 534 que le roi Gélimer consentit à se rendre. Si l'on se souvient que le souverain restait réfugié sur le mont Pappua depuis fin décembre, bien défendu mais mal nourri, on comprendra qu'un peu de la force d'âme de ses ancêtres habitait encore ce Vandale décadent.

Gélimer, brutalement arraché au luxe et à la mollesse, subit ses épreuves avec un courage passif. Le manque de soins, la nourriture insuffisante, le mépris des Maures décimaient sa famille et ses serviteurs. Lui se forgeait dans ce désert une âme nouvelle : ce libertin, ce jouisseur prenait conscience de la précarité des honneurs et que l'homme, fût-il roi, n'a que sa vie pour vraie richesse.

Les Maures, Mossa le premier, le croyaient fou. On le voyait errer à l'aventure dans le village, parlant seul, ou éclatant soudain d'un rire inextinguible. D'autres fois, il se cantonnait dans un silence complet, restait immobile des heures durant.

— Il va crever ! jugeaient les Maures.

Ces derniers, il convient de le souligner, ne maltraitaient pas sciemment Gélimer et les siens. Ils se contentaient, selon les ordres de Sélim, de lui faire partager leur mode de vie ordinaire : manger peu, dormir à même le sol, supporter les excès du froid nocturne. De cela, ces montagnards numides avaient l'habitude. Ils s'en contentaient et jugeaient que leurs hôtes pouvaient en faire autant.

Au bas de la montagne, les quatre cents Hérules veillaient toujours. Pharas, fidèle à son serment, verrouillait le mont Pappua. Il n'en laissait sortir personne. Parfois, en revanche, il ouvrait la route à quelque messager, qui apportait là-haut les plus tristes nouvelles qui pussent démoraliser Gélimer : Bélisaire faisait occuper le pays entier. Appallaciaire et l'ancien chambellan de Hildéric, le secrétaire Boniface, amenaient non seulement les bourgeois vandales, mais les nobles et les Parfaits à accepter de bon cœur l'autorité de Byzance. Les ports, l'un après l'autre, recevaient garnisons « romaines ». Leurs commerçants se tournaient vers certains ambassadeurs non officiels, mais très convaincants, circulant sur des bateaux aux voiles bleues, proposant des débouchés nouveaux pour les marchandises, promettant d'intéressantes importations. Les villes de l'intérieur, à vrai dire peu nombreuses, suivaient ce mouvement d'intégration. L'Afrique du Nord tout entière étant tournée vers la mer, comment rejeter sans ruine ni famine ceux qui tenaient les ports?

Bientôt, Pharas prit l'habitude d'envoyer là-haut un messager toutes les semaines. Chacun raffinait sur les déplorables renseignements de la semaine précédente, inventant au besoin de beaux détails pour achever de détruire l'opiniâtreté de Gélimer. Mossa ne s'opposait pas à ces ambassades, ayant seulement l'ordre de repousser les assauts.

A la vérité Pharas, plus têtu que bon psychologue, en faisait trop. Au lieu de saper Gélimer, il l'ancrait dans un fatalisme absolu. Peut-être le roi vandale aurait-il tenu des mois et des années, puisque ni menaces ni mauvaises nouvelles n'étaient désormais capables de l'atteindre. Mais il restait homme. Les plus obstinés des hommes ont un défaut à leur cuirasse. Ce que la force ni la persuasion ne peuvent leur imposer, un infime détail, un fait insignifiant sont capables de le leur faire admettre.

— Jamais je ne me rendrai! répétait Gélimer aux ambassadeurs de Pharas. Avec colère d'abord, noblement ensuite, et pour finir d'une voix machinale ou avec un rire grinçant, il disait chaque semaine : « Jamais! » et attendait la folie ou la mort.

Une pauvre scène banale, surprise fortuitement par le monarque, brisa cette résistance et eut raison de son courage.

Ce jour de mars, Gélimer et les siens avaient eu pour déjeuner une poignée de farine crue : libre à eux de l'accommoder à leur guise. L'un des serviteurs pétrit une pâte, la divisa en morceaux bien modestes et, allumant du feu devant la maison, mit à chauffer des pierres plates où chacun ferait cuire sa portion congrue.

Le plus jeune des neveux du roi, âgé de six ans à peine, fils du défunt Ammatas, surveillait jalousement sa pauvre pitance, attendant qu'elle devînt mangeable. Soudain, un petit Maure à peu près de son âge bondit, déroba la pâte encore à demi crue et la dévora sur place. Le garçonnet, d'abord stupéfait, comprit qu'il ne mangerait pas ce jour-là. Il leva les yeux vers son oncle le roi et éclata en sanglots désespérés.

Gélimer vit cela, et son cœur se brisa. Il donna sa propre part au malheureux enfant et entreprit sur-le-champ d'écrire une lettre qu'un Maure descendit à Pharas. Avisé que le roi vandale avait décidé de traiter, Mossa fit un geste d'insouciance : cela faisait partie des possibilités indiquées par Sélim. Son peuple n'avait pas à s'en mêler.

Pharas reçut le message et dépêcha aussitôt un de ses meilleurs cavaliers vers Carthage. Ayant relayé plusieurs fois et surmené ses chevaux, l'homme entra dans la ville et se fit indiquer le logement du généralissime. Ce dernier, pour juguler une fois pour toutes les rumeurs qui le faisaient roi, avait quitté le palais du souverain et résidait dans une demeure superbe, au faubourg d'Aclas : elle avait appartenu au défunt Tzazon et n'avait rien de modeste, avec ses trois corps de bâtiment et sa cour pavée de marbre, ornée d'un grand bassin à jeux d'eau.

Bélisaire, qui conversait avec Procope, ou plutôt écoutait le *parèdre* lui lire la version officielle des événements de Tricamarum, reçut le Hérule sur-le-champ, fit mander Oulès et lui tendit le message du roi déchu : *Je me remettrai dans vos mains. Envoyez-moi seulement du pain pour les miens, une éponge pour sécher mes pleurs, un luth pour chanter les malheurs de mon peuple* [1].

Pharas, dit le messager, attendait les ordres. Fallait-il attaquer une fois de plus, ou attendre que Gélimer se rende à merci?

— Qu'en penses-tu, Oulès? demanda Bélisaire.

— Mon avis, répondit l'époux de Zoé, est que vous devez donner grand air à votre clémence, en traitant Gélimer honorablement. Envoyez l'un de vos généraux et une garde d'hon-

1. *Procope, ibid.*, livre II.

neur pour recevoir sa reddition. Qu'on le restaure, lui et ce qu'il lui reste de gens. Qu'on l'habille selon son rang. Qu'on le conduise ici non dans les fers, mais à cheval, sans armes, en ami retrouvé. Cela vous paraît-il raisonnable, excellentissime?

Bélisaire approuva. Un peu plus tard, le chef de légion Cyprien et deux cents lanciers se portèrent au pied du mont Pappua. Ils reçurent le roi, qui descendit le chemin à pied avec sa pauvre escorte. Il prit d'abord un bain, puis mangea tant de viandes diverses et but tant de vin que les Hérules eux-mêmes conçurent du respect pour lui. La parenté et les derniers serviteurs du roi partirent en chariot. Quant à Gélimer, il chevaucha jusqu'à Carthage entre Cyprien et Pharas. Ce dernier, inférieur en grade au chef de légion, voulait rester derrière avec ses Hérules. Mais Bélisaire avait donné des ordres :

— Le mérite de cette capture te revient, ami, dit Cyprien. Notre chef ne l'oublie pas. Il récompensera tes hommes comme il convient. Il te demande d'aller sur le même rang que moi auprès du prisonnier, que seule ta longue patience a permis de capturer.

Pharas et ses hommes furent payés de leur peine par cet honneur, et plus tard par des largesses. Aussi devaient-ils suivre Bélisaire dans ses campagnes ultérieures, et s'y distinguer.

Pour recevoir Gélimer, Bélisaire se porta devant les murs neufs de Carthage, entouré de ceux des généraux qui n'étaient pas en mission. L'or brillait, la soie chatoyait. Antonine et ses dames, en leurs plus beaux atours, se tenaient sur une estrade improvisée.

La troupe survenante fut annoncée par des éclaireurs. Cyprien et Pharas s'effacèrent. Gélimer, revêtu d'un riche manteau, mit pied à terre devant Bélisaire. Celui-ci descendit de cheval à son tour et sur le front des troupes donna l'accolade à son ennemi malheureux.

— Sois le bien reçu, dit-il, au nom de Justinien, empereur du monde chrétien, égal des apôtres, notre maître à tous!

Alors se produisit un fait qui étonna l'armée et choqua profondément Procope, qui en porte témoignage. Gélimer renversa la tête et éclata de rire. Non pas ce rire grinçant, rouillé, qui dénonce l'amertume et la frustration. Un éclat de joie sincère, profond, inextinguible, communicatif, sincère en un mot. Il gagna Bélisaire, puis les dames, les généraux, l'armée enfin. Un rire homérique que le vent emportait vers les murailles où tout Carthage attendait un agenouillement, des pleurs, une épée rendue. Pendant plusieurs minutes, vaincu et vainqueurs cédèrent à cette gaieté insensée.

Un peu plus tard, tandis que Bélisaire faisait à Gélimer les honneurs de sa propre demeure, et qu'Ortolan accourait, tout requinqué, avec son éventail de plumes, le général demanda au roi pourquoi il avait ri.

— C'est pas que je vous le reproche, bien au contraire : ça facilitait les choses. Mais pourquoi?

— Pourquoi? Ta, ta, ta! A cause de l'absurdité du monde : la guerre et la paix, Ma Sublime Grandeur. Ta victoire, ma défaite, Bélisaire : tout n'est que vanité et poursuite du vent!

***

Un jour, peu avant la capture de Gélimer, Oulès et Druzon, désormais inséparables, vinrent trouver Bélisaire d'un air préoccupé. Le chef de guerre les reçut avec une mine revêche. Antonine lui reprochait l'empressement que les nobles dames vandales manifestaient envers le beau vainqueur. Ce dernier, fidèle par nature et par commodité, n'avait pas seulement dû repousser Sontania, la reine de beauté carthaginoise, mais plus d'une qui croyait la valoir. Deux fâcheuses conséquences suivirent ces marques de vertu : d'une part les parfaits de l'ancienne Cour murmurèrent que Bélisaire aimait les garçons; d'autre part Antonine, avec la congénitale mauvaise foi des dames, prétendit que la fumée démontre le feu et qu'on n'essaierait pas tellement de mettre son époux au lit s'il ne s'y vautrait quelquefois. D'où aigres paroles, reproches, cris peu ménagés, climat domestique orageux.

— Tiens, les frères de l'ombre! maugréa le général en chef en voyant paraître les deux nouveaux associés. Regarde le vautour et le busard, Procope, qui vont encore me parler d'un complot qu'ils auront découvert.

Ignorant cette mauvaise humeur, Oulès et Druzon saluèrent. Instruit par son ancien adversaire en espionnage, l'ancien secrétaire vandale gratifia Procope d'une révérence marquée, sachant que le *parèdre* doublait son intelligence incontestable d'une langue fielleuse. Procope répondit d'un signe de tête et sortit avec dignité avant qu'on ne le priât de le faire.

— Alors, qu'y a-t-il, poursuivit le général. Gélimer trame? Ça m'étonnerait beaucoup. Il est si heureux d'avoir retrouvé son luth et ses loques de soie que la prison doit pas le tenter.

— Gélimer, déclara Oulès en redressant sa perruque, est trop heureux de votre hospitalité pour se rebeller, excellentissime. Vous lui avez rendu Briséis, Didon et Lesbie, qui le divertissent à loisir.

— Il vous a donné à souper hier soir en leur compagnie, continua Druzon imperturbable. Cela prouve que vous l'avez muni.

— Lui offrir à manger du mérou et du paon, dont il raffole, continua Oulès, quelle délicatesse! Et ces belles personnes qui dansaient nues au son du luth... Que de bontés pour lui, d'endurance pour vous...

Bélisaire ravala ses questions. Il va sans dire que ce festin nocturne, cette orgie que lui-même n'avait touchée que des yeux s'étaient déroulés dans le secret absolu, en un lieu inviolable. Mais quel secret pouvait échapper à Oulès, doublé désormais d'un second aussi doué? Le général s'assit.

— Druzon, dit-il, fais attention. Oulès est un vieil ami, à qui je permets quelques insolences. Toi, pris en guerre, ton statut est celui d'un esclave. Si tu me déplais, je te vendrai comme laboureur. C'est ça que tu veux?

Druzon baissa la tête. L'époux de Zoé, conscient de la valeur de cet homme, vola aussitôt à son secours :

— Druzon a fait du bon travail, dit-il. Il n'avait pas l'intention de vous offenser, excellentissime. Si vous le vendez comme laboureur, vendez-moi comme bœuf, car c'est moi qui l'ai induit à ces plaisanteries naïves.

— Bon, fit Bélisaire en soupirant. Ça suffit. Je vous ai chargé d'une mission de toute première importance. Vous allez m'en parler, oui, après toutes ces âneries? Ou si je vous paie à rien faire, excellent?

— Mission accomplie, général, répondit Oulès. Avec votre permission, Druzon parlera le premier, car lui et ses agents, désormais les nôtres, ont accompli toute la « partie vandale » de l'enquête.

— Va pour la partie vandale! déclara Bélisaire en s'étalant sur ses coussins.

Selon les ordres, l'ancien espion de Gélimer avait pratiqué auprès de ses compatriotes une enquête sérieuse. Ses conclusions s'appuyaient sur des témoignages sûrs, d'autant plus crédibles qu'ils se recoupaient :

— L'armée vandale, dit Druzon, a entendu les rumeurs que j'ai propagées selon vos ordres. Parmi les prisonniers, officiers et soldats, a circulé le bruit que vous les déporteriez en masse, selon l'usage, mais *pour rester sous les armes, non pour être vendus.* La plupart refusent de croire cela, non parce que la chose leur déplaît ; parce qu'ils trouvent cela trop beau. S'ils étaient à votre place, je veux dire vainqueurs, ils tueraient les officiers byzantins et mettraient leurs hommes sur le marché aux esclaves.

— Ça prouve, déclara Bélisaire, que Dieu a donné la victoire au meilleur. Tuer des officiers, quand on en trouve si peu de passables! Esclavager des soldats capables de tenir un glaive! Tu es sûr qu'ils m'acclameront, si je leur propose de servir Byzance?

Druzon hocha lentement sa tête de chat :

— Servir partout, sauf dans ce pays, excellentissime. Pour eux, la tentation serait trop grande de se révolter quand ils le pourraient. Un parti d'irréductibles, deux cents hommes peut-être, tient encore la campagne. Fradéar, qui servait sous Glucan, les commande. Vous en aurez facilement raison, mais pas en utilisant contre eux d'anciens camarades. Déporter est un mot terrible, excellentissime. Pourquoi ne pas dire : « transporter »? Vous recevez le serment de Glucan, des mille hommes qui sont maintenant prisonniers après les dernières rafles. Vous les envoyez dans un pays qu'ils peuvent espérer conquérir. Ils vous acclameront. Ils acclameront Justinien qui les laisse vivre en soldats. Mais attention : ce pays où vous les enverrez, s'ils le conquièrent, deviendra vandale à son tour et vous fera une autre guerre!

Bélisaire avait entendu avec soin l'exposé du maître espion. Cœur emporté, prompt à s'exalter, le général de Justinien n'omettait jamais d'écouter les conseils avisés. Entrant dans son âge mûr, il savait ce que lui avaient coûté ses coups de tête irréfléchis. En Afrique, il n'est pas inutile de le répéter, il agit sagement dans toute occasion, et son Procope n'a pas tort de le couvrir d'éloges mérités. Cette fois, ayant réfléchi, il se mit à rire.

— Druzon, dit-il, tu es très malin. Veux-tu pourtant que je te prouve la supériorité d'Oulès sur toi?

— Cela est bien inutile, excellentissime. Chacun, chrétien ou hérétique, connaît son incomparable génie!

— Il te répondra « le mot est faible! » répondit le général en riant. Sa supériorité, Druzon, c'est de lire l'esprit des gens. Sais-tu le faire, toi?

— Présumer, telle est l'une des qualités nécessaires à mon métier, dit le Vandale vexé. Je présume que vous allez demander à Oulès *en quel pays* il convient d'envoyer nos soldats ralliés à vos armes. Il le saura, et moi non. Non, car je connais moins bien que lui la politique de Byzance, la répartition de vos armes, vos projets de conquête. Je ne puis que présumer ce que Gélimer m'aurait dit, s'il tenait mille Byzantins captifs et avait l'intelligence de s'en servir au lieu de les asservir.

— Et que dirait-il?

— Il dirait : « *Envoyons-les en Sicile,* contre ces Ostrogoths qui ont été nos amis, et ont besoin de voir nos armes pour le redevenir. »

Oulès approuvait de la tête son nouveau collègue, si bien que sa perruque lui tomba tout à fait sur les yeux.

— Élémentaire! dit-il après s'être rajusté. Comprends seulement que ta déduction était facile, cher Druzon. Mon génie — comme il plaît au général de nommer, sans excessive flatterie, mon petit pouvoir —, mon génie, dis-je, doit chercher plus loin et par des voies moins évidentes la décision de Bélisaire.

— Tu vois, Druzon, reprit le général riant toujours. Il lit mes pensées! Parle, Oulès.

— *Vous allez les envoyer au bord de la Perse,* général. La Perse, avec qui nous n'avons plus de litige, ayant signé avec le jeune Chosroès la paix perpétuelle. Une paix qui doit durer assez pour vous permettre de nouvelles conquêtes. Qui cessera quand Chosroès, en grandissant, s'inquiétera de vous voir conquérir autant. Ai-je tort, général?

— Tu as raison, une fois de plus! Voilà ce que je conseillerai à notre Justinien, égal des apôtres : laissez sur les marches de Perse les légions vandales déracinées, qui rêveront là-bas de se tailler un nouvel empire [1]!

---

1. Justinien approuva bien cette suggestion et cantonna sur la frontière perse plusieurs corps appelés *Vandali Justiani,* « les Vandales de Justinien », qui y firent belle carrière.

C'était au tour de Bélisaire d'approuver, d'un air béat, l'intelligence de son conseiller et ami.

— J'admire! dit Druzon. Voyant votre approbation, excellentissime, je juge qu'Oulès a percé votre décision à jour. Il n'était pas besoin de cela pour que je voie en lui l'aigle des investigateurs. Merci, excellentissime, pour la permission que vous me donnez de me retirer.

— Moi?

— Certes. Désirant à présent voir le grand Oulès seul à seul, vous pensiez : « Ce Druzon sait ce qu'il doit savoir. Je veux maintenant qu'il s'en aille. » Me trompé-je?

— Non, cher Druzon! s'écria Oulès charmé. Quel plaisir de voir près de moi un esprit presque aussi éclairé que le mien!

— Vous verrez, s'exclama Bélisaire, que ces deux vantards ne se contenteront pas de lire ma pensée. Si je n'y veille pas, ils penseront à ma place!

— Livrés à nous-mêmes, répondit Druzon avec ce qu'il fallait de flatterie, nous ne saurions penser aussi haut!

Il se retira sur ce trait. Bélisaire attendit que la garde des bons l'eût éloigné pour reprendre, d'un air soudain préoccupé.

— L'autre affaire, Oulès. Auparavant, finissons-en avec la première. Vais-je envoyer une légion contre ce Fradéar qui se bat en enfant perdu?

— Envoyez-lui Druzon, répondit Oulès, dès que Glucan aura accepté de servir Justinien en Perse. Notre fouine le persuadera de rallier ses camarades, et d'embarquer aussi, au lieu de finir comme un brigand de grand chemin.

— Soit. Ton autre mission, Oulès. As-tu rencontré quelque chef des Maures?

— Non, général. Mais j'ai invité Barbe-à-Poux à dîner.

— Quel est ce personnage aux toisons habitées? Un Maure, tout de même?

— En cas de besoin, il le deviendrait. Pour l'instant, il déteste Sélim et ses étranges amis du désert. Je lui ai donc fait dire ce qu'il savait d'eux.

— Il t'aime donc bien, ce Barbe-à-Poux?

— Certes! C'est lui qui m'a fait jeter à l'Etnéon avec Alopex, Corcodis et ceux qui venaient délivrer ma colombe. Depuis, vous avez pris Carthage. Barbe-à-Poux ne parle plus que le grec et vante la mémoire de ses ancêtres byzantins. Je l'ai rassuré sur mes sentiments à son égard, qui sont chrétiennement tournés vers le pardon.

— Si bien?

— Si bien qu'il m'a révélé ceci : depuis un an, une grande révolte se préparait chez les Maures. L'arrivée de nos légions, loin de la calmer, lui a permis de mûrir hors du champ des combats. D'un bout à l'autre de l'Afrique de mer, les tribus se sont armées en guerre. Barbe-à-Poux s'en indigne, car Sélim lui a retiré sa clientèle pour une misérable affaire de tromperie sur les denrées. Il est formel. Avant la fin de cette année, les Maures se soulèveront. Plusieurs informateurs sérieux m'ont confirmé la chose. Ces guerriers fous ne s'en cachent pas : ils attendent leur heure, et cette heure va sonner bientôt.

— Les crois-tu assez forts pour défaire ce que j'ai fait? Pour reprendre l'Afrique que je donne à Justinien?

— Non, répondit fermement Oulès. Pas encore. Pas cette fois-ci. Ils sont assez nombreux et déterminés pour créer de graves désordres, non pour vaincre. Sélim et les siens ont plus d'orgueil que de bon sens. Mais votre successeur à Carthage aura des jours bien difficiles. Il lui faudra vaincre à grand péril et triompher sans gloire. Comme je vous approuve d'avoir des ambitions ailleurs!

— Les *pards*, répliqua sombrement Bélisaire, n'ont même pas pu aborder en Sicile. Nos succès en Afrique inquiètent les Goths d'Italie.

— Alors, déclara Oulès, partez pour l'Italie avec quinze mille hommes. Vous aurez la Sicile par-dessus le marché!

Bélisaire ne répondit rien. Il n'en pensait pas moins, sachant que Justinien raisonnait comme Oulès. L'année suivante, il devait en effet s'embarquer pour l'Italie avec Narsès, y mener deux campagnes, prendre Ravenne et Rome. Mais ceci est une autre histoire.

***

Solomon revint à Carthage vers le milieu du mois d'avril. Commençait déjà ce que l'on pourrait nommer la « phase descendante » de la conquête. Tout ce qui dans l'armée resterait en Afrique, c'est-à-dire la moitié des fantassins et un tiers des cavaliers, s'en était allé vers ses garnisons. Le corps combattant de Libye, cataphractaires et lanciers, mercenaires fédérés pour la plupart, formerait le meilleur des troupes d'occupation.

Les cinq *fils du Renard* d'Alopex, après avoir écumé les ports vers l'est, je veux dire cherché et trouvé de bonnes affaires, relâchaient à Carthage. L'infatigable Epix, attestant la véracité du proverbe « les vieux figuiers portent le meilleur fruit », cabotait désormais pour son compte, assurant sa retraite. Il rêvait d'ouvrir dans le troisième canton de Byzance un établissement de bains publics, doublé d'une salle de gymnastique : ses pérégrinations côtières lui en donneraient les moyens. C'est lui qui le premier repéra au large la flotte de Solomon. Gonflant sa voile bleue, il vola vers Carthage pour annoncer les arrivants.

L'intendant général de Bélisaire, sur l'ordre du général en chef, ramenait de Byzance non seulement les gros porteurs à voiles jaunes, mais toute une armada de navires sur lest. Ils serviraient à rembarquer les prises de guerre, mais aussi les esclaves et les prisonniers. D'autres conduiraient sur des bords de leur choix les summaques qui désiraient rentrer chez eux, leur contrat accompli, et tout d'abord ces Huns indésirables. La flotte capturée et réarmée garderait l'Afrique désormais byzantine. Quant aux navires d'Archélaos, ils ramèneraient à Byzance les soldats rapatriés par choix ou par ordre, sans compter les notables vandales et Gélimer lui-même.

Epix et son *renard* avisèrent donc Carthage de l'arrivée de Solomon, et la ville se mit en fête pour l'accueillir. L'intendant général fut conduit au palais de Bélisaire par une escorte d'honneur, entre deux haies de badauds enthousiastes. Bélisaire, sitôt la flotte annoncée, avait ordonné une distribution gratuite de vivres et de vin. Cela exalte les ferveurs.

Siégeant non comme un roi mais comme un chef de guerre entouré de ses généraux, Bélisaire reçut de Solomon les lettres de l'empereur. Il lut en public l'une d'entre elles. C'était une proclamation de bienvenue au peuple d'Afrique au sein de l'empire. L'empereur s'y montrait à la fois ferme et caressant, promettant la justice, demandant l'obéissance. Chacun, les notables vandales surtout et Jonas en particulier, cria *Vive Justinien* à se briser le tuyau de la gorge. Ensuite Bélisaire leva la séance et se retira jusqu'au déjeuner pour prendre connaissance des messages non destinés au public. Il requit la présence de Procope qui lisait bien, et d'Oulès qui savait entendre ce qui se cache entre les mots. La lettre personnelle de l'empereur à son général fut lue la première, comme il se devait; Bélisaire, pour mieux écouter, mit son menton sur un poing, le coude sur la cuisse, dans une attitude commune aux penseurs.

— Bon, dit-il enfin. C'est clair. Justinien me propose...

A peine disait-il ces mots qu'une tempête éclatait à sa porte. L'Enclume et Quintus, malgré leur carrure, ne purent contenir une sorte de furie qui se rua dans la pièce en vociférant.

— Antonine! s'exclama Bélisaire. Antonine, on parle d'affaires d'État. Je t'ai dit cent fois...

— Et moi, s'écria la furieuse, je veux parler de l'état de mes affaires. Où est Koraclès, Bélisaire?

Pris de court, le général consulta Oulès du regard :

— L'excellent Koraclès, répondit celui-ci, doit être revenu avec Solomon. Il en avait l'ordre et l'intention.

Antonine émit un son que l'alphabet n'a pas assez de lettres pour traduire :

— Il a eu contre-ordre! dit-elle. Ses intentions ont changé! Cela m'importerait peu, si je ne l'avais chargé d'une lettre à notre intendante, Bélisaire. La bonne Tézène devait faire embarquer, sous la responsabilité du Corbeau, toute une garde-robe décente pour notre retour à Byzance. *Or, Koraclès n'est pas là!* Koraclès est resté à Byzance sur l'ordre de Théodora. *Et mes bagages avec lui!* Une fois de plus, me voici toute nue!

— Qui oserait s'en plaindre! dit Procope, toujours prêt à la flatterie.

— Sûrement pas vous, vieux satyre! répliqua la générale sans baisser le ton. Entends-tu cela, Bélisaire? Mes bagages perdus une fois de plus, et ce barbon libidineux qui veut me déshabiller. Tu aurais dû le faire couper!

— Mais... mais, mais... objecta le pauvre *parèdre* à court soudain de vocabulaire.

Bélisaire, pour une fois, allait se résoudre à rudoyer sa femme quand l'Enclume sauva la situation. Il traversa l'orage de cris et se figea devant son chef :

— Général, dit-il, Solomon envoie demander si vous pouvez le recevoir de suite.

Cette interruption et aussi un surmenage des cordes vocales firent cesser les clameurs d'Antonine. Son mari demanda qu'on introduisît sans tarder le voyageur qui parut, baigné, rasé, souriant.

— J'ose demander à vous voir tout de suite, général, dit-il, sachant que votre épouse est là. Dans le remue-ménage de notre arrivée, j'ai oublié de lui dire que Koraclès, forcé malgré ses protestations de rester à Byzance, m'a confié des caisses et des ballots, précieux puisqu'ils sont pour elle. Pardonnez ce retard, *kuria.* Tout est à quai, peut-être déjà en route jusqu'ici.

— Des caisses?

— Vingt et une.

— Des ballots?

— Trente-huit.

— Que l'adorable Corbeau vous a confiés?

— En personne. Je contesterais l'épithète « adorable ». Son humeur n'était pas bonne. En guise d'au revoir, il m'a dit : « M'appelez pas excellent! »

— Hum, fit Antonine calmée puis souriante. Bélisaire, j'ai peut-être élevé la voix.

— A peine au-dessus de ton parler ordinaire, dit le général.

— Bon Procope, je vous ai dit des mots...

— Qui dépassaient vos charmantes pensées.

— Ils dépassaient! admit Antonine. Pourquoi ris-tu, Oulès? Il rit, cet âne!

— C'est de plaisir, excellente. Le plaisir anticipé de vous voir en si beaux atours, cachés dans tant de ballots et de caisses.

Antonine hocha la tête et sortit plus calmement qu'elle n'était entrée. A la porte, elle se retourna :

— Savez-vous une autre nouvelle? Je vous la donne en mille!

— Clématis, intervint aussitôt Oulès, est en larmes. Si forte est sa douleur de ne pas revoir Koraclès qu'elle peut à peine assurer son service. Ai-je bien deviné?

— C'est pour cela que Bélisaire t'emploie! déclara la générale pour avoir le mot de la fin.

Après son départ, l'investigateur conta au général l'étrange sentiment qui était né entre le maître de chevaux et la belle personne au cœur naguère nombreux.

— Ça me surprend pas, dit Bélisaire. Les filles comme ça qui couchent, quand elles trouvent un homme, ça fait les meilleures épouses.

Procope, comme les autres, songea aux erreurs de jeunesse de Théodora et d'Antonine. Il se garda de sourire, d'approuver, d'improuver. Oulès fit de même. En de tels moments, un ambitieux sait se confondre avec les murs.

— Solomon, reprit Bélisaire qui avait parlé de Clématis sans arrière-pensée, on doit se voir, nous deux. Procope là, et Oulès aussi, m'ont lu la lettre de Justinien. On en parlera tranquillement après le déjeuner, mais c'est pas mauvais que tu saches ma réponse d'avance. Justinien me propose de rentrer à Byzance ou de rester ici comme patrice et proconsul. *Je rentre!* Je rentre d'autant plus qu'il décide, si je le fais, *de te confier l'Afrique.* Pinaillons pas. Tu es d'accord, toi?

— Je suis d'accord! répondit Solomon sans hésiter. Notre auguste empereur me l'a proposé. Mais il nous faudra plus que trois mots pour régler les détails. Ah, Bélisaire, comme Justinien va t'aimer! Il avait si peur que tu ne veuilles garder le gâteau pour toi seul!

— Et de toi alors, il n'a pas peur?

— De moi non, répondit Solomon. Il sait qu'étant eunuque, hélas! je ne puis régner.

Cela fut pris pour une boutade et n'en était pas une. De même plus tard, après la conquête de l'Italie, Narsès en devint le patrice à cause de ses mérites, certes : en raison aussi de ce coup de ciseau à sa virilité qui empêchait tout homme d'être couronné [1].

Solomon prit congé. Procope demanda l'autorisation d'en faire autant.

— Il va lui faire sa cour! dit en riant Bélisaire. Bonne plume, mon *parèdre,* mais courtisan jusqu'à la moelle.

— Ne le laissez pas en Afrique, chuchota Oulès. Il écrirait dans son livre que Solomon seul a gagné cette guerre. De plus, il aurait peur des Maures!

Bélisaire haussa les épaules. Il préférait les vivats aux écrits.

— Je dois parler des Maures à Solomon, dit-il. C'est un devoir.

---

1. Aucun historien, à ma connaissance, n'a relevé cette habileté de Justinien : faire gouverner par des eunuques les provinces conquises. Il se garantissait ainsi contre les usurpateurs possibles. Un eunuque ne pouvait devenir roi, encore moins empereur. Plus tard, il fut décrété que nul ne monterait sur le trône *s'il avait le nez endommagé.* Dès lors, plusieurs empereurs et impératrices de Byzance, au cours des siècles, firent couper le nez d'usurpateurs potentiels. Plus d'un usurpateur, de son côté, se hâta de priver d'appendice nasal un rival détrôné.

— Certes, repartit gravement Oulès. Mais le devoir vous commande aussi de ne pas l'effrayer. Mettre en garde, oui. Rebuter, non. Maures ou pas, cette province a besoin d'un administrateur de cette qualité.

— Ça va, dit le général. Retire-toi. Je vais voir d'abord ma femme, maintenant qu'elle a reçu cinquante-neuf colis de bonne humeur!

***

Le port intérieur, les ports subsidiaires de Carthage ressemblaient à des fourmilières folles, en ce mois de mai 534 : l'armée de Bélisaire, moins ceux qui restaient là, plus ceux qu'on emmenait, préparait son rembarquement. Des centaines de portefaix emplissaient les cales des navires à l'ancre, dont le lest avait été enlevé.

Il semblait que la ville entière, par ses habitants descendus dans la rue, participât à ce départ du général vainqueur. Aux remparts ou sur les promenades dominant le port, les citadins bourdonnaient des commentaires, chacun instruisant le voisin de qui faisait quoi, dans quel but et de quelle manière. Le voisin contestait. Si l'on ajoute à ces piaillements l'excitation des femmes, les tricoteries d'enfants turbulents, on comprendra que la nouvelle milice urbaine ait appelé sur tous les foudres du ciel, orageux de surcroît.

La police militaire, au contraire, avait peu à faire, les légions se trouvant assemblées sur leur pied de départ. Le personnel des écuries, ou du moins son état-major, se trouvait également libre entre deux efforts : les chevaux étant parqués, il ne restait plus qu'à les mettre dans les bateaux au dernier moment. Ce répit avant le coup de collier final justifie le banquet réunissant dans une auberge des collines Iskas et Corcodis d'une part, et d'autre part Stentor, Moraïde, Trois-yeux et Bel-Œuf. Gildas suffisait à commander la garde. Modestus, désormais africain, veillait sur le zèle des palefreniers.

L'auberge s'appelait autrefois *Le Cygne Vert.* Depuis peu, son avisé propriétaire l'avait rebaptisée *Aux Armes de Bélisaire.* Ce genre de propitiation n'est pas rare dans l'hôtellerie. La compagnie s'était établie sur la terrasse. On y jouissait d'une vue exceptionnelle sur l'ensemble des quais et du port. En attendant Corcodis, le dernier à quitter son service, les maîtres d'écurie et l'ancien centurion de la « maritime » de Byzance buvaient du vin épicé et contemplaient le prodigieux grouillement des laborieux. Regarder travailler les autres, comme le notait déjà le païen Lucrèce, double le plaisir de se reposer.

— Vous remarquerez, déclara Iskas, que cette milice vandale n'est pas sans mérite. Ils savent contenir une foule et résorber les encombrements. Solomon est sage. Il comprend qu'établir les forces de l'ordre est le premier devoir d'un gouvernant.

Les hommes de cheval l'approuvaient machinalement, regardant sans attention véritable le fourmillement des hommes, des bêtes, des chariots, des barques de transport. Ils avaient tous le cœur un peu gros, et Trois-Yeux résuma le sentiment général en soupirant :

— Quel dommage, quand même, que Koraclès soit pas avec nous!

Chacun approuva avec mélancolie. Mais enfin, on savait maintenant pourquoi le Corbeau était resté à Byzance, ce qui laissait à Stentor le premier rôle dans les écuries. Tout en regrettant l'absence d'un ami cher, on éprouvait de la fierté et de la joie en imaginant la tâche qui l'occupait en ce moment. Ces sentiments mêlés provoquèrent un silence que meubla le vin.

— Voici Corcodis qui monte la pente, dit Iskas. Quel fort cheval il a! Mais qui l'accompagne?

Un coup d'œil apprit aux amis qu'il s'agissait de la Sauterelle, juché sur une grande mule blanche qu'il défourcha devant l'auberge.

— J'ai amené ce garnement, déclara Corcodis après avoir salué la compagnie, afin de l'instruire par le spectacle qu'on voit d'ici. A la guerre, un commis épicier n'a pas assez de bons exemples.

— Tu n'es donc pas parti avec les *renards* d'Alopex, petit brigand? demanda Stentor. Tu n'avais pas envie d'annoncer à Byzance le retour de la flotte?

— C'est pas l'envie qui me manquait, déclara l'adolescent. Mais ces fumiers de la garde vandale m'avaient arrêté à la suite d'une erreur judiciaire.

— Qu'avait-il volé, cette fois? demanda Trois-Yeux.

— De faux poignards huns, qu'il vendait comme souvenirs aux officiers naïfs.

La compagnie entière sourit de cette bagatelle, sauf Iskas, qui ne badinait jamais en public avec le bien d'autrui. Les amis, tandis que l'hôte dressait les tréteaux, s'accoudèrent au muret qui bornait la terrasse.

— Je tenais, enfant, dit Corcodis, à te montrer d'ici l'ordre que savent mettre les hommes dans de vastes entreprises. Ainsi honorent-ils Dieu, qui tira le monde du chaos. Près de dix mille soldats embarqueront bientôt, une foule de chevaux, une énorme quantité de marchandises. Or, regarde comme tout ce train est mené avec discipline. La discipline forge l'esprit civique. L'esprit civique protège le commerce.

— Ça empêche pas, dit la Sauterelle, que tous ces monceaux qu'on met sur les bateaux, c'est de la camelote fauchée aux Vandales. Votre esprit civique, il est aussi voleur que moi!

Corcodis leva les yeux au ciel. Les autres attendaient sa réponse avec curiosité :

— Le vol, expliqua l'épicier, est un péché damnable et condamnable. Les prises effectuées en guerre, au contraire, ressortissent au droit du vainqueur. Elles ont valeur légale. L'empereur, l'Église, Bélisaire en auront la meilleure part, et chacun des guerriers le reste. Toi-même, Sauterelle, toucheras ce qui te revient.

— J'aime mieux le faire venir, plutôt que ça me revienne, grommela l'incorrigible.

L'hôte disposait maintenant la vaisselle. Sans entendre l'interruption, Corcodis poursuivait sa leçon :

— Ouvre les yeux, enfant. Voyez, amis, ce spectacle édifiant! Là-bas, la légion de Ruffin, qui doit partir en avant-garde, s'apprête à monter à bord. Regardez briller les armures nombreuses. Admirez l'ordre impeccable obtenu par les officiers, et jugez du souvenir que laisseront à Carthage ces cohortes disciplinées. Là-bas, les palefreniers de Modestus approchent les montures du quai, pour aller les suspendre dans les bateaux à chevaux. Koraclès en personne a choisi ces bêtes superbes, qui feront souche dans tes haras de Thrace, Bel-Œuf. Plus près de nous, admirez le soin avec lequel on prépare ces gros navires marchands. On y mettra le butin de l'armée, soigneusement enregistré. Ces autres bateaux sont réservés à la populace factieuse emmenée en esclavage.

— Je vois bien tout ça, approuva Iskas. Tu montres bien les choses, Corcodis.

— Plus au large, continua l'épicier encouragé, vous voyez les navires de l'amiral Archélaos. Le plus beau portera Bélisaire et son épouse, ses généraux, le roi déchu, les notables qui figureront au triomphe de notre général, à Byzance.

— Et les moins beaux, persifla Moraïde, recevront les trésors du patron et les bagages d'Antonine : y suffiront-ils?

La Sauterelle riait déjà. Corcodis l'interrompit vivement :

— Je trouve malséant, dit-il, de plaisanter à propos d'éminentes personnes. Sauterelle, maintenant que tu as vu en détail ce superbe spectacle, résume-nous tes impressions. Dis-nous à quoi te fait penser toute cette foule occupée en bon ordre?

— On dirait des foutues fourmis en train de traîner des foutues sardines! jugea l'adolescent.

Corcodis secoua la tête. Pétulante jeunesse! L'hôte appelait pour le déjeuner, et chacun se précipita. La chère était bonne, le vin abondant. Le bruit des conversations ne tarda pas à se hausser de plusieurs tons.

— Y a pas à dire, convint Trois-Yeux, Corcodis est un bon explicateur de ce qu'on voit. Mais pourquoi tu as pas montré tout ça au grimacier qui écrit, Corcodis? Il en aurait pondu un volume, le Procope!

Plusieurs approuvèrent. L'épicier fit la moue :

— Je crois, dit-il, que Procope s'attache peu à ce qui ne concerne pas la gloire des armes. En Sicile, une fois, j'essayai de lui montrer la flotte devant le mont Etna, et... peu importe. J'ai eu des mots avec cet écriveur, ce matin.

Plusieurs s'étonnèrent, entendant cela. On savait Corcodis très respectueux envers Procope, admirant sa personne et son œuvre. Trois-Yeux reposa sa coupe à demi pleine. Stentor leva les yeux par-dessus son gigot.

— Nous parlions de Koraclès, expliqua Corcodis. Le *parèdre* m'a d'abord dit que notre ami n'était pas revenu parce qu'il s'était amolli dans les douceurs de Byzance.

— Le salaud! proféra Stentor.

— Je rétablis donc la vérité. J'expliquai que notre maître l'illustre Justinien avait gardé Koraclès pour remonter le haras des Bleus, veiller à ce que les Verts se préparent. J'annonçai enfin la grandiose nouvelle : après le triomphe de Bélisaire, l'empereur, béni soit-il, *permettait enfin de rouvrir l'Hippodrome et d'y mener des courses de chars.*

— Après si longtemps! s'écria Trois-Yeux. Plus de deux ans qu'on a pas conduit à huit guides! Que tout Byzance est privé de ce qu'il préfère!

Chacun, même Bel-Œuf qui n'avait vu que deux fois le gigantesque arroi des courses byzantines, même Moraïde qui ne les connaissait que par ouï-dire, approuva avec enthousiasme. Plus de courses depuis Nika! Le feu, le tremblement de terre, l'épidémie, la ruée des maçons, les processions par douzaines, mais pas de foule hurlant sa joie à l'Hippodrome, tandis que les *auriges* faisaient galoper pour les Bleus et les Blancs, les Verts et les Rouges, et battre le cœur d'un million de personnes!

— Qu'a répondu Procope? demanda Stentor quand les exclamations se turent.

— Il a dit : « L'empereur est trop indulgent envers la rue. Ces débordements populaires sont incommodes et bruyants. »

Un silence incrédule accueillit ce jugement indigne.

— Bruyants! fit Trois-Yeux.

— Incommodes! constata Stentor.

— Il est donc d'Égypte ou de Paphlagonie, ce Procope? demanda Bel-Œuf.

— Je n'ai rien répondu. J'ai tourné le dos, le laissant coi. Ce geste de mépris lui aura donné une bonne leçon, conclut l'épicier.

Or, Procope, qui n'entendait les leçons de personne, sinon des grands utiles à sa carrière, avait négligé la rebuffade de Corcodis. Les amis qui festoyaient sur la colline, honnissant son nom, exaltant celui de Koraclès, auraient pourtant aimé voir le *parèdre,* ce même jour, se faire rudoyer partout où il mettait le nez.

Bélisaire d'abord le mit à la porte : il conférait avec Solomon. La garde lui interdit le palais royal : les Bons y emballaient soigneusement le trésor de Constantin, qui serait placé au dernier moment sur les bateaux de compagnie d'Archélaos et surveillé à outrance. Dans le quartier des dames, Clématis chassa le *parèdre.* Antonine faisait ses bagages. Ayant à peine déballé les parures ramenées de Byzance par Solomon, elle les faisait remballer. Elle y rajoutait ce qui lui servait jusque-là à « n'avoir rien à se mettre », soit le double environ de ce qu'on lui avait apporté. Procope tenta ensuite sa chance auprès des généraux et fut reçu à coups de gueule : ils n'avaient pas une minute à perdre en bavardages. Le *parèdre* en fut réduit, durant cette journée de liesse et d'empressements, à boire tout seul dans sa chambre, ce qui est mauvais pour l'âme et l'estomac.

Il se fit donc, au début de ce mois de mai 534, de grands déploiements d'hommes occupés, dans Carthage et ses alentours marins. La cérémonie de la passation des pouvoirs civils et religieux donna lieu à une ultime fête. Bélisaire transmit à Solomon le commandement des provinces conquises, au nom de l'empereur Justinien. L'évêque Alexis donna la charge des âmes, orthodoxes ou repenties, à son confrère l'évêque Antonin. Chacun mangea, but et forniqua ensuite, comme il est d'usage pendant les jours fériés; du moins pour les laïcs.

Les légions rembarquaient. Chacun dit au revoir et adieu aux infortunés qui restaient : non les chefs de l'armée, mais leurs seconds. Non les purs Byzantins, mais beaucoup de fédérés. Les Huns, au soulagement de tous, faisaient voile vers la Dalmatie. Les Vandales devenus alliés de l'empire prirent la mer pour gagner les rivages de la Perse. L'état-major des écuries fut scindé. Modestus pleurait en embrassant Trois-Yeux. Moraïde, nouvel intendant des chevaux de Carthage, refoula une larme en accolant Stentor.

Pour finir, le trésor de Constantin et sa garde de Bons passèrent à bord des bateaux d'accompagnement. La barque d'honneur transporta sur le navire amiral d'abord les dames, puis Bélisaire, son état-major, Gélimer et les prisonniers de marque. Le dernier embarqué fut Oulès, qui veillait à tout, et venait de confier à Druzon les menées africaines. Le signal du départ fut donné. Toutes les trompes sonnèrent ensemble. Une énorme acclamation montait de la ville vers les ports. Le vent était bon, la mer belle, la guerre gagnée.

Dès que les voiles s'éloignèrent, les fonctionnaires de Solomon se jetèrent sur leurs paperasses, prêts à envahir les provinces pour les saisir dans le filet de l'administration. Cependant, sur les hauteurs peu éloignées de la ville, les guetteurs de Sélim souriaient dans leur barbe.

A quelques journées en avant de Bélisaire, les cinq *fils du renard* d'Alopex, sans compter le sixième que commandait Epix, volaient sur la crête des vagues. Pas de butin à bord. Une flottille lourdement chargée débarquerait sur la côte de Propontide les prises avouées du Renard, et beaucoup d'autres inavouables. Pour sa part Alopex, en tête sur son coureur des mers, apportait aux foules de Byzance la nouvelle tant attendue, qui allumerait les feux de joie et déchaînerait les enthousiasmes : *Bélisaire, vainqueur, ramène ses légions!*

## XV

# OÙ TRIOMPHE LE GRAND BÉLISAIRE

Lorsque les crieurs du palais annoncèrent à Byzance guerre gagnée, Afrique prise, on aurait pu croire que l'enthousiasme de la ville irait à son comble. Il semblait en effet impossible que les gens pussent crier plus fort et gesticuler davantage. Pourtant la première qualité des Byzantins n'était pas la retenue. Aussi faut-il admettre que la proclamation du retour de Bélisaire, l'annonce de son triomphe public et de courses à l'Hippodrome aient jeté les foules dans un état d'exaltation encore plus grand. Oui, Bélisaire et la flotte étaient proches! Une agitation délicieuse se manifestait dans les écuries trop longtemps désertées. Les *auriges* s'entraînaient chez les *Prasini* comme chez les *Veneti*, chez les Verts comme chez les Bleus. Il s'ensuivit à travers Byzance une agitation à ce point indescriptible que je me sens obligé de vous la décrire.

Chacun d'abord, des riches bourgeois au plus misérable des rôdeurs de quai, revêtait ses plus beaux atours. La coquetterie de ces citadins, au cours des siècles, a toujours frappé les voyageurs. Certes, la soie restait encore réservée à quelques-uns, mais la toile peut se teindre de riches couleurs. Certes, la pourpre demeura interdite au public jusqu'au règne de Léon le Sage, trois siècles et demi plus tard, mais enfin il y a des rouges qui l'imitent. De bon matin, la foule en liesse parcourait les rues. Des marchands ambulants vendaient à manger, à boire, proposaient des colifichets. Des groupes joyeux s'interpellaient, brodant sur les nouvelles officielles des exagérations personnelles. On s'agglutinait autour des chorales des Verts et des Bleus, dirigées par leurs *mélistes,* qui parcouraient les alentours de l'Hippodrome en chantant les hymnes de leur parti. Personne ne connaissait encore le programme des courses de chars pour la journée d'ouverture, mais on savait qu'il y en aurait huit, comme à l'ordinaire. Chacun donc pariait déjà sur sa couleur auprès des *prognostes.* Tandis qu'avançait la matinée, la foule s'épaississait dans les artères principales, la Mésè surtout, ces Champs-Élysées de Byzance, voie large, coupée de places ou forums, qui traversait la capitale du nord-est au sud-ouest. Les rues et les ruelles vomissaient un flot continu de citadins excités, convergeant vers les ports pour interroger les bateliers, vers l'Acropole et les collines longeant le Bosphore pour essayer d'apercevoir déjà les voiles de Bélisaire. Autour de l'Hippodrome fermé et lugubre depuis deux ans, les baladins, faiseurs de tours, montreurs d'animaux et marchands d'oiseaux reprenaient leur commerce. Les églises, par révérence et piété ostentatoire, n'étaient pas négligées. On s'y pressait, toujours chantant, mais cette fois des hymnes à Jésus Pantocrator et la Théotokos sa mère.

Brûlée plus qu'à demi lors de la révolte de Nika, Byzance se trouvait reconstruite, mais comment dire « neuve »? A part de belles maisons bourgeoises en brique et des palais en pierre, tout ce « neuf » en deux ans avait pris la patine que donnent la négligence, le mauvais entretien, la fumée et l'outrance des badigeons. Les ruelles élargies se trouvaient plus encombrées qu'avant l'incendie. Autour de Sainte-Sophie nouvelle, les *mécanicoï* des architectes s'affairaient toujours. La superbe église ne serait terminée que trois ans plus tard, et des ouvriers par centaines s'affairaient sur ses échaufaudages. Les chantiers, lieu de promenade aimé des badauds, se trouvaient désertés en ces jours de gloire. La ruée des curieux se portait vers d'autres points désormais plus intéressants, soudain désignés par un renseigné ou quelque farceur :

— Une barque quitte le bord de Chrysopolis! Nous allons avoir des nouvelles des chevaux bleus! Allons voir!

Ou encore :

— Il y a agitation sous la Chalcè. Peut-être une proclamation. Courons!

Ou surtout :

— Voiles, voiles sur le Bosphore! Si c'était Bélisaire? Venez!

Il s'ensuivait des mouvements de foule épuisants pour la

garde urbaine, et tout à fait satisfaisants pour l'industrie des voleurs à la tire. Des dizaines de milliers d'enthousiastes, tandis que se rapprochait le terme de leur attente, mettaient dans les rues un train d'enfer, plus déchaîné que les emportements des fêtes publiques encore interdites. Chaque jour ressemblait à la répétition générale de l'accueil aux vainqueurs. L'éparque débordé doubla les effectifs de la garde, ce qui restait insuffisant. Byzance était joyeuse, ivre de vin et de victoire. La rue bouillait comme lait sur le feu, hurlait, bâfrait, buvait, chantait, acclamait l'empereur, l'impératrice, leur famille, les secrétaires, et jusqu'au peu populaire préfet Jean de Cappadoce. Ce dernier, sentant l'occasion de faire remonter sa cote, parcourait volontiers la ville en délire, jetant au peuple non de l'or — il était avare — mais des poignées de *follis* de cuivre.

Au milieu de tout ce tumulte, le Palais Sacré restait muet, inviolable, fermé. Les superbes Hicanates ou Excubites montaient la garde devant les portes de bronze de la Chalcè, qui laissaient passer de rares visiteurs. Ceux-là, messagers ou familiers, devaient de gré ou de force subir un bain de foule : les piques de la garde urbaine suffisaient à peine à leur permettre d'avancer. L'empereur et l'impératrice, sachant cela, et par ailleurs quelles tâches fatigantes les attendaient, avaient suspendu les audiences publiques, réduit au minimum les consultations privées. Enfin, ceux dont la personne aurait porté à son comble l'hystérie de la rue venaient au palais de nuit. Les *raks* bleus et verts, ces voyous patentés par les couleurs éminentes, avaient repris leurs rondes nocturnes. La puissante confrérie des voleurs de nuit rôdait. L'enthousiasme populaire tombait avec le crépuscule, et chacun dès lors rentrait en son repaire pour sacrifier en famille à l'ivrognerie et à la luxure.

Nous avons peu parlé de l'étalage public de ce dernier vice en ces jours de fébrile joie : c'est que l'ordonnance interdisant la prostitution officielle tenait toujours. Les superbes courtisanes aimées de la foule ne descendaient plus la Mésè dans leurs litières dorées. Elles travaillaient à domicile. Les putes de haut et bas étage en faisaient autant, et les mégères dévergondées, sans parler des jeunes filles dissolues. L'objection aux commandements de l'Église concernant le péché de chair se faisait donc en catimini, non ouvertement comme naguère. Cela n'empêchait pas, soyons-en assurés, qu'on y objectât beaucoup, souvent, de mainte façon, sans retenue, et en tout lieu non consacré.

Enfin, les voiles de Bélisaire, je veux dire d'Archélaos, furent annoncées. Le délire de la rue tourna dès lors à la folie. Le Secret avait prévu ces emportements dangereux. Les légions, du moins ce qu'il en restait, débarquèrent dans les ports suburbains et furent consignées hors les murs jusqu'au jour du triomphe. Bélisaire déjà venait d'essaimer dans les ports de la Propontide la plus grande partie des fédérés et des summaques. Les uns y reprendraient leur liberté, les autres y attendraient une autre campagne militaire. Malgré cette double précaution, plus de mille soldats d'Afrique campaient autour de Byzance, écoutant monter vers eux l'allégresse de la cité.

***

Le second jour, ou plutôt la seconde nuit après le débarquement et la mise au repos des troupes, le sous-maître des troupeaux, je veux dire Koraclès, fut mandé au Palais Sacré par le chambellan Narsès. Il s'y rendit de nuit, à la troisième veille, seul et sans escorte. Cet enfant du troisième canton, élevé à l'école de la rue, n'avait besoin de personne pour lui tenir la main dans l'obscurité. Ainsi, en raison de l'heure tardive, il put cheminer sans être embarrassé par une foule d'admirateurs déchaînés. A la Chalcè, il se fit connaître. On le mena chez Narsès, non chez l'impératrice comme il s'y attendait. Interrogé là-dessus, la chambellan leva les mains au ciel.

— Déranger Théodora, alors qu'elle doit sous peu se montrer au peuple dans toute sa splendeur? Tu n'y songes pas! Elle ne pense qu'à ses toilettes, à ses bijoux, à la majesté qu'il lui faut avoir. Antonine l'a rejointe ce soir en grand secret, avec ses dames d'honneur, apportant des monceaux de cadeaux africains. Anastasie est là aussi. Toi et moi, mon pauvre Koraclès, serions trop mal reçus dans cette impériale volière. Quoique... Tu as peut-être envie de rencontrer l'excellente Alexia, ou suis-je indiscret?

Le Corbeau secoua la tête.

— Pas maintenant, dit-il. Et appelez-la donc Clématis, comme tout le monde! On est tombés amoureux l'un de l'autre, comme apparemment ce palais le sait. J'en ai pas honte, allez! Depuis le début, je savais qu'elle avait pas de morale. Pour vous dire, c'est moi-même qui l'avais poussée à faire une gâterie à Procope, sur le bateau. Elle a beaucoup vécu, d'accord. Mais qu'est-ce que je suis, moi? Un pécheur, qui a pas à juger les autres. Y en a qui étaient filles de joie et qui se trouvent aujourd'hui plus haut que Clématis. Vous voulez que je dise qui?

— Non, non, non! s'écria Narsès, craignant d'évoquer, même en ce lieu protégé contre toute indiscrétion, la jeunesse dissipée de Théodora. Tu aimes donc Alexia, Corbeau?

— Ouais. Elle aussi m'aime. Pas pour s'amuser, pour se marier. On se l'est dit à Carthage avant que je parte. Elle pleurait. Elle disait qu'elle était pas digne de moi. Digne, je vous demande un peu! Son père qui est sénateur! Qui possède la moitié d'une province de l'autre côté du Bosphore!

Narsès hocha la tête avec un sourire d'amitié :

— Elle ne parlait pas de sa famille, mais d'elle-même, Koraclès. De son corps qu'elle abandonnait trop.

Koraclès frappa ses poings l'un contre l'autre :

— C'est l'éducation des filles de riche. Ça leur enlève la moralité, de vivre paresseuses. Dans ma rue, les filles se vendent pour manger. Dans les palais, elles couchent par ennui. Et moi, depuis la mort de ma pauvre Mélanie, vous croyez que j'ai vécu comme un saint? J'ai sabré toutes les filles qui me bougeaient devant. Si j'en ai pas fait autant des garçons, c'est que ma nature y porte pas. Qui peut juger qui? Moi, je suis fier qu'Alexia m'aime. C'est une personne de cœur. Je suis bien sûr qu'elle ouvrira plus les jambes à personne. Quand on l'a trop fait, on est prêt pour savoir le prix de la fidélité. Prenez ma sœur...

— Non, non!

— Ça va, la prenez pas. Ça empêche pas que Justinien sera jamais cocu. Ni Bélisaire, si vous vous rappelez qu'Antonine était une belle...

— ... danseuse! intervint Narsès. Oui, je ne te contredirai pas, Corbeau. Alexia sera pour toi une épouse honorable, étant de haut rang, ce qui coupe court aux commérages.

— Elle aime les enfants. Elle me faisait parler de ma fille, ma petite Anthème... Enfin je l'aime, quoi. Ceux que ça fera rire, ils auront ma main sur la gueule, qu'ils soient généraux ou Puissants. Dites, c'est pour me parler de ça que vous me faites venir au milieu de la nuit? Je travaille, moi. Les chevaux sont lourds, les conducteurs mal préparés.

Narsès s'assit, fit signe au Corbeau d'en faire autant et versa du vin dans des coupes d'or. Comme Bélisaire, le futur patrice d'Italie aimait beaucoup la vaisselle précieuse.

— Non, Koraclès, dit-il. D'Alexia, je ne voulais te dire que du bien, et que ta sœur, je veux dire l'auguste impératrice, approuve votre inclination.

— Ça tombe bien. Pour une fois, on s'engueulera pas.

— En réalité, Corbeau, je t'ai demandé de venir cette nuit pour te confier une mission importante et délicate.

Le chambellan marqua une pause. Koraclès finit son vin et marqua d'un geste des épaules qu'aucune mission ne lui faisait peur.

— Tu étais paraît-il avec Bélisaire à Carthage, quand Oulès découvrit le trésor de Constantin.

— Y avait Antonine aussi, et Paul, Stentor, et même Trois-Yeux, compléta Koraclès.

— Stentor et Trois-Yeux vont être de la mission que je te confie. Le trésor de Constantin, ce rempart d'or de notre empire, ne sera pas montré au peuple. Il est actuellement sur les vaisseaux, dans notre port à blé. Demain, les cinq cents Bons le mettront à terre. On le transportera ici, dans un lieu secret du palais, sous la responsabilité d'Oulès, discrètement. De même, on sortira de leur cachette les richesses de Gélimer : importantes, certes, mais sans comparaison avec le trésor des anciens empereurs. Les richesses de Gélimer, secrètement amenées là où l'on aura enlevé le trésor dont Byzance n'a pas à connaître, figureront au triomphe de Bélisaire, dans cinq jours.

Koraclès se passa en riant la main dans les cheveux.

— Discrètement, vous dites! Secrètement! Amener une centaine de chariots, en ramener une soixantaine d'autres, au milieu de cette ville de fous, sans que le dernier galeux se pose des questions? C'est Oulès qui a trouvé ça?

— Non, répondit Narsès. Il a trouvé une diversion. *Ta* diversion, Koraclès. Qu'est-ce qui pourrait détourner le peuple de Byzance d'un va-et-vient de chariots sans signes distincitfs, fortement mais discrètement gardés?

— Y a qu'à remettre le feu à la ville, suggéra le Corbeau. A ordonner que toutes les filles se promènent à poil. A ouvrir l'Hippodrome en semaine. Ça suffirait à peine.

— De ces trois solutions, Oulès et moi, avec l'assentiment de l'empereur, préférons la dernière.

Koraclès pâlit et se leva.

— Des courses? s'écria-t-il. A l'improviste? Impossible. On m'a dit « dans cinq jours », et ce sera juste. Avant, pas de bétail ni de cochers. Comptez pas sur moi pour saloper la reprise des jeux. J'ai trop travaillé à ça depuis mon retour de Carthage.

— As-tu fini de crier? Bon. Il ne s'agit pas de courir, mais d'entraîner les équipages. *Entraînement public*, comprends-tu? Chaque couleur pourra faire tourner ses chars, et les places seront gratuites. C'est impossible, cela?

— Non, dit Koraclès. Foutre non. Utile, même! Mais c'est pas l'usage.

— Le public boudera?

— Vous voulez dire qu'ils s'entre-tueront pour occuper la moindre place.

— Les chevaux et les *auriges* en souffriront?

— Au contraire. Ils se referont à la distance, aux tournants, à la compétition. Après deux ans! Ce serait une chance d'avoir de meilleurs jeux, dimanche!

— Et tu crois qu'une foule de curieux, pendant ce temps, resterait à examiner des chariots ordinaires *entrant au palais par-derrière?*

— Une foule? Pas un chien, pas un rat. Ils seront tous à s'écraser autour de l'Hippodrome. Pour de la diversion, Narsès, c'est de la diversion!

— Demain matin, ou plutôt tout à l'heure, les crieurs annonceront la nouvelle. A midi, fais débarquer chevaux et matériels. Zygon et les Verts amèneront les leurs à la même heure. Bien entendu, le voile ne flottera pas sur la tour, mais l'Hippodrome sera ouvert durant deux jours entiers, si cela t'arrange.

— Y va y avoir comme qui dirait de l'entassement populaire, soupira le Corbeau. Ménagez pas la garde. Mettez la maritime en renfort. Ça promet des belles journées!

— Je te conseille donc de dormir quelques heures.

— A Chrysopolis, dit Koraclès en grimaçant. Je vais avertir Casca, Tisane et les gars, Vous dites que Stentor et Trois-Yeux en seront?

— Tous deux, libérés de l'armée qui campe hors les murs,

ont reçu leurs ordres. Ils te rejoindront demain à midi à l'Hippodrome, dans l'écurie des Bleus.

— Comme au bon vieux temps! O sainte Bibule, la bonne diversion, comme vous dites! Narsès, cher Narsès, vous rendez la vie à Byzance!

Le surlendemain, dès que les portes furent ouvertes, trente mille spectateurs délirants envahirent l'Hippodrome. Deux cent mille au moins s'écrasaient alentour. Du haut des murs, les crieurs donnaient nouvelles des courses d'essai. Chacun les écoutait pour placer ses paris avantageusement le dimanche suivant. Dans cette explosion de passion populaire, un va-et-vient de chariots entre le camp de Bélisaire et le Palais Sacré n'intéressa personne. Sous la conduite d'Oulès et la surveillance des bons, le trésor immense de Constantin fut enfoui dans les entrailles de la demeure impériale, dont il assura la puissance et la pérennité.

Après deux heures de courses d'entraînement, Stentor, préposé comme naguère au sablier — nous dirions au chronomètre — héla Koraclès :

— C'est minable, Corbeau, dit-il. A côté des temps de Paul, d'Aurélien, de Porphyre!

— Tout de même, intervint Trois-Yeux qui avait de la foule une vue perspective, les gens sont contents, non? C'est l'essentiel.

Échevelé, aphone, le Corbeau foudroya cette démission :

— T'as pas honte, Trois-Yeux, un dresseur comme toi? C'est la qualité qui compte, pas le spectacle! Regarde tourner ces mulets. Écoute ces petits Bleus te faire des compliments et m'appeler excellent, alors qu'on a perdu la main!

Nous ne parlerons pas des jeux qui suivirent le triomphe de Bélisaire. Stentor et Koraclès avaient raison. Les courses furent médiocres. Il faudrait du temps et de la pratique pour affûter les *auriges* et former des chevaux. Le pauvre Trois-Yeux cependant restait dans le vrai : l'enthousiasme du populaire éclatait comme aux plus beaux jours, après une si longue abstinence. Les Byzantins parièrent leurs derniers *follis*, s'entassèrent à s'étouffer, et, s'ils ne crièrent pas plus haut, c'est que la voix n'y pouvait aller. Les Bleus et les Verts gagnèrent quatre fois chacun, ce qui relançait une rivalité vieille de plusieurs siècles, dès lors engagée pour les siècles suivants.

***

Justinien donna au triomphe de Bélisaire un éclat sans égal. Les fêtes qui le marquaient comblèrent les habitants de la capitale, privés de réjouissances depuis si longtemps. La cérémonie elle-même surpassa par son faste tout ce dont on se souvenait de mémoire de Byzantin. Le général eut son triomphe comme jadis à Rome les illustres vainqueurs. C'était la première fois que les armes de l'empire d'Orient, depuis son établissement, conquéraient une province. Jusque-là les légions contenaient les barbares aux frontières et les Perses dans leurs ambitions. En mettant si haut le prix qu'il accordait à cette première conquête, Justinien déclarait qu'il s'engageait désormais hors de la politique apeurée ou résignée de ses prédécesseurs. Ces derniers ne faisaient que colmater les brèches : il s'agissait maintenant d'aller ébrécher les puissances voisines.

Le peuple, jusqu'alors satisfait de réjouissances pacifiques, découvrait ce qu'ajoute à une fête l'orgueil patriotique. Dans sa sagesse, Justinien savait que les sujets d'un empire préfèrent un souverain vainqueur à un monarque pacifique. Tandis que Bélisaire descendait la Mésè à pied, revêtu des insignes de son rang, le plus timide, le moins guerrier des Byzantins hurlait sa joie d'avoir en personne gagné la guerre.

Il marchait, porté par des acclamations si puissantes qu'elles semblaient éparpiller les nuages du ciel : en fait, le vent perse se chargeait de cet éclatement des nuées, conforme à l'exaltation populaire.

Derrière Bélisaire, ses généraux, à pied eux aussi, que la rue nommait et acclamait. La panse de Pappus semblait gagner en majesté, la barbe de Barbatus en dignité. Seuls manquaient les chefs laissés en Afrique, et Cyrille, qui gardait encore la Sardaigne.

Après les généraux, plusieurs corps ou plutôt quelques échantillons de l'armée : les Bons, impressionnants par leur stature et leur démarche; des lanciers, des cataphractaires, des voltigeurs. Pour serrer la file, la compagnie des gardes militaires d'Iskas, qui ne fut pas la moins acclamée.

Si les vivats saluant le général vainqueur, ses seconds, ses troupes étaient si nourris, c'est qu'ils succédaient à un simple murmure, à la rumeur d'admiration et d'excitation qui accompagnèrent le long cortège précédant la personne de Bélisaire : les dépouilles, les prisonniers.

Chacun — tel Procope dans sa chronique — fut stupéfait par la splendeur des richesses conquises et promenées. Qu'eût-on dit si le trésor de Constant avait été inconsidérément montré en public? Mais les biens de Gélimer avaient déjà de quoi surprendre la rue de Byzance : des trônes d'or, les petits chariots des reines et princesses, enrichis de pierres précieuses, une foule de vases et de vaisselle d'or, plusieurs milliers de talents [1] en argent monnayé, voilà ce que l'Histoire nous montre dans ses récits d'un jour de gloire. On y ajoute « les trésors pillés par Géiséric et ses descendants à Rome et autres lieux ». Il est vrai que figuraient là ce que les Vandales avaient pris aux Goths, et le fruit de leurs rapines quand ils avançaient à travers l'Europe. Moins que ce qui dormait depuis quatre jours dans les caves du Palais Sacré, mais plus que les plus riches citoyens de Byzance n'avaient vu en une seule fois. On n'acclame pas l'or : on l'envie, on l'admire à mi-voix. « Nous avons pris cela, songeaient les Byzantins. Tout cela est à nous! » Qu'il n'en revînt à chacun qu'une poignée de pièces importait peu : *ils étaient l'empire*, et l'empire avait conquis pour eux les dépouilles d'un royaume aboli.

Après les trésors, les prisonniers. Une centaine de Parfaits vandales, d'abord. Sans chaînes, libres de mouvements, comme Justinien l'ordonnait par charité chrétienne. Désormais, on ne lierait plus à un joug, comme du bétail, les notables vaincus. Ils allaient non pas tous beaux comme le déclare la naïve chronique, mais revêtus de leurs plus beaux atours, c'est-à-dire resplendissants. Derrière eux, juste devant Bélisaire, Gélimer. Il avançait de cette allure sautillante qu'ont les gens déshabitués de la marche. Depuis la fin de sa captivité forcée sur le mont Pappua, le roi des Vandales s'était refait une santé. La foule remarqua son air de noblesse et qu'un enfant noir — le fidèle Ortolan — tenait la traîne de son manteau de pourpre.

Gélimer recevait — entendait au moins — l'énorme acclamation de la foule accueillant son vainqueur. Il en prenait sa part. Personne n'avait le cœur à le huer, ni surtout le temps, car les huées eussent frappé Bélisaire si proche. Byzance, du reste,

1. Un *talent* d'or valait environ vingt-cinq kilos d'or monnayé, ou dix *talents* d'argent.

n'avait pas de rancune contre le vaincu. Cette guerre avait fait moins de morts en un an que l'épidémie en un mois. Le peuple aurait détesté un Gélimer outrecuidant : or, il gardait une attitude empreinte de réserve. Elle aurait plaint un roi enchaîné : il allait sans entraves, ne montrant ni honte ni crainte. Il n'est pas impossible qu'une partie des vivats, comme dans les compétitions sportives, fût destinée au bon perdant.

Par des voies prodigieusement encombrées, le cortège gagna la grand-place de l'Augustéon et pénétra dans l'Hippodrome. L'empereur siégeait dans la loge du *cathisma*, entouré des grands de sa cour. Au-dessous du *cathisma*, sur une plate-forme, une cohorte de ses gardes. Trente mille Byzantins se pressaient sur les gradins. La milice urbaine, qui avait répété la cérémonie sous les ordres de rien moins que Paul d'Antioche, dirigea les chariots des dépouilles à la gauche de l'empereur, les notables vandales à sa droite. Depuis que Gélimer et Bélisaire étaient apparus, l'Hippodrome hurlait sa joie patriotique. Les crieurs placés sur les murs annonçaient à la foule les détails de la cérémonie, comme plus tard ils vociféreraient le résultat des courses :

— Gélimer entre dans l'arène. Bélisaire le suit. Les généraux suivent Bélisaire. Paul d'Antioche fait signe au roi de s'arrêter...

Ainsi, le reportage de la cérémonie courait-il instantanément parmi l'immense foule qui encombrait les rues et les forums.

Maître des cérémonies, superbe dans sa cuirasse à écailles d'or, Paul d'Antioche s'approchait du roi vaincu. Sans rudesse, mais avec décision, il le dépouilla de son manteau de pourpre. Il jeta sur le sol, en direction de l'empereur, ce symbole de la royauté. Gélimer ne fléchit même pas le genou, mais salua d'un geste gracieux et marqué. L'empereur, couronné d'or, vêtu lui-même de sa pourpre, leva majestueusement la main pour accepter cette soumission. Les nobles vandales, qui craignaient toujours pour leur vie, n'arrivant pas à croire en tant de clémence, se jetèrent tous à genoux, tendant les bras vers Justinien. Ce dernier fit à nouveau un geste de la main dans leur direction : le pardon. Les spectateurs de l'Hippodrome et tout Byzance au-dehors s'égosillèrent d'enthousiasme.

L'empereur se levait. Il quitta sa loge, suivi par Narsès et les hauts dignitaires. Les hurlements se transformèrent en conversations animées, tandis que dépouilles et prisonniers étaient reconduits hors de l'arène. Les chariots entrèrent au palais. Les nobles vandales furent entassés dans une vaste salle où on les nourrit sans munificence, mais convenablement.

Paul d'Antioche, cependant, ramenait Gélimer vers Bélisaire. Tous trois, escortés par les généraux, quittèrent enfin l'Hippodrome. Une escorte de Bons les conduisit à la porte de bronze du Palais Sacré. Entre deux haies de superbes gardes palatins, le chef de guerre, le général Paul, Gélimer entre eux, traversèrent couloirs et appartements jusqu'à la salle du trône. L'empereur, immobile comme une riche statue de la puissance, Théodora, que la coutume, interdisant l'Hippodrome aux femmes, avait écartée de la première cérémonie, reçurent l'hommage officiel et privé du vaincu. Cette fois, Gélimer était à genoux, mais Bélisaire également, et Paul, et les généraux. Tandis que monterait l'étoile de Justinien, bien peu de gens seraient admis debout dans cette salle de cérémonie, temple du pouvoir absolu.

— Bélisaire, nasilla Justinien sur l'insupportable « ton de cour », nous t'autorisons à présenter ton captif.

L'époux d'Antonine regarda sa femme, au premier rang des dames d'honneur agenouillées sur les degrés du trône de Théodora. Il ne savait pas nasiller.

— Auguste Justinien, dit-il, voici Gélimer, roi des Vandales, que vous avez vaincu par mon bras. Qu'il lui soit fait selon votre plaisir.

Narsès, agenouillé sur la plus haute marche du trône impérial, portait la parole pour son maître, idole muette, figée dans sa grandeur.

— Gélimer, demanda Narsès, veux-tu librement reconnaître ta défaite?

— Je le veux, répondit l'ancien roi sans baisser la tête.

— Acceptes-tu de servir l'empereur Justinien, égal des apôtres, en fidèle sujet?

— Je l'accepte.

— Acceptes-tu, renonçant à l'abominable hérésie arienne, de rentrer dans le sein de l'Église orthodoxe?

— Je ne le puis, déclara fermement Gélimer. Ma foi profonde s'y oppose.

Une telle déclaration, déjà recueillie en privé, ne surprit personne. Elle changea l'avenir du roi. Converti, il serait devenu proconsul d'une bonne province tranquille. Persistant dans l'hérésie, l'Église estimerait déjà bien généreux de lui laisser la liberté. Le patriarche n'aurait pas toléré un patrice ni même un sénateur ouvertement arien. Toute place officielle dans la hiérarchie civile lui serait interdite : il aurait même intérêt à se faire oublier.

Or Gélimer, dégoûté du pouvoir, ne demandait pas mieux. Il reçut de grands domaines en Galatie, province jadis attribuée à des Gaulois. Là, il vécut de longues années confortablement, goûtant les plaisirs sans plaisir véritable, répétant comme une litanie : *Vanité des vanités, tout n'est que vanité, et poursuite du vent*. Tel fut le destin somme toute enviable du premier grand vaincu de ce règne. Justinien, plus tard, abattit d'autres rois avec moins de mansuétude.

***

Comme il y eut deux triomphes de Bélisaire devant l'empereur — à l'Hippodrome et dans la salle du trône —, il y en eut deux aussi devant Théodora. Le dernier, le seul où l'étiquette fut absente et le décorum aboli, se déroula dans une salle d'audience de l'impératrice, pourvue d'un trône il est vrai, mais petit. Bélisaire y pénétra avec le seul Paul d'Antioche, laissant son escorte dans l'antichambre. Moins sévère que son époux, l'impératrice sourit au vainqueur en toute liberté.

— Ne me raconte rien de tes campagnes, dit-elle. Antonine, Zoé, Eusébine m'ont tout dit. Sache, Bélisaire, que j'aime tout à fait Eusébine et ses aventures. Je vais anoblir son mari Corcodis, pour garder son épouse au palais.

— Ce sera, dit Paul d'Antioche, une grande perte pour l'épicerie.

— Ah bah! Il prendra un gérant. A nous deux, Bélisaire. Je t'en veux, moi!

— Vous m'en voulez, Augusta? répéta Bélisaire ébahi. Vous êtes bien la seule, et bien difficile, sauf votre respect! Byzance m'acclame, et vous m'en voulez?

— C'est que tu ne m'apportes que des présents. A notre empereur, tu as donné cent Parfaits vandales, et Gélimer. Comment, pas une seule dame vandale en cadeau pour ta souveraine?

— Des pleins paniers, Augusta! s'écria Bélisaire. Je veux

dire des bateaux pleins. Mais vous connaissez Antonine... Je veux dire que Votre Majesté recevra mieux ces dames de la main d'une dame. D'ailleurs, Votre Souveraineté m'accuse à tort. Je lui ai amené aussi un homme, en cadeau personnel. Il est à la porte. Dois-je le faire entrer?

Ces mots soulevèrent une tempête de cris et de rires que tolérait Théodora dans son particulier. Au milieu de ces gloussements parut, poussé par l'Enclume et Quintus qui n'entrèrent pas dans le gynécée, un tout petit bonhomme rondouillard à l'air particulièrement belliqueux. Il salua de façon très civile, mais déclara sans qu'on l'interrogeât :

— Je suis prisonnier. Je suis esclave. On me livre. Je ne me *donne* qu'à qui me demande. Je ne *travaille* que pour qui me mérite.

— Et qui est ce coq? s'effara l'impératrice. Un assassin à gages?

— C'est, expliqua Bélisaire, le meilleur cuisinier dont puisse rêver un roi, à plus forte raison une souveraine. Le prince des rôtis, le parfait des sauces, l'excellent des mijotements.

— Je suis Fastafasta, heureux de vous servir si vous le méritez! déclara l'intrépide bonhomme avec emphase.

Un peu plus tard, tandis que les spectateurs de l'Hippodrome, ayant mangé le repas offert par l'empereur, regagnaient leurs places et refaisaient rumeur, Antonine vint trouver Théodora, retirée dans sa chambre.

— Chère aimée, dit l'amie de cœur, ne viendrez-vous pas regarder les courses dans le clocher de l'église Saint-Etienne? Écoutez, on entend déjà les chorales, comme au bon vieux temps.

L'impératrice secoua la tête.

— Non, cela ne m'amuse plus. Cette journée est bien belle et importante pour la popularité de mon époux comme du tien. Mais je suis fatiguée. La guerre est gagnée. On en fera une autre, et encore une autre. Va, laisse-moi dormir avant le dîner.

— Vous pensez à celui qui n'est pas là, n'est-ce pas? demanda doucement Antonine. A celui dont le triomphe est au ciel? A Jean?

Théodora se redressa, serrant les poings :

— Tais-toi. Oui, je pleure Jean l'Arménien, comme tout

Byzance a le devoir de pleurer les morts de cette guerre. Pas davantage.

— Croyez-vous seulement qu'ils s'en soucient? Qu'un seul de ces ivrognes s'en souvienne? Je l'aimais beaucoup, moi, ce garçon.

— Eh, moi aussi! s'écria l'impératrice d'une voix altérée. Laisse-moi tranquille, va-t-en! Interdis ma porte jusqu'à la fin des jeux!

Antonine partie, Théodora s'assit non sur un trône, mais par terre, comme lorsqu'elle était petite fille chez son père, le montreur d'ours Acacios. Des larmes lui venaient aux yeux. Non, elle n'avait pas aimé Jean l'Arménien, grand beau jeune homme romanesque, mais il l'avait émue par ce romanesque même et la fougue de sa passion sans espoir. Bien qu'elle se fût fait répéter les circonstances de sa mort accidentelle et dérisoire, Théodora ne pouvait s'empêcher de penser qu'il voulait mourir à cause d'elle, après avoir tant fait à la guerre pour ses beaux yeux. Un mot oublié revint aux lèvres de l'impératrice, tandis qu'elle retenait ses pleurs :

— Le pauvre cygne! dit-elle.

Les courses de la journée terminées, le peuple se rua hors de l'Hippodrome. Un nouveau spectacle hors du commun lui était proposé, que les crieurs annoncèrent. Sur l'ordre de Justinien, Bélisaire serait promené tout le long de la Mésè, assis dans une chaise curule. On imagine l'accueil qu'il reçut. On l'imaginera plus chaleureux encore si possible, sachant que le général était suivi d'un chariot. Sur ce chariot, des ballots pleins de pièces d'argent qu'Iskas et Gildas jetaient à la foule. Bélisaire les avait choisis, sachant qu'ils allaient reprendre leur service dans la garde urbaine, et que Byzance les chérirait mieux après cette distribution. Quant aux porteurs de la chaise, ils allaient d'un bon pas : Corcodis, Quintus, l'Enclume et Trois-Yeux. Stentor, pressenti pour cet honneur, avait demandé grâce : sa femme, la douce Nysa, savait qu'il était en ville depuis cinq jours sans trouver un instant pour venir la voir. Bélisaire avait ri, connaissant ce travers des épouses : ne jamais croire tout à fait un mari qui se prétend trop occupé.

Bélisaire avançait le long de la Mésè, au milieu des acclamations d'une foule en délire. Ceux du chariot, qui entendaient quelques *Vive Iskas*! et *Vive Gildas*! au milieu des

*Vive Bélisaire*! jetaient avec empressement l'argent de l'État par les fenêtres de la gloire.

— Ça va, là-dessous? cria le général à ses porteurs. Si vous êtes fatigués, faites-vous relayer.

— On est trop contents, Bélisaire, répondit l'Enclume. On vous porterait jusqu'à Rome.

— Sans boire? cria le général pour dominer les clameurs.

Sans doute ne put-il les dominer en effet, car il n'obtint pas de réponse à cette perfide question. Mais enfin ce dernier triomphe de Bélisaire, son portement dans la ville, fut sans doute le plus satisfaisant pour sa vanité. Grâce à Dieu et à Oulès, des brigades d'applaudisseurs hurlaient et faisaient hurler *Vive Justinien!* pour éviter que de mauvais esprits ne sèment la jalousie dans l'esprit d'un monarque enclin au soupçon.

Pour finir, la ville se mit à danser dans les rues, qui fut toute la nuit illuminée par des torches et des feux de joie. On but trop de vin, on épuisa l'énorme quantité de nourriture offerte par l'empereur à chaque carrefour, et chacun avec chacune disposa de son corps.

Stentor, cependant, ayant passé la Corne d'Or, loua un cheval chez Abi et monta dans le crépuscule vers la maison de Sykas qu'il partageait avec Koraclès. Tout le long du chemin, il répétait les excuses qu'il ferait à sa femme, il assurait la vigueur de ses serments : « Oui, j'étais à Byzance. Non, je n'ai pu venir t'embrasser après un an d'absence : tel est le devoir! »

La maison était noire. Le centurion Argérix, rentrant de la guerre en vainqueur, attacha son cheval à la barrière et déplaça lentement sa lourde masse vers la porte. La porte était fermée, précaution prévisible à cause des rôdeurs. Stentor ébranla du poing le panneau de chêne.

— Nysa, cria-t-il, c'est moi!... Gerture, c'est papa!

La porte s'ouvrit, non sans qu'on ait mis du feu dans la torchère du vestibule. Nysa se jetait dans les bras musculeux de son époux. La petite Gerture tirait sur le bas de sa tunique, pour être embrassée à son tour.

— Je dois expliquer, commença Stentor, les circonstances...

On le fit taire en le submergeant de baisers. L'époux craintif redevenait le guerrier honorable.

— Entre! Mais entre donc! Les circonstances! Koraclès nous a envoyé la Sauterelle, pour dire que l'empereur avait besoin de toi à l'Hippodrome. De mon *centurion!* De mon aimé! Une femme ne peut-elle attendre cinq jours, quand elle a patienté un an?

Un peu plus tard, baigné, reposé, attablé devant un rôti de bonne taille, Stentor s'émerveillait de posséder la perle des épouses, quand celle-ci se mit à froncer les sourcils.

— Tout de même, dit-elle, il me tardait de te voir non seulement par amour, mais par commodité. Ces gros sacs que l'on a apportés encombrent toute une pièce. Ils sont scellés. Qu'y a-t-il là-dedans? Dès demain matin, tu descendras ça à la cave.

— Gerture, ne touche pas aux épices! dit Stentor. Les sacs? Ah oui. Alopex a tenu parole. Ils te gênent donc?

— Ils encombrent. Koraclès arrive demain avec sa fiancée. Qu'y a-t-il là-dedans, je te le répète? Des armes prises à la guerre, je parie?

— Oh non, fit Stentor la bouche pleine. C'est plus amusant. Figure-toi qu'à la bataille de Décimum j'embroche un emplumé qui me résistait. Cric!

— Stentor, pas de récits violents devant la petite!

— Bon. Il meurt, n'en parlons plus. J'apprends ensuite que c'était Ammatas, le frère du roi des Vandales. Si bien qu'au moment de l'attribution du butin... N'y a-t-il pas de sauce à la menthe?

— Voici. Le butin, disais-tu?

— Oui. J'appris qu'ayant tué le frère du roi j'héritais de ses dépouilles. Moins la part de l'empereur et celle de Bélisaire. Ses dépouilles! Tu aurais ri : trois palais en ville et deux à la campagne, des troupeaux de gens et de bêtes, de la vaisselle, des coffres, des habits... Pourquoi pâlis-tu? Tu es souffrante, colombe?

— Continue, continue!

— Alopex m'a proposé de traiter pour moi. De donner ce qu'il fallait aux grands et de vendre le reste. Nous n'allions pas, n'est-ce pas, nous installer en Vandalie, fût-ce dans des palais? Il a promis de tout convertir en argent et de l'envoyer ici. Combien y a-t-il de sacs?

— Huit.

— Gros comment?

— Ainsi! dit Nysa, arrondissant les bras.

— Alors, jugea Stentor, ce n'est pas de l'argent. Il y en aurait beaucoup plus. Ce doit être de l'or.

— *Huit sacs d'or de cette taille-là*?

— Je suis certain qu'Alopex ne m'a pas soustrait un *follis,* ce brave ami.

— Mais alors, nous sommes riches, Stentor?

— Il paraît.

— Je veux dire riche comme les vrais riches! J'en suis confondue.

— Il y paraît. Cela ne te contrarie pas, au moins? demanda le Gaulois anxieusement.

***

Les soldats, du chef de guerre au dernier valet de chevaux, rentrèrent chez eux enrichis. Non pas tous à la manière de Stentor, mais récompensés du moins de leur long dérangement. Bélisaire licencia tout son monde, jusqu'à ses vétérans de Perse, jusqu'aux Bons qui désiraient quitter son service. Bien peu de ces derniers revinrent à la vie civile. Chacun savait déjà à Byzance que la guerre allait reprendre sur le front d'Italie. Certes, aucune proclamation officielle ne l'annonçait, mais enfin les généraux d'Afrique et les espions d'Oulès avaient des épouses; ces épouses, des amants; ces amants, des amis, si bien que la campagne prochaine contre les Goths ne resta secrète que pour les sourds.

Trois mois d'été passèrent dans une euphorie complète. Seuls les médecins montraient de l'inquiétude. La peste, puisqu'il faut l'appeler par son nom, ou le choléra, ou le mal noir, ou quelqu'une de ces sournoises épidémies mortelles, sans éclater en tuant par millions, tuait par milliers et continuerait à le faire durant trente ans de plus. Chaque mort faisait place à deux vivants, d'abord parce qu'il se fait toujours beaucoup d'enfants après les guerres, ensuite parce que la capitale ne cessait de se surpeupler tandis que se dépeuplaient les campagnes, comme il advient si l'on n'y met bon ordre.

Bélisaire cependant rameutait des légions de fédérés et de summaques non dans Byzance même, mais en Thrace, en Grèce et en Dalmatie. On a pu écrire que l'armée qu'il conduirait en 535 contre les Ostrogoths contiendrait plus de barbares que les barbares forces ennemies. En attendant, il menait joyeuse vie à Byzance, bien que fidèle à sa femme et à l'eau claire. Tout à fait réconcilié avec Théodora, jouissant pour le moment de l'amitié de Justinien, Bélisaire était heureux. Antonine enfla cette joie par une promesse. Elle n'accompagnerait plus, jura-t-elle en public, son époux à la guerre. La guerre n'est qu'un cauchemar de voyages et de contretemps, où l'on perd sans cesse ses bagages. Cependant, le général et la belle ne s'étaient pas battus pour rien. Leur part de butin, établie au quart comme prévu, leur permit de donner des fêtes superbes et de jeter l'or à poignées. Si Bélisaire mourut non dans la pauvreté mais sans véritable fortune, c'est que l'avarice ne comptait pas au nombre de ses vices, ni l'économie au rang de ses vertus.

Quand il repartirait porter au loin les armes de Justinien, le général en chef ne pourrait plus compter sur Koraclès pour mener les chevaux. Celui-ci en effet, chose extraordinaire, demanda une faveur à sa sœur de lait l'impératrice. Il épousait Clématis, je veux dire Alexia, qui par son sénateur de père avait de gros intérêts en Chalcédoine. Le Corbeau suppliait sa sœur d'intervenir pour qu'on lui retirât sa charge de sous-maître des troupeaux d'Orient.

— C'est pas que je veuille vivre avec l'argent de ma femme. J'ai déjà fait ma preuve avec la pauvre Mélanie [1]. Mais je vieillis, merveille. J'en ai marre de vivre loin de Byzance. Depuis que je suis rentré dans l'Hippodrome, je me suis dit : « Tu es fou. Ta vie est là ! » Qu'on me reprenne mon brevet. Qu'on me laisse diriger encore l'écurie des Bleus et entraîner leurs *auriges*. Stentor, qui est presque aussi argenté que ce foutu Jean de Cappadoce, depuis qu'il a tué un prince, revient chez les Bleus comme un pauvre, à la tâche. Laissez-moi aller avec lui et Trois-Yeux.

— Voilà un bien long discours, frère-cheval ! fit Théodora en souriant. Ton futur beau-père Staras, père d'Alexia, est plus riche que Stentor, tu sais. Il n'aimerait pas pour gendre un homme d'écurie.

— Je vais te dire ce que chuchote tout le palais. Votre Sainteté. Staras avait pour fille une dévergondée, que je rendrai honnête en l'épousant. Ça sera pas la première fois, ou si ça te rappelle rien ?

---

1. Voir *Les Dames de Byzance* (Éd. J.-C. Lattès).

Cette conversation se poursuivait à huis clos, mais Théodora rougit de colère :

— Personne ne me parle sur ce ton, dit-elle. Même pas toi en privé !

— Même pas Jésus qui sait tout ?

Il s'ensuivit une de ces longues scènes où l'irrespect se mêlait à l'amour fraternel, et l'autorité impériale à la tendresse sororale. En un mot, ou plutôt par longue controverse, la paix revint entre eux une fois de plus. Koraclès accepta un mariage pavané, comme Staras le désirait. C'est que le Corbeau aimait Clématis de beaucoup à trop, de trop à ce qu'il faut pour faire durer un ménage. L'empereur ne reprit pas le brevet : il le changea. Koraclès restait sous-maître des troupeaux de l'empire, mais *en charge à l'Occident*, c'est-à-dire patron désormais des haras de Thrace et d'ailleurs, mais surtout de l'Hippodrome de Byzance. Il vécut heureux, entouré de sa fille Anthème, de son épouse et des trois garçons qu'elle lui donna. Tous ressemblaient à leur père et montèrent à cheval dès l'âge de cinq ans.

Stentor et Nysa, de leur côté, eurent deux filles, outre Gerture. Par bonheur, toutes tenaient de leur mère par le tour de taille. Doté par le désormais richissime Gaulois, Trois-Yeux se maria enfin. Il fit douze enfants, qu'il aimait aligner et regarder ensemble : « Trois attelages complets ! » disait-il fièrement.

Alopex fut reçu en particulier par Justinien peu après le triomphe de Bélisaire. L'ancien maître des voleurs de nuit fit un rapport qui démontra ses dons innés pour le commerce à grande échelle. Ce qu'il avait gardé de butin ne fut pas mentionné. Justinien, homme d'organisation, s'émerveilla en revanche de la toile tissée en Afrique par le transitaire. Tant que Byzance y tiendrait les ports, l'empire y conserverait l'un des plus lucratifs monopoles, celui de la soie. Le Renard avait établi les comptoirs et les plaçait sous la tutelle du Secret impérial de façon apparemment désintéressée.

— Voilà qui nous apporte beaucoup, dit l'empereur. Que te donnerai-je, en retour et en récompense ?

— Votre auguste protection. Quelque influence tout officieuse auprès du secrétaire au Commerce extérieur. Vous daignez me recevoir dans votre cabinet, mais oserai-je sans faire rire solliciter publiquement une audience? Les erreurs de mon passé me vouent à servir dans l'ombre.

— Hum, dit Justinien, l'ombre ne convient-elle pas également aux erreurs de ton avenir?

— Chacun, sauf l'égal des apôtres, n'est qu'un pécheur devant Dieu! répondit Alopex en inclinant le front.

Cette humilité, jointe à la faveur constante quoique secrète du monarque, valut au transitaire non seulement d'élever sa fortune, mais de rester sur deux mers le maître de la contrebande. Tout le monde y gagnait. Alopex d'abord, mais aussi l'État, car le Renard veillait à ce que l'on n'en fît pas trop, pour en faire lui-même beaucoup impunément. L'année suivante, la flottille des fils du Renard, augmentée de cinq unités, suivit la fortune de l'armée d'Italie. Alopex lui-même y paya de sa personne, en incorrigible aventurier. Il ne se maria jamais, mais un fils lui vint d'une grande dame qui ne tenait pas à s'en dire la mère. Ce garçon, nommé Koraclès comme son parrain, combla de joie la vieillesse de son père en devenant sénateur et consul.

Oulès, le brillant Oulès, aigle des investigateurs, lumière de l'espionnage, abandonna après cette campagne le travail en pays étranger. Sous l'influence de Zoé, il s'établit à Byzance, envoya Druzon en Italie avec cent comparses, et déjà postait des oreilles et des yeux en Espagne. Quant à lui, il permit à son ventre de s'étoffer et intriguait pour avoir la place de secrétaire aux Affaires extérieures, qu'on lui donna de guerre lasse. Pour y parvenir, il aida l'impératrice à ruiner Jean de Cappadoce dans l'esprit de Justinien. Il y parvint, à la grande joie de la rue qui haïssait toujours le préfet.

Paul d'Antioche épousa Anastasie, qui ne put jamais lui donner d'héritiers. L'ancienne idole de l'Hippodrome, devenu chef d'une schole du palais, puis de toute la garde palatine, souffrit toujours de cette blessure essuyée en Perse, ne reprit jamais le service armé, mais reçut les plus grands honneurs. Il vécut assez vieux pour voir sa statue dans la galerie de l'Hippodrome.

Antonine, en revenant au service de Théodora, lui amena Eusébine et Zoé. Comme promis, le mari de la première dut être introduit dans la caste des Puissants, les *dunatoï*, fût-ce par la petite porte. A vrai dire, le bon Hasicoram, alias Corcodis, ne devint ni consul ni sénateur. Il lui fut assigné une fonction vague dans l'administration palatine. Elle lui donnait droit au port du bâton dans les cérémonies et à une place dans le cortège impérial.

A l'automne de 534, c'est lors de l'ouverture par Justinien de la fête des *Brumalia* que l'honnête épicier figura pour la première fois dans la compagnie des courtisans. Il s'y trouvait mal à l'aise, trop grand parmi ces étriqués, trop fort au milieu de ces foutriquets, embarrassé par ses vêtements de cérémonie, ne sachant que faire de son bâton d'honneur. Il errait parmi la noble foule qui se pressait dans les vestibules, ne connaissant personne, n'osant parler à qui que ce fût. Une main tout à coup lui toucha le coude. Corcodis se retourna :

— Procope! dit-il. Ah, bon seigneur! Je suis bien aise de vous voir, excellent!

— C'est à vous, mon cher, qu'il faut donner de l'excellent et du seigneur, non à un pauvre grammairien comme moi, répondit le *parèdre* de Bélisaire.

Corcodis leva les sourcils :

— Vous manque-t-on du respect qu'on vous doit? Dites-moi qui! Je lui ferai savoir ce que vous valez et ce dont l'empire vous est redevable.

— Bien peu, assurément, à juger par ce qu'on me donne. J'achève la rédaction de mon ouvrage sur la guerre, où seront consignés les hauts faits de la campagne d'Afrique. M'en sait-on gré? Nullement. L'empereur m'ignore. L'impératrice m'interdit ses antichambres. Bélisaire me moque. Il n'a rien de mieux à me proposer que de m'emmener dans une autre campagne, plus hasardeuse sans doute que la dernière. J'ai refusé. Il s'est fâché, me traitant de couard et de gratte-tablettes.

— Vous? Vous qui, je l'ai vu de mes yeux, osâtes débarquer seul en Sicile, pays presque ennemi?

— Ingratitude. J'ai reçu moins de butin que le dernier des officiers. Ma pension n'est pas augmentée.

— Vous qui étiez à Décimum sur le champ de bataille?

— Économies, Corcolion, économies!

— Si je puis faire quoi que ce soit pour vous être utile...

— Vous? demanda le *parèdre* avec un dédain marqué.

— Moi. Par ma chère femme, je dispose de quelque crédit.

Procope plissa d'un vilain sourire son visage anguleux :

— Je n'en suis pas encore, dit-il, à me résoudre au crédit

d'un épicier, Jésus en soit loué. Tenez votre bâton à l'endroit, Corcodilus, et sachez que, si l'on peut acheter la noblesse, il existe des distances qui ne se comblent pas.

Cette rebuffade déconcerta Corcodis. Il s'en ouvrit le soir même à Paul d'Antioche qui, mettant l'amitié avant le rang social, l'avait invité à dîner :

— Procope, déclara Paul, est un jaloux congénital. Sa plume est habile à flatter les grands, mais son cœur reste sec. Ne t'occupe pas de ce médiocre. Byzance, la Cour, l'empereur lui-même connaissent tes mérites : c'est ce qui enrage le *parèdre*.

Corcodis allait questionner encore sur la jalousie, dont il connaissait peu de chose, mais Kelso et Kolse parurent, et chacun se tourna vers eux. Les frères norrois repartaient pour l'Afrique afin d'aider par mer Solomon, que les Maures pressaient déjà en Libye.

— Comment un homme instruit peut-il être jaloux de moi? se demandait le fort épicier.

Il dut étouffer cette question au moyen d'une livre de vin. Bientôt, il n'y songea plus, car la compagnie était plaisante.

Cependant, la postérité n'allait retenir de la guerre contre les Vandales que le témoignage de Procope. Il énonce les faits, honore qui l'emploie, ou lui plaît, ou l'étonne, non pas toujours qui le mérite. Cela m'induit à donner un conseil. Voulez-vous briller dans le souvenir des hommes? Il ne suffit pas pour cela d'exceller parmi les soldats, les politiques, les artistes ou les athlètes.

Cherchez plutôt le Procope de votre époque. Courtisez-le, couvrez-le d'éloges, soyez bien vu de lui. Il vous mettra dès lors dans ses Mémoires, qui peut-être à l'avenir feront autorité. Sinon, il ne resterait plus tard, pour vous tirer d'un injuste oubli, que la plume discréditée des faiseurs de romans.

*Januq, le 14 août 1984.*

# POST-SCRIPTUM DE L'AUTEUR

Certains lecteurs sont peut-être curieux de savoir ce qui, dans mon livre, sépare le réel de l'imaginé. Je leur recommande donc de lire *Les Guerres contre les Vandales*, de Procope de Césarée, plusieurs fois traduit en français.

Parmi ces traductions, ma préférence va à l'une des plus anciennes : celle de Léonor de Mauger (Paris, G. de Luyne, 1670). La moelleuse langue du XVII^e siècle sert le récit de l'historien, prêtant de l'ampleur à son style un peu ingrat.

Procope de Césarée (vers 495-562) reste un témoin précieux du VI^e siècle byzantin. De 545 à 554, il écrit le détail des guerres justiniennes contre les Perses, les Vandales, les Goths. En 560, un pompeux *Traité des édifices*. Tous les historiens sérieux qui fouillent le passé de Byzance vantent les qualités du secrétaire de Bélisaire : exactitude des faits, impartialité relative, bon esprit de synthèse. A-t-il ou non écrit les *Anecdota*, ce recueil de scandaleuses calomnies et d'abominables médisances rédigé sous le manteau ? Certains désormais en doutent. Ce qui compte, c'est que la prose de Procope éclaire le VI^e siècle plus et mieux que Corripus, Jean le Lydien ou Maurice, l'empereur assassiné. C'est un auteur important.

L'homme, cependant, apparaît à ceux qui le scrutent comme un arriviste acharné, un flagorneur éhonté, prêt à tout pour s'élever dans la hiérarchie de la Cour. C'était son affaire.

Deux détails en lui me rebutent et m'ont poussé à le moquer dans ce roman. D'abord, il ne sait pas voir ce qu'il regarde. Cela enlève à ses récits la couleur, la chaleur, le relief, la vie. Ensuite, il est totalement dépourvu du sens de l'humour, comme beaucoup de rengorgés.

Depuis des années, j'ai lu tout ce qu'il a écrit, tout ce qu'on lui prête, tout ce que l'on a dit de lui. Cela devrait créer des liens entre nous. Pourtant, malgré bien des efforts de ma part, nous ne sommes pas devenus une paire d'amis. Que cela, surtout, n'aille pas gâter le respect que vous lui devez.

JLD

# TABLE

## PREMIÈRE PARTIE



## DEUXIÈME PARTIE



## TROISIÈME PARTIE

*Cet ouvrage a été réalisé sur*
*Système Cameron*
*par la SOCIÉTÉ NOUVELLE FIRMIN-DIDOT*
*Mesnil-sur-l'Estrée*
*pour le compte des Éditions Trévise*
*le 29 octobre 1984*

***Imprimé en France***
**Dépôt légal : octobre 1984**
**N° d'édition : 84156 – N° d'impression : 1478**
**ISBN 2-86552-111-7**
**4951322101-6**